João Ricardo Barroca Mendes

PMP (Project Management Professional)
Professor do MBA em Gerência de Projetos da FGV
MBA em Management pela FGV
Bacharel em Informática pela UFF

Gerenciamento de Projetos

Na visão de um Gerente de Projetos

Gerenciamento de Projetos — Na visão de um Gerente de Projetos

Copyright Editora Ciência Moderna Ltda., 2006

Todos os direitos para a língua portuguesa reservados pela EDITORA CIÊNCIA MODERNA LTDA.

Nenhuma parte deste livro poderá ser reproduzida, transmitida e gravada, por qualquer meio eletrônico, mecânico, por fotocópia e outros, sem a prévia autorização, por escrito, da Editora.

Editor: Paulo André P. Marques
Supervisão Editorial: João Luíz Fortes
Capa: Antônio Carlos Ventura
Diagramação: Matheus Carvalho Ramalho
Revisão: Pedro Sangirardi
Revisão de provas: Larissa Viana Câmara
Assistente Editorial: Daniele M. Oliveira

Várias **Marcas Registradas** aparecem no decorrer deste livro. Mais do que simplesmente listar esses nomes e informar quem possui seus direitos de exploração, ou ainda imprimir os logotipos das mesmas, o editor declara estar utilizando tais nomes apenas para fins editoriais, em benefício exclusivo do dono da Marca Registrada, sem intenção de infringir as regras de sua utilização.

FICHA CATALOGRÁFICA

Mendes, João Ricardo Barroca
Gerenciamento de Projetos – Na Visão de um Gerente de Projetos
Rio de Janeiro: Editora Ciência Moderna Ltda., 2006.

1.Planejamento gerencial; 2.Administração de projetos; 3.Administração da produção.
I – Título

ISBN: 85-7393-419-0   CDD   658.4
                                                         658.5

Editora Ciência Moderna Ltda.
R. Alice Figueiredo, 46 – Riachuelo
Rio de Janeiro, RJ – Brasil   CEP: 20.950-150
Tel: (21) 2201-6662/ Fax: (21) 2201-6896
http://www.lcm.com.br
lcm@lcm.com.br

*Para meus pais, que me deram corpo e formaram minha alma,
para Danúbia, minha esposa, por quase tudo mais
e para Nícolas, meu filho, porque ele existe.*

Agradecimentos

Agradeço ao Mestre e amigo Felipe Accioly, por ter me iniciado no mundo da Teoria das Restrições e no trabalho de Consultoria, e também aos "velhinhos" do Project Management Institute, por terem sistematizado boa parte do que eu deveria aprender ainda na versão 1996 do PMBOK.

Sou grato também ao Gaspar Augusto Bernardo, meu velho "chefe", que primeiro me mostrou que o ponto de vista técnico não é o único e nem necessariamente o mais correto na solução de problemas que afetem o negócio.

Finalmente, agradeço a todos os meus clientes que, de certa forma, acabaram por patrocinar esta obra.

O autor

Sumário

Prefácio 1
Teoria e Prática do Gerenciamento de Projetos 1
Nota Sobre o Uso de Termos em Inglês 3

1 Introdução 5
1.1 Breve História da Gerência de Projetos 5
1.2 Características de um Projeto 7
    1.2.1 Temporário 7
    1.2.2 Produto ou Serviço Único 8
    1.2.3 De Elaboração Progressiva 8
1.3 O que é Gerenciamento de Projetos 9
1.4 Tipos de Projetos 10
1.5 Estilos de Gerenciamento de Projetos 11

2 Introdução ao PMBOK 15
2.1 O que é o PMBOK? 15
2.2 Processos de Gerenciamento de Projetos 15
2.3 Exemplo de um Processo de Gerenciamento 17
2.4 Grupos de Processos 19
2.5 Áreas de Conhecimento 22
2.6 Mapeamento dos Grupos X Áreas de Conhecimento 24
2.7 Utilização do PMBOK® Guide 25

3 Interação Projeto X Organização 27

3.1 Stakeholders 27

    3.1.1 Papel: Gerente de Projetos 28

    3.1.2 Papel: Sponsor 28

    3.1.3 Papel: Gerente Funcional da Organização Executora 29

    3.1.4 Papel: Time de Projeto 30

    3.1.5 Papel: Cliente 30

3.2 Problemas Comuns no Relacionamento com a Organização 31

3.3 Organização Funcional ou Hierárquica 32

3.4 Organização por Projetos 34

3.5 Organização Matricial 35

3.6 Project Office 36

3.7 O Homem de Ligação 37

4 Métodos de Seleção de Projetos 39

4.1 Métodos Não Numéricos 41

    4.1.1 Projetos "Vaca Sagrada" 41

    4.1.2 Necessidade Imperativa 41

    4.1.3 Análise de Alternativas 41

4.2 Métodos Numéricos Financeiros 43

    4.2.1 Payback 43

    4.2.2 Taxa Interna de Retorno 44

    4.2.3 Fluxo de Caixa Descontado 44

    4.2.4 Método de Pacífico 46

4.3 Métodos Numéricos Não Financeiros 47

    4.3.1 Ponderação de Fatores 47

    4.3.2 Modelo de Dean e Nishry 47

4.4 Árvores de Decisão 48

5   O Gerente de Projetos 53

5.1 Missão e Paradoxos do Gerente de Projetos 53

5.2 O Perfil do Gerente de Projetos 54

5.3 Introdução ao Processo de Negociação 56

    5.3.1 Estratégias Principais de Negociação 56

    5.3.2 Negociação "ganha-ganha" 59

    5.3.3 Táticas 65

    5.3.4 Dialética Erística 66

5.4 Código de Ética 68

6   Escopo e Introdução aos Processos de Planejamento 71

6.1 Escopo do Produto X Escopo do Projeto 71

6.2 Work Breakdown Structure 72

    6.2.1 Características de uma WBS 72

    6.2.2 Como construir uma WBS 74

    6.2.3 Utilização da WBS 76

6.3 Resumo dos Processos de Planejamento 77

6.4 O Plano do Projeto – Definindo as Regras do Jogo 83

6.5 Plano de Gerenciamento de Escopo 85

6.6 Balanceamento do Projeto 86

7 Introdução aos Modelos e Estimativas Utilizados em Projetos 89
7.1 Modelos X Realidade 89
7.2 Métodos de Geração de Estimativas 90
7.2.1 Estimativa "no Elevador" 90
7.2.2 Estimativa por Analogia 91
7.2.3 Estimativa Detalhada (Bottom-Up) 91
7.2.4 Estimativas por Modelos Matemáticos 92
7.2.5 Estimativa por Fase 94
7.3 Pressupostos e Estimativas Parametrizadas 95
7.4 Estimativas e Medidas 96
7.4.1 Estimativas como funções de probabilidade 96
7.4.2 Nível de Detalhamento das Estimativas 98
7.5 Curvas de Aprendizagem 101
7.6 Introdução ao Estudo de Variações 106
7.7 O Mítico Homem-Mês 115
7.8 Estudo Sobre as Causas de Atrasos em Projetos 118
7.9 Inflação de Estimativas 120

8 Custos 121
8.1 Plano de Gerenciamento de Custos 121
8.2 Dialética de Custos 121
8.3 Orçamento Top-Down com Rateios 123
8.4 Orçamentos por Fase 124
8.5 Contabilização dos Custos 125
8.6 Nível de Esforço 126

9 Cronograma 127

9.1 Plano de Gerenciamento de Cronograma 127

9.2 Ciclos de Vida 127

9.3 Milestones 128

9.4 Criação de um Cronograma 128

    9.4.1 Definindo as Atividades 129

    9.4.2 Definindo Duração e Recursos 130

    9.4.3 Dependências entre Atividades 131

    9.4.4 Cálculo do Cronograma 136

    9.4.5 Calendários 140

    9.4.6 Caminho Crítico 140

    9.4.7 Fast Tracking 140

    9.4.8 Resource Leveling 141

9.5 Cronograma por Fases 143

9.6 Gerenciando a incerteza 147

    9.6.1 CPM 147

    9.6.2 PERT 148

    9.6.3 Introdução a Critical Chain 153

9.7 Multitarefa e Múltiplos Projetos 160

10 Recursos Humanos 167

10.1 Plano de Gerenciamento de Pessoal 167

10.2 Planejamento de Recursos Humanos 168

    10.2.1 Definição de Responsabilidades e Papéis 168

    10.2.2 Alocação e Liberação de Pessoal 171

    10.2.3 Aquisição de Pessoal 174

    10.2.4 Organograma do Projeto 175

10.3 Alocação de Recursos no MS Project® 175
10.4 Recursos Compartilhados 179
    10.4.1 Identifique a Restrição do Sistema 183
    10.4.2 Explore a Restrição do Sistema 184
    10.4.3 Subordine Tudo à Exploração da Restrição 185
    10.4.4 Eleve a Capacidade da Restrição 187
10.5 Desenvolvimento da Equipe 191
    10.5.1 Treinamento Técnico 191
    10.5.2 Mentoring 192
    10.5.3 Atividades de Construção de Equipe 192
    10.5.4 Habilidades de Gerenciamento 192
    10.5.5 Sistemas de Recompensa e Reconhecimento 192
    10.5.6 Colocação Física 193
10.6 Motivação – Teorias X, Y e Além 193
10.7 Gerenciamento da Equipe 197

11 Comunicação 199
11.1 Plano de Gerenciamento de Comunicação 199
11.2 Comunicação Interna 200
11.3 Matriz de Comunicação 201
11.4 A Sala de Guerra 201
11.5 Reuniões de kick off 202
11.6 Gerenciamento de Stakeholders 203

12 Riscos 205

12.1 Plano de Gerenciamento de Riscos 206

12.2 Identificação de Riscos 207

    12.2.1 Checklists de Riscos 209

12.3 Análise Qualitativa de Riscos 210

    12.3.1 Teoria da Utilidade 212

12.4 Desenvolvimento de Resposta a Riscos 216

    12.4.1 Planos de Contingência Genéricos 219

    12.4.2 Riscos em Terceirizações 219

12.5 Controle e Monitoração de Riscos 220

12.6 Análise Quantitativa de Riscos 221

12.7 Dimensionamento de Contingência 223

13 Aquisição e Terceirização 227

13.1 Plano de Gerenciamento de Aquisição e Terceirização 227

13.2 Macro Processo de Aquisição e Terceirização 227

    13.2.1 Planejamento de Compras e Aquisições 227

    13.2.2 Planejar Contratações 229

    13.2.3 Solicitar Respostas de Fornecedores 231

    13.2.4 Selecionar Fornecedores 233

    13.2.5 Administração de Contrato 233

13.3 Falhas Comuns no Processo de Terceirização 234

13.4 Desenvolvimento de Fornecedores 235

14 Qualidade 237
- 14.1 Histórico 237
- 14.2 Definições 238
- 14.3 Deming & Juran 240
- 14.4 ISO-9000 247
- 14.5 Lições de Guerra 253
- 14.6 Plano de Gerenciamento de Qualidade 256
- 14.7 Critérios de Qualidade de Produtos 258
- 14.8 Controle de Qualidade em Projetos 259
- 14.9 Garantia da Qualidade em Projetos 260

15 Integração 263
- 15.1 Visão Geral da Integração 263
- 15.2 O Project Charter e a Declaração Preliminar de Escopo ... 264
- 15.3 Orientar e Gerenciar a Execução do Projeto 266
- 15.4 Monitorar e Controlar o Projeto 267
- 15.5 Controle Integrado da Mudança 268

16 Execução e Controle de Projetos 271
- 16.1 Sistema de Autorização de Trabalho 271
- 16.2 Reuniões de Status 271
- 16.3 Renegociação do Projeto 272
- 16.4 Verificação de Escopo 273
- 16.5 Earned Value 275
- 16.6 Análise Crítica a Earned Value 280
- 16.7 Relatórios de Acompanhamento 283
- 16.8 Reporte de Status 284

17 Encerramento 287

17.1 Quando Puxar a Tomada? 287
17.2 Encerramento Formal 289
17.3 Análise Post-Mortem 289

Apêndice A – PMI e PMBOK 291

Histórico 291
Processos de Iniciação 292
Processos de Planejamento 293
Processos de Execução 294
Processos de Monitoramento e Controle 295
Processos de Encerramento 296

Apêndice B – Probabilidade e Estatística 297

Introdução 297
Probabilidade 297
    Regra da Multiplicação 298
    Regra da Adição 299
    Distribuições de Probabilidade 300
Estatística 302
    Estatística Descritiva X Estatística Inferencial 302
    Medidas de Tendência Central 302
    Medidas de Dispersão 304
    Distribuição Gama 306
    Distribuição Qui Quadrado 306
    Teorema do Limite Central 306

Apêndice C – Teoria das Filas 309

Apêndice D – Seis Sigma 313
Por que Seis Sigma é Diferente?... 313
O Método DMAIC 315
Seis Sigma e Capacidade de Processo 316

Referências Bibliográficas 321

Prefácio

Teoria e Prática do Gerenciamento de Projetos

Gerenciar projetos não é uma tarefa fácil. Vamos repetir isto algumas vezes ao longo deste livro. Não é fácil, mas é uma tarefa que pode ser imensamente facilitada pela abordagem correta dos problemas inerentes.

É freqüente que um profissional seja catapultado à posição de liderança de um projeto sem ter qualquer treinamento a respeito, simplesmente porque tem conhecimento do assunto que o projeto envolve. "Você conhece bem informática, certo? Estamos implantando um ERP e precisamos de alguém que coordene o trabalho dos consultores. Todo mundo está ocupado e estou passando esta atribuição para você." Por isto, gerência de projetos é conhecida como a profissão acidental. Poucas pessoas saem da universidade prevendo um futuro como gerente de projetos; acabam sendo envolvidas no que parece ser "uma oportunidade interessante". No entanto, boa vontade e capacidade técnica raramente são suficientes, e o fracasso, infelizmente, é comum.

Diante disto, seria de se esperar que o treinamento formal nas técnicas de gerenciamento de projetos melhorasse tremendamente os resultados, mas isto nem sempre é verdade. Muitos teóricos, diante das dificuldades de um tema tão rico, tentaram simplesmente contorná-las, não querendo admitir uma realidade tão complexa e querendo obter apenas resultados certos e positivos. Eles só levaram em consideração os dados calculáveis, rejeitando tudo o que não pudessem quantificar, e se dedicaram a criar uma grande quantidade de receitas simples, detalhadas e precisas, ainda que completamente afastadas da realidade. O resultado é que muitas falhas ocorrem pela inadequação desses conselhos teóricos a uma realidade prática específica. Muitos cursos e livros sobre gerenciamento de projetos parecem carecer de contato com a realidade do mercado e da diversidade das culturas organizacionais; as soluções prontas, as "balas de prata" contra problemas considerados clássicos, acabam diminuindo a eficiência da equipe, em vez de aumentá-la.

Quando trabalhamos em projetos, estamos sob o domínio do acaso. A incerteza faz com que o gerente de projetos sempre se depare com uma realidade diferente daquela que esperava. É certo que isto deveria se refletir nos planos e, mais ainda, nas idéias que neles se integram. A ortodoxia não é suficiente. A prática não é suficiente. É preciso conhecer os princípios que modelam as técnicas, para que o gerente de projetos possa desenvolver suas próprias soluções. Ele deve saber que a incerteza não afeta igualmente todas as atividades no projeto, e que existem determinados fatores razoavelmente confiáveis. Em outros pontos, porém, ele deve recorrer ao seu talento e sua intuição.

A abordagem deste livro abrange tanto a dimensão prática quanto a dimensão teórica do gerenciamento de projetos, sempre questionando os princípios básicos dos pressupostos empregados. Tentaremos mostrar a arte e a ciência do gerenciamento de projetos, procurando capacitar o leitor a desenvolver seu próprio estilo gerencial, ao mesmo tempo em que aplica as práticas consagradas de gerenciamento de projetos. Não iremos mostrar menos teoria; na verdade, procuraremos mostrar mais. A suposta lacuna entre teoria e prática se deve à pretensão da primeira em governar a segunda nos seus detalhes. Contudo, quando a teoria forma o espírito do profissional, facilitando sua compreensão dos fatos e diminuindo a duração de seu aprendizado, ela cumpre um papel insubstituível.

Este livro se apoiará, ainda que de maneira crítica, no PMBOK® Guide (*A Guide to the Project Management Body of Knowledge*). Este guia, do qual falaremos em detalhes mais tarde, lista as práticas consagradas pela comunidade e pelo tempo. Ele é a referência máxima da ortodoxia. No entanto, vez por outra, será adotada uma abordagem mais pessoal, fruto de nossas experiências e opiniões. Quando ocorrer divergência entre as práticas clássicas e a abordagem do livro, isto ficará claro para o leitor. Esta abordagem mista da ortodoxia, analisada e questionada, com uma experiência singular, tem a pretensão de cobrir a indesculpável lacuna entre a bibliografia teórica e a dura realidade das "trincheiras".

Nota Sobre o Uso de Termos em Inglês

Neste livro abundam expressões em inglês e, como a utilização de termos estrangeiros tem merecido críticas exaltadas, faz-se prudente a colocação de alguns motivos:

- Quase a totalidade da bibliografia disponível sobre gerenciamento de projetos está em inglês. Qualquer um que não esteja familiarizado com os termos certamente terá dificuldades em utilizá-la;

- Não existe uma posição universal quanto à tradução, e muitos termos podem ser traduzidos de maneiras diferentes por diferentes autores. Isto não contribui em nada para a divulgação do conhecimento;

- Alguns termos, como *project charter*, são extensivamente utilizados em inglês na maioria das empresas. A tradução equivalente é praticamente desconhecida;

- Peço perdão aos defensores da língua pátria, mas existem palavras impossíveis de serem traduzidas a contento. *Stakeholder* é um exemplo: algumas tentativas foram: "partes envolvidas", "interessados", "acionistas", entre outras. Nenhuma delas consegue captar a idéia de quem "segura um pedaço do projeto", como *stakeholder*.

No entanto, os termos estrangeiros sempre aparecerão ressaltados em *itálico*, juntamente com uma tradução e/ou um termo equivalente em português. Espero ser relevado por aqueles que não se convenceram com meus argumentos.

1 Introdução

1.1 Breve História da Gerência de Projetos

Um projeto é academicamente definido como "um empreendimento temporário, de elaboração progressiva, com o objetivo de criar um produto ou serviço único."

Esta definição é bem abrangente. Quase tudo o que os seres humanos fazem pode ser, de uma forma ou de outra, coberto por ela. O livro do Gênese nos mostra um impressionante "gerente de projeto" criando o universo e seguindo fases bem definidas. Na verdade, temos um projeto terminado antes de um prazo impossível de sete dias, que possibilitou um dia de descanso para a equipe. Com um pouco de flexibilidade, a maternidade também pode ser classificada como um projeto de nove meses, que cria um produto único, um ser humano. A verdade é que projetos existem desde que a humanidade surgiu... ou talvez desde antes dela!

Gerenciar os projetos talvez seja uma invenção mais recente. No livro de São Lucas, temos a seguinte citação:

> *"Quem de vós, com efeito, querendo construir uma torre, primeiro não se senta para calcular as despesas e ponderar se tem com que terminar?*
>
> *Não aconteça que, tendo colocado o alicerce e não sendo capaz de acabar, todos os que virem comecem a caçoar dele."*
>
> *Evangelho de Lucas 14:28-29*

Se esta passagem dá algumas recomendações básicas sobre o gerenciamento de projetos, ela também sugere que, com freqüência, os empreendedores passam por cima de tais recomendações e acabam por merecer o deboche de seus pares.

Procurando na história, uma das primeiras evidências de grandes projetos se encontra às margens do Nilo. Infelizmente, não conhecemos muito sobre as técnicas de projeto dos antigos egípcios, mas talvez aprendêssemos que muitas de vinte chibatadas são um meio eficiente de garantir a entrega de suprimento no prazo estipulado... bem, nunca saberemos com certeza.

Não é possível realizar obras de tamanho considerável somente pela intuição. As catedrais medievais eram construídas seguindo um determinado nível de planejamento. Porém, este planejamento raramente era adequado ou suficiente, e os projetos de construção de catedrais sofriam, alguma vezes, atrasos de décadas ou mesmo séculos. Felizmente, os gerentes de projetos eventualmente morriam juntamente com os patrocinadores originais, de modo que ninguém ficava com a sempre desagradável tarefa de explicar um atraso deste tamanho.

Normalmente se reconhece que o moderno gerenciamento de projetos começou com o **Projeto Manhattan**, que desenvolveu a bomba atômica, e com os projetos militares durante a guerra fria, como o do submarino Polaris. Afinal, matar gente é coisa séria e guerras não esperam negociações de prazos de entrega. De fato, se a conclusão do projeto da bomba atômica tivesse sido adiada por alguns meses, talvez os japoneses tivessem se rendido e ela não tivesse sido utilizada.

Se, nestes tempos iniciais, as técnicas de gerenciamento de projeto desenvolvidas pelos militares eram usadas apenas para estes enormes projetos de pesquisa e desenvolvimento, pouco a pouco as empresas privadas de construção foram descobrindo os benefícios de utilizá-las em projetos relativamente menores, como construir um prédio ou uma ponte.

Atualmente, o gerenciamento de projetos está na moda, e não sem razão. Cada vez mais as empresas estão enfrentando pressões competitivas. Neste cenário, basta que uma empresa competidora consiga otimizar os projetos em que participa para que a gerência geral perceba que não pode continuar a controlar os seus próprios projetos de maneira amadora.

É bem conhecida a figura do responsável por projetos que afirma não ter tempo a perder com planejamento e controle. Eles agitam toda a equipe, movem céu e terra para começar as atividades o mais rápido possível e conseguem até alguns resultados. Mas logo se percebe o custo disso e, neste tipo de coordenação, projetos acabam custando o triplo do preço, levando o dobro do tempo e entregando um produto com metade das necessidades dos usuários.

Uma boa gerência de projetos é possível mesmo com prazos apertados. Na realidade, é quando ela é mais necessária, como demonstra a experiência. Uma certa criatividade e adaptação das técnicas, porém, é sempre recomendável.

1.2 Características de um Projeto

Pense no trabalho desenvolvido em uma organização. Existem aquelas tarefas rotineiras, serviços continuados que compõem a espinha dorsal da maioria das empresas produtivas. Todo o resto é projeto.

Vamos rever nossa definição:

"Um projeto é um empreendimento temporário, de elaboração progressiva, com o objetivo de criar um produto ou serviço único."

1.2.1 Temporário

Tudo na vida é temporário, claro, porque tudo termina, mais cedo ou mais tarde. Fábricas são inauguradas e, após algum tempo, fechadas. Empresas eventualmente vão à falência. Até mesmo países, como vemos freqüentemente na Europa, nascem e morrem.

As operações continuadas, ou seja, tudo o que não é projeto, normalmente traçam objetivos que se renovam. Uma empresa tem como objetivo dar lucro todo ano. Ninguém fecha as portas de uma empresa lucrativa por um espírito de missão cumprida. As organizações têm o propósito da continuidade. Seu fim é um acidente.

Por outro lado, projetos têm um início e um fim muito bem definidos. Começa-se um projeto para alcançar um conjunto de objetivos e chega-se ao fim, se tudo correr bem, quando estes objetivos são alcançados. Anormalmente, ele pode ser encerrado porque se acredita que o projeto não será capaz de atingir seus objetivos, ou porque os próprios objetivos da organização mudaram. O que é certo é que a organização tem a intenção de que o projeto eventualmente se encerre, de uma maneira ou de outra.

Ser temporário não significa gerar efeitos temporários. Os efeitos ou produtos do projeto podem ter a característica de serem continuados. O projeto de instalação de uma fábrica é temporário. A fábrica em si é uma organização não temporária.

Ser temporário também não significa ser de curta duração. Não existe um limite mínimo ou máximo para a duração de um projeto. Um pequeno projeto pode durar uma semana, enquanto que o projeto de levar o homem à Lua durou anos. Alguns projetos podem durar décadas, e ainda assim são temporários. Podemos antecipar o momento em que os objetivos serão alcançados e eles serão encerrados.

1.2.2 Produto ou Serviço Único

Além de temporário, um projeto é único. Não existem dois iguais. Mesmo que seja possível utilizar os mesmos planos e os mesmos fornecedores para desenvolver um produto semelhante, como, por exemplo, construir dois prédios com as mesmas plantas, cada projeto é um evento singular. Os dois prédios podem ser semelhantes, mas ainda assim serão provenientes de projetos distintos. Um pode ser entregue dento do prazo e do orçamento, e o outro ficar inacabado porque a construtora faliu.

Cada projeto é singular e produz um resultado único. A existência de fatores semelhantes não muda a característica intrínseca de unicidade do projeto.

1.2.3 De Elaboração Progressiva

Cada projeto é, pelo menos em parte, um ato de criação.

Idealmente, o escopo do projeto, ou seja, a definição do trabalho a ser realizado, deve permanecer constante. Isto garantiria certa estabilidade ao projeto. No entanto, mesmo que isto ocorra, nosso conhecimento sobre este escopo não é constante.

No início do projeto, as descrições das características do produto e de como iremos produzi-lo, por mais detalhadas que sejam, são apenas um primeiro esboço. Como o produto de cada projeto é único, as características que o distinguem devem ser progressivamente elaboradas. Conforme o projeto se adianta, nosso conhecimento aumenta e tomamos decisões que aperfeiçoarão este esboço.

Elaborar significa trabalhar com cuidado e precisão até que o trabalho esteja completo. Nos projetos, esta elaboração é progressiva, no sentido do procedimento por etapas, por incrementos definidos.

1.3 O que é Gerenciamento de Projetos

Se um projeto é caracterizado por seus objetivos, gerenciamento de projetos é a arte de atingir ou exceder as expectativas e necessidades vinculadas ao projeto. Para esta meta, devem-se aplicar os conhecimentos, habilidades e técnicas disponíveis. Tudo que pode aumentar as chances de sucesso do projeto pode ser classificado como Gerência de Projetos.

Os limites são nebulosos e existe intercessão da gerência de projetos com uma enorme quantidade de áreas de conhecimento. Estes conhecimentos podem ser organizados de muitas formas, levando em consideração que, como em toda área da administração, há teorias conflitantes. Ao conhecer a ortodoxia e tomar contato com as opiniões de outros gerentes de projetos, o Gerente de Projetos pode adaptá-la e contribuir para sua evolução.

O gerenciamento de projetos não é um corpo de conhecimento exclusivo dos gerentes de projetos. De fato, quanto mais a equipe, ou o cliente do projeto, souber sobre o assunto, maiores são as chances de sucesso. Se os profissionais souberem para que serve a informação que eles devem reportar, maior é a possibilidade deles reportarem corretamente. Se eles entenderem os problemas, poderão ter idéias e contribuir para as soluções.

A interação do gerente de projetos com a equipe é particularmente importante porque, em nossa opinião, na maioria dos projetos, a característica básica na aplicação do conhecimento disponível não está na criação de um planejamento perfeito e na sua execução exata, mas na elaboração progressiva de uma tarefa conjunta.

1.4 Tipos de Projetos

Projetos podem ser classificados arbitrariamente de diversas formas. Duas formas de classificação são interessantes para nossa análise. Uma diz respeito ao escopo do projeto, que pode ser descrito como abstrato ou concreto.

Projetos com escopo concreto incluem ações como a troca de um componente de uma planta industrial ou a construção de uma ponte. Nestes casos, o escopo pode ser definido, a *priori*, em detalhes. Podem surgir alguns imprevistos mas, a princípio, as tarefas necessárias podem ser previstas com grande precisão.

O extremo oposto são os projetos com escopo abstrato. Escrever um livro é um exemplo. Projetar mudanças que melhorem a eficiência de uma linha de fabricação é outro. Nestes casos, temos um objetivo claro, seja a criação do livro ou a melhoria de um indicador. Entretanto, deste objetivo não pode ser diretamente derivado o procedimento detalhado para que ele seja atingido. Nestes casos, na medida em que o projeto avança, tomamos decisões que tornam o escopo cada vez mais concreto, até que, por fim, obtemos o resultado.

É necessário compreender que estas diferenças são inatas ao tipo de escopo e não dependem de qualquer escolha que o gerente de projetos faça. De certa maneira, um escopo concreto reduz a possibilidade de escolhas enquanto um escopo abstrato permite que soluções completamente diferentes sejam igualmente satisfatórias.

Uma outra classificação que devemos ter em mente diz respeito aos tipos de atividades que são executadas durante o projeto. Cada tarefa pode ser do tipo criativa ou do tipo procedimental.

Tarefas criativas envolvem a necessidade do engenho humano. Escrever o capítulo de um livro ou decidir as linhas arquitetônicas de uma estrutura são tarefas criativas.

As tarefas "procedimentais" são aquelas que podem ser executadas seguindo uma seqüência de passos bem determinada. Erguer uma parede de tijolos ou coletar dados sobre um processo de fabricação são exemplos de tarefas "procedimentais".

De um modo geral, projetos de escopo abstrato tendem a ter uma ênfase maior em tarefas criativas, enquanto projetos de escopo concreto possuem tarefas altamente "procedimentais" e bem conhecidas.

Obviamente, estas classificações são apenas exemplos de um contínuo de possibilidades. Muitos projetos ocupam posições intermediárias com relação ao tipo de escopo e aos tipos de tarefas executadas. O importante é que se reconheça as características específicas de cada projeto, e que o planejamento e execução estejam de acordo com as necessidades de cada caso.

1.5 Estilos de Gerenciamento de Projetos

Existem dois extremos de estilos de gerenciamento de projetos. Chamaremos estes dois extremos de *ad hoc* e "comando e controle".

A maioria dos projetos dentro das empresas acaba sendo gerenciada da maneira *ad hoc*. Nestes casos, o gerente de projetos utiliza pouca ou nenhuma das técnicas ortodoxas de gerenciamento. O projeto evolui por meio de impulsos periódicos para uma direção geral. Normalmente, a rotina se segue na convocação de reuniões, distribuição de tarefas, novas reuniões para avaliação do *status*, redistribuição de tarefas e assim por diante. Cronogramas são raros e o formalismo é nenhum.

Usando uma figura simples, podemos ilustrar as formas *ad hoc* de gerenciamento de projetos imaginando um capitão português no século XVI. Uma vez tendo recebido do rei a missão de chegar ao Brasil, e tendo uma idéia geral de que o Brasil ficava a sudoeste, nosso capitão *ad hoc* se jogaria ao mar imediatamente. Evidentemente, a menos que contassem com muita sorte e com tripulações excelentes, poucos destes capitães chegariam ao destino. Apesar disto, alguns destes gerentes de projeto conseguem chegar até o final de seus projetos e o sucesso acaba perpetuando o método, mesmo que o sucesso seja totalmente acidental. No entanto, temos que reconhecer que pequenos projetos de escopo abstrato e tarefas criativas podem ser gerenciados *ad hoc* de maneira bastante eficiente e com certa economia de esforços.

No outro extremo, temos a mentalidade de "comando e controle", que fomenta a separação entre pensamento e ação. Primeiro você pensa e planeja e depois você executa o que foi planejado. Esta seria uma estratégia perfeita em um mundo absolutamente racional, ou racionalizável, mas feliz ou infelizmente a realidade não colabora.

Um capitão "comando e controle" pediria ao rei detalhes sobre a costa brasileira (reclamando se o rei não os pudesse oferecer) e em que lugar ele deveria aportar, quanto tempo ele deveria ficar naquela terra e o que deveria fazer enquanto estivesse lá. Depois ele se recolheria com um grupo de especialistas na Escola de Sagres, estimaria as coordenadas da costa brasileira e criaria um curso em linha reta para o Brasil. Após anos de preparação cuidadosa, ele partiria com duas caravelas extras para mantimentos de contingência. Este capitão ignoraria as correntes marítimas que encontrasse pelo caminho, quando elas não constassem no seu planejamento. Talvez ele acabasse destroçado por uma tempestade que poderia ter sido contornada, se a alternativa de alterar o curso original não fosse impensável.

Este tipo de gerente de projetos pode ter mais sucesso que o primeiro, mas com uma sobrecarga brutal de custo e esforço. Sabemos que a capacidade e a agilidade de abandonar ou refazer planos pode ser tão crucial quanto a responsabilidade em produzi-los. O estilo "comando e controle" parece ser aplicável de forma eficiente em projetos com escopo concreto e tarefas "procedimentais". O grau de previsibilidade destes projetos parece favorecer a separação entre planejamento e execução.

Estes estilos são casos extremos, mas talvez por contraste com o uso do estilo *ad hoc*, muitos autores ortodoxos parecem recomendar o estilo "comando e controle". No entanto, para a maioria dos projetos, o sucesso no gerenciamento de projetos parece vir mais da capacidade de ajustar constantemente seu planejamento à realidade do projeto, marcando sua posição na rota planejada e estando disposto a aproveitar as correntes e desviar das tempestades, do que de uma habilidade fantástica de planejamento e disciplina de execução.

O estilo exato da quantidade de esforço de planejamento e da flexibilidade que o gerente deve promover depende do tipo de projeto, mas, muito raramente, uma ênfase total na execução do estilo *ad hoc* ou no planejamento detalhado em minutos do estilo "Comando e Controle" serão as respostas.

Uma história curiosa parece ilustrar a situação em que muitos gerentes de projetos acabam se encontrando. Consta que uma unidade militar húngara saiu em patrulha nos Alpes e não voltou por dois dias. No terceiro dia, porém, eles apareceram e se apresentaram para seu comandante.

Eles reportaram que foram pegos por uma tempestade de neve e, devido à baixa visibilidade, se perderam. Em certo ponto, eles se deram por acabados e se prepararam para morrer. Mas um deles, subitamente, lembrou de que possuía um mapa em seu bolso. Isso os acalmou e eles montaram acampamento até a tempestade passar. Como não sabiam onde estavam, o dono do mapa teve alguma dificuldade inicial, mas acabaram por encontrar um marco conhecido e seguiram o caminho para casa. Impressionado com a história, o comandante pediu para ver o miraculoso mapa e, para seu espanto, descobriu que se tratava de um mapa dos Pirineus e não dos Alpes.

Este caso é um tanto forçado, reconheçamos, mas a unidade de propósitos e a coordenação de esforços podem obter resultados mesmo quando o planejamento original se mostra falho. O mesmo não se pode dizer da situação contrária. Por outro lado, sem um mapa, ou seja, sem algum tipo de planejamento, a unidade de propósitos dificilmente é alcançada.

2 Introdução ao PMBOK

2.1 O que é o PMBOK?

O Project Management Institute é a maior organização mundial especializada em gerenciamento de projetos, realizando um trabalho de classificação e divulgação do conhecimento existente sobre o assunto. O PMI chama este conhecimento de *Project Management Body of Knowledge* ou, de forma mais curta, o PMBOK®.

Este PMBOK® abstrato, que está na mente coletiva da comunidade do PMI, foi encarnado em uma publicação. A última versão foi lançada no ano de 2004 e é chamada de PMBOK® Guide. O PMBOK® Guide foi construído para ser uma referência dos processos e práticas que são geralmente aceitos pela comunidade, ou seja, aqueles que são considerados aplicáveis a maior parte dos projetos, na maioria das vezes e em que há um razoável consenso de seu valor e utilidade.

O PMBOK® Guide representa a ortodoxia do gerenciamento de projetos; no entanto, este termo não deve ser entendido com uma conotação negativa. A ortodoxia é necessária como uma referência para o progresso. Técnicas consideradas hoje radicais, se passarem no teste do tempo, acabarão se tornando parte da ortodoxia. O PMI continua evoluindo o PMBOK® Guide.

2.2 Processos de Gerenciamento de Projetos

Um processo é uma série de ações que geram um resultado. Um projeto é naturalmente decomposto em processos. Afinal, um projeto inteiro é composto por uma série de ações que (se tudo correr bem) geram como resultado um produto ou serviço. Há dois tipos bem diferentes de processos em um projeto, mas existe alguma confusão entre eles, principalmente no que diz respeito à definição de responsabilidades. É freqüente que pessoas treinadas para um tipo de processo acabem por ficar a cargo do outro, nem sempre com bons resultados.

Os dois tipos são:

- **Processos orientados ao produto** – Estes processos são a razão de ser do projeto. Compõem as atividades que especificam, criam e validam o <u>produto ou serviço</u> que o projeto deve produzir. Estes processos devem ser executados por especialistas no produto ou serviço. Conhecimento técnico é o requisito para os profissionais responsáveis;

- **Processos de gerenciamento do projeto** – Estes processos tornam possíveis os processos acima. Eles focam a organização, a descrição e o controle do <u>trabalho</u> no projeto. Os profissionais responsáveis por este tipo de processo devem ter características como: organização, liderança, capacidade de negociação etc. Estas características são muito diferentes do perfil técnico dos processos de produto.

Embora seja possível, não é freqüente que um excelente técnico tenha também um excelente perfil gerencial. Mesmo que ele seja bom em ambos, ao tentar compartilhar seu tempo entre a resolução dos problemas técnicos e tarefas como gestão de conflitos ou administração de recursos, sempre acaba deixando algo de lado. A exceção a este caso é normalmente feita para projetos pequenos.

As técnicas de gerenciamento de projetos são essencialmente as mesmas, não importando se o projeto trata da elaboração de uma nova versão de um *software* ou da construção de uma ponte. Em tese, um gerente de projetos experiente poderia liderar ambos os projetos. Na prática, o total desconhecimento técnico torna-se uma barreira de comunicação com a equipe e freqüentemente gera decisões equivocadas por parte do gerente de projeto. Assim, um Gerente de projetos com formação em engenharia, que tenha experiência construindo pontes, poderia liderar um projeto de construção de um prédio, mas teria que ser muito bem assessorado para ter sucesso liderando um projeto de pesquisa de novos medicamentos, por exemplo.

A lista de processos recomendados pelo PMI® para um gerenciamento de projetos bem sucedido é encontrada no PMBOK® Guide. Existem várias maneiras de organizar este conhecimento. O PMBOK® Guide utiliza duas formas simultâneas de organização: Grupos de Processos e Áreas de Conhecimento.

Analisaremos as duas organizações, depois de examinar um exemplo de um processo isolado.

2.3 Exemplo de um Processo de Gerenciamento

Dentro do PMBOK® cada um dos processos merece uma atenção especial, sendo analisado em detalhes. O conteúdo da caixa abaixo foi extraído da terceira versão, oferecendo uma amostra da descrição de um processo.

5.4 Verificação do Escopo

A verificação do escopo é o processo de obtenção da aceitação formal do escopo do projeto terminado e das entregas associadas pelos *stakeholders*". A verificação do escopo do projeto inclui a revisão das entregas para garantir que cada uma delas foi terminada de forma satisfatória. Se o projeto foi finalizado antes do término (abortado), o processo de verificação do escopo do projeto deve determinar e documentar o nível e a extensão do término. A verificação do escopo difere do controle da qualidade, porque a verificação do escopo trata principalmente da aceitação das entregas, enquanto o controle da qualidade trata principalmente do atendimento aos requisitos de qualidade especificados para as entregas. Em geral, o controle da qualidade é realizado antes da verificação do escopo, mas esses dois processos podem ser realizados em paralelo.

Entradas para a Verificação do Escopo

1 Declaração do escopo do projeto – A declaração do escopo do projeto inclui a descrição do escopo do produto, que descreve o produto do projeto a ser revisado e os critérios de aceitação do produto.

2 Dicionário da WBS – O dicionário da WBS é um componente da definição de escopo detalhada do projeto e é usado para verificar se as entregas produzidas e aceitas estão incluídas no escopo aprovado do projeto.

3 Plano de Gerenciamento do Escopo do Projeto – Descrito na seção 5.1.3.1.

4 Deliverables – Os deliverables são aqueles que foram terminados total ou parcialmente e são saídas do processo "orientar e gerenciar a execução do projeto" (Seção 4.4).

Ferramentas e Técnicas para a Verificação do Escopo

1 Inspeção – A inspeção inclui atividades como medição, exame e verificação para determinar se o trabalho e os *deliverables* atendem aos requisitos e critérios de aceitação do produto. As inspeções recebem vários nomes, como revisões, revisões de produto, auditorias e *walkthroughs*. Em algumas áreas de aplicação, esses vários termos possuem significados específicos e restritos.

Saídas da Verificação do Escopo

1 Deliverables Aceitos – O processo "verificação do escopo" documenta os *deliverables* que foram aceitos. Os *deliverables* que não foram aceitos são documentados, juntamente com as razões da não aceitação. A verificação do escopo inclui a documentação de apoio recebida do cliente ou *sponsor* e o reconhecimento da aceitação dos *deliverables* do projeto pelos *stakeholders*.

2 Mudanças Solicitadas – As mudanças solicitadas podem ser geradas a partir do processo "verificação do escopo" e são processadas para revisão e destinação pelo processo "controle integrado de mudanças".

3 Ações Corretivas Recomendadas – Descrito na seção 4.5.3.1.

PMI´s Copyrighted Material

2.4 Grupos de Processos

Projetos têm uma seqüência temporal. Eles têm início, meio e fim. Uma das maneiras de organizar os processos de gerenciamento é através de grupos executados mais ou menos simultaneamente, ou em conjunto, durante o projeto. Existem cinco grupos, cada um com um ou mais processos. São eles:

- **Processos de Iniciação** – Neste grupo estão os processos que definem e autorizam o início de um projeto ou de uma fase. Eles devem reconhecer que o projeto ou a fase deve começar e gerar o comprometimento necessário para execução.

- **Processos de Planejamento** – Neste grupo estão os processos que planejam e mantêm um esquema de trabalho viável para se atingir os objetivos do projeto.

- **Processos de Execução** – Este grupo de processos que coordenam pessoas e outros recursos para realizar o plano estabelecido. Não devem ser confundidos com os processos orientados ao produto: são processos de gerenciamento de execução.

- **Processos de Monitoramento e Controle** – Neste grupo estão os processos que asseguram que os objetivos do projeto estão sendo atingidos. Eles monitoram e avaliam o progresso e tomam ações corretivas.

- **Processos de Encerramento** – Este grupo formaliza a aceitação do projeto ou da fase do projeto, além de promover outras atividades de encerramento.

Os grupos de processos são uma abstração útil, assim como os processos em si. Há uma série de interações entre eles. Não é raro, por exemplo, que em um mesmo momento seja feito o controle de uma atividade, a detecção de um problema e o replanejamento do projeto, fruto de uma ação corretiva.

O PMBOK® Guide tem a dizer sobre isso:

"Os grupos de processos se ligam pelos resultados que produzem — o resultado ou saída de um grupo torna-se entrada para outro. Entre grupos de processos, as ligações são iterativas — o planejamento alimenta a execução, no início, com um plano do projeto documentado, fornecendo, a seguir, atualizações ao planejamento, na medida em que o projeto progride."

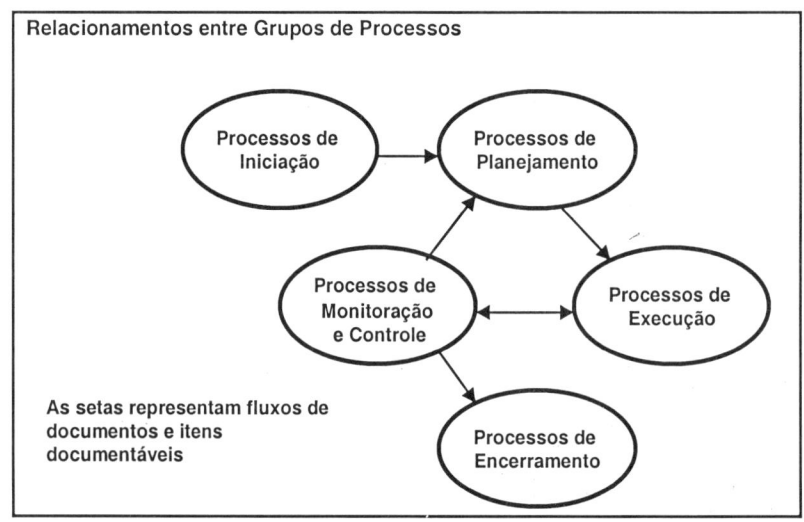

Relacionamentos entre Grupos de Processos PMI's Copyrighted Material

2 – Introdução ao PMBOK | 21

Assim, os grupos de processos não devem ser vistos de maneira separada ou descontínua. Não se trata de atividades executadas uma única vez e depois encerradas. Na verdade, elas se estendem por todo o projeto e se sobrepõem. O que varia é a intensidade. No início do projeto, temos uma ênfase nos processos de iniciação e, logo a seguir, nos de planejamento. No entanto, podemos ter atividades de iniciação, por exemplo, quando o projeto muda de fase, em um momento em que já estamos em plena execução.

O gráfico abaixo procura demonstrar esta sobreposição e mudança de ênfase que ocorre em cada fase e, em um nível maior, no projeto como um todo. Mas, também ele, mostra uma visão um tanto idealizada do projeto. Como em um fractal, este padrão se repete ao nível do projeto, das fases e até das tarefas detalhadas.

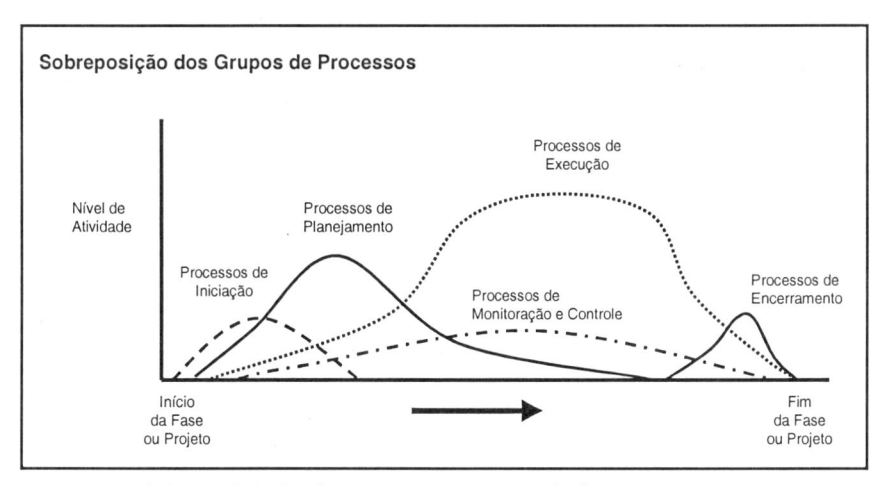

Sobreposição dos Grupos de Processos PMI`s Copyrighted Material

Uma outra forma de visualizar como os grupos de processo interagem é reconhecer que uma fase fornece uma entrada para o início da próxima. Por exemplo, a finalização de uma fase de *design* requer uma aceitação, pelo cliente, do documento de projeto. Isto, por sua vez, permite que a fase de implementação se inicie.

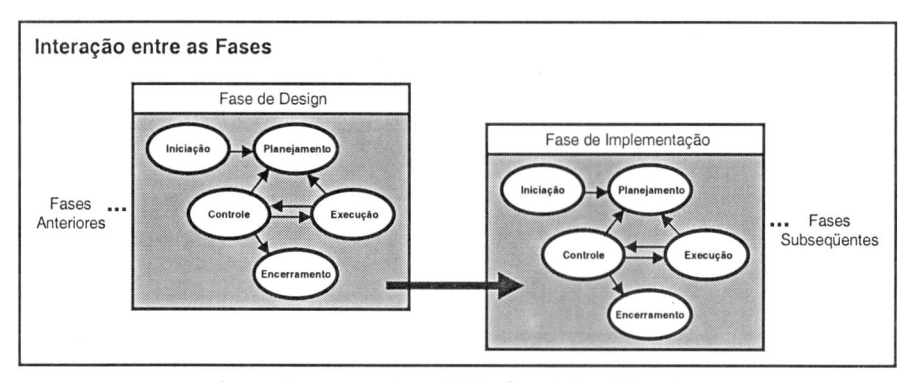

Interação entre as fases PMI's Copyrighted Material

A repetição dos processos de iniciação, no início de cada fase, auxilia a manutenção do projeto focado nas necessidades de negócio que justificaram a sua criação. Também permite que o projeto seja interrompido ou radicalmente modificado, caso os objetivos do negócio tenham mudado, ou se o projeto tornou-se incapaz de satisfazê-los.

2.5 Áreas de Conhecimento

Os mesmos processos de gerenciamento podem ser classificados por áreas de conhecimento. Estas reúnem os processos pela afinidade de suas atividades. São nove, a saber:

- **Gerência da Integração do Projeto** – Descreve os processos necessários para assegurar que os diversos elementos do projeto sejam adequadamente coordenados.

- **Gerência do Escopo do Projeto** – Descreve os processos necessários para assegurar que o projeto contemple todo o trabalho requerido, e nada mais que o trabalho requerido, para completar o projeto com sucesso.

- **Gerência de Tempo do Projeto** – Descreve os processos necessários para assegurar que o projeto termine dentro do prazo previsto.

- **Gerência do Custo do Projeto** – Descreve os processos necessários para assegurar que o projeto seja completado dentro do orçamento previsto.

- **Gerência da Qualidade do Projeto** – Descreve os processos necessários para assegurar que as necessidades que originaram o desenvolvimento do projeto sejam satisfeitas.

- **Gerência dos Recursos Humanos do Projeto** – Descreve os processos necessários para proporcionar a melhor utilização das pessoas envolvidas no projeto.

- **Gerência das Comunicações do Projeto** – Descreve os processos necessários para assegurar que a geração, captura, distribuição, armazenamento e a pronta apresentação das informações do projeto sejam feitas de forma adequada e no tempo certo.

- **Gerência dos Riscos do Projeto** – Descreve os processos que dizem respeito à identificação, análise e resposta dos riscos do projeto.

- **Gerência das Aquisições do Projeto** – Descreve os processos necessários para a aquisição de mercadorias e serviços fora da organização que desenvolve o projeto.

2.6 Mapeamento dos Grupos X Áreas de Conhecimento

Área de Conhecimento \ Grupo de Processos	Iniciação	Planejamento	Execução	Monitoramento e Controle	Encerramento
4. Integração	4.1 Desenvolvimento do *project charter* 4.2 Desenvolvimento da declaração preliminar de escopo	4.3 Desenvolvimento do plano de gerenciamento do projeto	4.4 Orientar e gerenciar a execução do projeto	4.5 Monitorar e controlar o trabalho do projeto 4.6 Controle integrado de mudanças	4.7 Encerrar o projeto
5. Escopo		5.1 Planejamento de escopo 5.2 Definição de escopo 5.3 Criar a WBS		5.4 Verificação de escopo 5.5 Controle do escopo	
6. Tempo		6.1 Definição da atividade 6.2 Seqüência de atividades 6.3 Estimativa de recursos da atividade 6.4 Estimativa de duração da atividade 6.5 Desenvolvimento de cronograma		6.6 Controle do cronograma	
7. Custo		7.1 Estimativa de custos 7.2 Orçamento		7.3 Controle de custos	
8. Qualidade		8.1 Planejamento da qualidade	8.2 Realizar a garantia de qualidade	8.3 Realizar o controle da qualidade	
9. Recursos Humanos		9.1 Planejamento de recursos humanos	9.2 Contratar ou mobilizar a equipe do projeto 9.3 Desenvolver a equipe do projeto	9.4 Gerenciar a equipe do projeto	
10. Comunicações		10.1 Planejamento das comunicações	10.2 Distribuição das informações	10.3 Relatório de desempenho 10.4 Gerenciamento dos *stakeholders*	
11. Risco		11.1 Planejamento do gerenciamento de riscos 11.2 Identificação de riscos 11.3 Análise qualitativa de riscos 11.4 Análise quantitativa de riscos 11.5 Planejamento de resposta a riscos		11.6 Monitoramento e controle de riscos	
12. Aquisição		12.1 Planejar compras e aquisições 12.2 Planejar contratações	12.3 Solicitar respostas de fornecedores 12.4 Selecionar fornecedores	12.5 Administração de contrato	12.6 Encerramento do contrato

As numerações das áreas de conhecimento e dos processos seguem os números dos capítulos e itens do PMBOK® Guide.

2.7 Utilização do PMBOK® *Guide*

Uma primeira abordagem ao PMBOK® Guide pode dar uma impressão errada. Como ele é composto de processos em que as saídas de um se tornam entradas de outro, pode-se ter a impressão que se trata da descrição de um *workflow* a ser implementado.

No entanto, uma leitura mais atenta mostra que esta simetria é apenas uma forma de organizar o conhecimento. Os processos são organizados de forma idealizada sem terem a pretensão de mapear completamente a realidade.

Através do processo de certificação, o PMI exige que os profissionais provem que conhecem este fluxo teórico e, assim, espera-se que sejam capazes de adaptá-lo a suas realidades específicas. Projetos vêm em todos os tamanhos e formas e nenhuma metodologia genérica pode valer para todos.

3 Interação Projeto X Organização

A gerência de projetos se insere num ambiente bem mais amplo do que o projeto propriamente dito. A equipe de coordenação do projeto deve compreender este contexto mais amplo. O simples gerenciamento das atividades da equipe do projeto é necessário, mas não é suficiente para o seu sucesso. Este capítulo descreve os principais aspectos do contexto do gerenciamento de projetos na organização.

3.1 Stakeholders

Stakeholders são indivíduos ou organizações que estão ativamente envolvidos no projeto ou cujos interesses possam ser positiva ou negativamente afetados pela execução do projeto ou pelos seus produtos. Tentativas de tradução: "partes envolvidas", "interessados" e "acionistas", entre outras.

Alguns tipos são mais ou menos óbvios, como "clientes", "fornecedores", "membros da equipe" etc. No entanto, em um sentido mais amplo, qualquer um que tenha alguma participação no projeto ou seja afetado por ele ou por seu resultado é um *stakeholder*.

Muitos gerentes de projetos tiveram sérios problemas ao falharem no reconhecimento de um *stakeholder* importante. Construtores de usinas de energia, que falharam em reconhecer a sociedade como um *stakeholder*, tiveram problemas de embargos de obras por ambientalistas que poderiam ter sido aplacados caso tivessem sido envolvidos no projeto.

O gerente de projetos deve estar atento para o aparecimento, substituição e eventual desaparecimento de *stakeholders*. À medida que o projeto se adianta, o maior conhecimento de seus detalhes pode determinar a alteração do quadro de *stakeholders*.

Identificar os principais *stakeholders* é uma nas primeiras e mais vitais tarefas de um bom gerente de projetos. Isto é vital porque todas as decisões importantes durante as etapas de iniciação e planejamento são tomadas por estes *stakeholders*. São estas pessoas que deverão, sob a orientação do gerente de projetos, estabelecer o acordo sobre os objetivos e restrições do projeto.

Os principais *stakeholders* são aqueles a quem o Gerente de projetos irá se esforçar ao máximo para atender. São as expectativas deles que balizarão a avaliação da atuação do gerente do projeto. Mas eles também são aqueles que proverão as mais valiosas contribuições.

A estes principais *stakeholders* são atribuídos, de forma clássica, papéis que serão desempenhados durante o projeto. Analisaremos em seguida estes papéis mais comuns, depois de fazer duas pequenas advertências: papéis são rótulos que colocamos em pessoas reais; um papel pode ser representado por uma pessoa ou um grupo, e a mesma pessoa pode atuar em vários papéis. Além disso, no processo de identificação de *stakeholders*, é mais importante perguntar "quem tem uma contribuição a dar para o sucesso do projeto?" do que simplesmente "quem é o cliente?" ou "quem é o *sponsor*?".

3.1.1　Papel: Gerente de Projetos

Muitos gerentes de projetos esquecem de se incluir na lista de *stakeholders*. Isto é um erro. Ao começar um projeto é essencial que ele descubra quais são as suas próprias expectativas com relação ao mesmo. A perda do equilíbrio emocional pode levar à perda do foco inicial.

Gerentes de projetos internados, devido ao excesso de estresse, não são úteis para ninguém.

3.1.2　Papel: *Sponsor*

O *sponsor* ou "patrono" ou ainda "campeão do projeto" é a pessoa com autoridade formal que, em última instância, é responsável pelo projeto. A posição de autoridade do *sponsor* é independente de qualquer projeto individual. Isto possibilita ao *sponsor* agir como um elo entre o projeto e a organização executora.

Algumas tarefas cabem normalmente ao *sponsor*:

- Anunciar a existência do projeto e definir o gerente do projeto.
- Assistir à definição da divisão de responsabilidades.
- Revisar e aprovar o plano do projeto.
- Orientar o gerente do projeto e discutir, em bases regulares, o *status* do projeto.
- Monitorar e controlar a prioridade relativa do projeto durante seu desenvolvimento.
- Resolver conflitos e auxiliar o gerente do projeto na superação de obstáculos dentro da organização.

É útil que o *sponsor* tenha uma alta posição dentro da empresa, mas é fundamental que ele tenha grande interesse pelo projeto. De nada vale divulgar que o presidente da empresa é o *sponsor* de um projeto se, quando você mais estiver precisando dele, ele tiver coisas mais importantes a fazer. Logo ficará claro para todos que o projeto carece do apoio que se supunha garantido, a princípio.

3.1.3 Papel: Gerente Funcional da Organização Executora

"Gerente funcional" é o termo geral que utilizamos para designar qualquer um com poder e responsabilidade dentro da organização ou organizações em que o projeto se desenvolva. Podem ser coordenadores, gerentes, supervisores, diretores, presidentes ou mesmo aquele assessor do presidente que ninguém sabe exatamente o que faz, mas que consegue tudo o que quer.

Eles são aqueles que tem o controle de longo prazo dos recursos e pessoas que você deverá requerer para a execução do projeto. São eles que controlam e alteram as políticas da organização e podem autorizar exceções. São eles, enfim, que possuem o poder de que o gerente de projetos carece.

Um bom relacionamento com os gerentes funcionais pode facilitar a liberação daquele especialista absolutamente necessário para evitar o atraso do projeto, ou acelerar a obtenção de informações úteis, ou ainda permitir que autorizações e aprovações sejam emitidas de maneira ágil e dentro dos prazos. Os gerentes funcionais podem ser uma fonte preciosa de aconselhamento e informação. Um mau relacionamento pode sabotar totalmente o projeto.

3.1.4 Papel: Time de Projeto

Todos aqueles que contribuem para o projeto fazem parte do time de projeto. Muitos terão um registro formal de participação no plano do projeto, outros não. Alguns clientes podem ser considerados como parte do time de projeto. É importante identificar os principais membros do time, com a maior antecedência possível. Em alguns casos, estimativas só podem ser feitas com precisão se soubermos quem executará a tarefa. Um excelente especialista pode ser cinco vezes mais produtivo do que um profissional mediano.

Motivar a equipe, seja ela dedicada exclusivamente ao projeto ou não, é uma tarefa fundamental para o sucesso do projeto.

3.1.5 Papel: Cliente

Normalmente quem paga tem a última palavra. Mas nem sempre é óbvia a identificação do cliente. Se estivermos criando um produto para venda, o potencial cliente pagador pode ainda nem ter ciência da existência do projeto. Por outro lado, quem libera o orçamento pode não ter uma participação ativa no projeto. Certas entidades podem financiar o projeto em benefício de um grupo.

De uma maneira geral, precisamos distinguir alguns grupos de clientes:

1. Aqueles que estão pagando a conta.

2. Aqueles que têm autoridade para tomar uma decisão final sobre os requisitos do projeto ou produto.

3. Aqueles que podem fornecer informações valiosas sobre os requisitos do projeto ou produto ou que representam o grupo total de clientes potenciais.

4. Aqueles que usarão o produto, sem necessariamente ter grande envolvimento no projeto até as suas fases finais.

5. Aqueles que querem participar e dar opinião, sem pagar a conta ou assumir responsabilidades.

Saber distinguir estes grupos é fundamental. Você pode, por exemplo, criar um produto que atenda a 100% dos requisitos ditados por um consultor especialista (grupo 3), mas que na hora de ser usado pelos clientes finais (grupo 4) se revele altamente desapontador, motivando que o comitê de avaliação do projeto (grupo 2) recomende à entidade financiadora (grupo 1) o não pagamento da última fatura até que você conserte os problemas.

Obviamente procura-se manter a participação do grupo 5 em um mínimo. No entanto, pode-se evitar muitos problemas disponibilizando algum tempo para ouvir estas pessoas e, talvez, encaminhá-las para alguém do grupo 1. É possível que elas sintam que foram ouvidas e parem de interferir. Algumas delas se sentirão satisfeitas se você as incluir na lista de pessoas que são informadas sobre alterações de escopo.

Em qualquer caso, esta classificação é um tanto arbitrária e um cliente pode pertencer a mais de um grupo ou mesmo mudar de grupo várias vezes durante o projeto. O gerente do projeto deve tentar formalizar as caracterizações e mudanças mais importantes, quando possível.

3.2 Problemas Comuns no Relacionamento com a Organização

Projetos não existem em um vácuo. Normalmente estão inseridos em uma organização que já existia quando começaram e continuará existindo após seu encerramento. A característica finita do projeto freqüentemente se choca com a característica contínua da organização. Entender o por quê disso é muito importante para evitar ou contornar problemas.

Um fato importante a ser reconhecido é que os gerentes de projeto têm autoridade provisória. Ela só dura no período de duração do projeto. Talvez o Gerente de projetos tenha alguma outra fonte de autoridade se ocupar um cargo funcional concomitante ao projeto. Mas enquanto gerente de projeto, sua autoridade é dependente da existência do projeto. Ele deverá usar esta autoridade para resolver os problemas do projeto mas, ao mesmo tempo, terá que lidar com pessoas que têm interesses fora do projeto e que têm poder independente de sua existência. Ele também terá que lidar com seus próprios interesses futuros.

Outra fonte de problemas é que os projetos obedecem a um cronograma próprio que independe dos marcos de tempo da organização. Um projeto pode durar um ano e cinco meses e atravessar três anos fiscais. Isto pode gerar problemas orçamentários, principalmente quando um projeto ultrapassa estes períodos fiscais. O orçamento prometido em um período pode sofrer alterações no período seguinte.

Lembre-se de que a organização continuará existindo e tendo seus próprios problemas enquanto o projeto se desenvolve. Os funcionários que estão formalmente transferidos para o projeto, na prática, muitas vezes darão uma "fugida" para ajudar seus companheiros de departamento ou mesmo seu chefe. Eles estão na desconfortável situação de servir a dois senhores e o gerente funcional tem o controle da sua carreira a longo prazo.

Finalmente, lembre-se de que a política da organização irá afetar o projeto, e o apoio dos poderosos é sempre incerto.

3.3 Organização Funcional ou Hierárquica

Projetos podem ocorrer dentro da realidade de uma organização puramente funcional. Organizações funcionais são organizadas em volta das funções primárias executadas na empresa, tais como: *marketing*, engenharia, vendas, operações, tecnologia da informação, recursos humanos etc. Cada funcionário tem um único superior imediato que define suas tarefas, controla seu trabalho e avalia seu desempenho. Por isso, estas organizações também são chamadas de hierárquicas. O exército é o exemplo clássico de organização hierárquica, mas a maioria das empresas tem a mesma característica.

Projetos dentro de uma unidade funcional não apresentam maiores complicações. No entanto, quando um projeto afeta várias unidades funcionais, a tarefa de gerenciá-lo se torna complexa. Isto porque o Gerente de projetos não tem autoridade funcional sobre todos os envolvidos e precisa contar com os gerentes funcionais para obter as necessidades do projeto.

Vantagens da organização funcional:

- Cada pessoa se reporta apenas a seu superior hierárquico. O respeito à cadeia de comando é importante para que as ordens centrais sejam facilmente difundidas, evitando que os subordinados tenham dúvidas na orientação a seguir.

- Os especialistas são mais facilmente gerenciados. Estando todos em uma unidade funcional, podem ser coordenados por alguém que compreenda suas necessidades. O compartilhamento é otimizado uma vez que eles podem atender a toda a organização.

Problemas da organização funcional:

- Não há plano de carreira para gerentes de projetos. Ao término do projeto ele deve se preocupar com seu futuro na organização. Isto pode retirar o foco do projeto em momentos críticos.

- A unidade funcional tem seu próprio trabalho a fazer e, sendo pressionado, o gerente funcional provavelmente atenderá as demandas imediatas e não às necessidades do projeto. Atrasos e conflitos se tornam inevitáveis.

- A unidade funcional tenderá a focar nos aspectos do projeto que mais lhe interessem. A mentalidade de "eu fiz minha parte" facilmente se instala. Não há interesse em aumentar um pouco o trabalho de uma unidade funcional, mesmo quando isto diminuirá, significativamente, o esforço no projeto como um todo.

3.4 Organização por Projetos

Organização por projetos são comuns dentro da realidade de empresas totalmente focadas em projetos. Empreiteiras ou empresas de consultoria têm esta característica.

Vantagens da organização por projetos:

- O projeto se organiza de forma fácil e eficiente. Os recursos são providos centralmente. As negociações ainda são necessárias entre projetos, mas o processo se torna muito mais fácil.

- Lealdade da equipe ao projeto. Como o único interesse dos funcionários é o sucesso dos projetos de que participam, facilmente tomam as decisões que atendem aos interesses do projeto como um todo e não à otimizações locais;

Problemas da organização por projetos:

- A equipe de projeto tem preocupações de alocação ao término do projeto. Se não houver um novo projeto, seus integrantes podem ser dispensados. A fuga de recursos nas fases finais de um projeto pode ocorrer se os profissionais envolvidos começarem a procurar outros empregos de maneira preventiva.

- Muitas funções e recursos são duplicados. O compartilhamento se torna menos eficiente porque não há um interesse funcional.

- A troca de informações entre especialistas se torna mais difícil. O conhecimento gerado em um projeto não migra facilmente para o resto da organização.

3.5 Organização Matricial

A idéia da organização matricial é ser uma composição híbrida entre a organização funcional e a organização por projetos. Na estrutura matricial, cada pessoa da organização tem pelo menos dois superiores: o gerente funcional de sua especialidade e os gerentes dos projetos a que ela pertence. A autoridade é dividida entre os gerentes funcionais e os gerentes de projetos e tenta-se manter um certo equilíbrio.

Vários graus de organização matricial podem ser adotados, dependendo principalmente do balanço de autoridade entre os gerentes funcionais e os gerentes de projetos.

Vantagens da organização matricial:

- Melhora o controle dos recursos para o gerente de projeto, em comparação à estrutura hierárquica.
- Garante mais suporte e apoio dos gerentes funcionais.
- Maximiza a utilização de recursos escassos em relação à organização por projetos.
- Melhora a divulgação de informações, tanto vertical (na hierarquia funcional) quanto horizontal (no projeto).

Problemas da organização matricial:

- Mais de um superior para cada pessoa. Os livros religiosos não são as únicas referências sobre os perigos de servir a dois senhores.
- Organização complexa de controlar e monitorar.
- Problemas na alocação de recursos exigem negociação, uma vez que não é necessariamente claro quem tem a autoridade final.
- Necessita de regras bem definidas.
- Alto potencial de conflito.

3.6 *Project Office*

O escritório de projetos ou *project office* é uma entidade organizacional, ou equipe de profissionais, cujo objetivo básico é dar a orientação e suporte que permitam à organização desenvolver seus projetos da forma mais eficiente e eficaz possível.

Existem muitos tipos de "*project office*, cada um com poderes, objetivos e mecanismos diferentes. Ele pode gerenciar projetos específicos, possuindo total responsabilidade sobre o sucesso dos mesmos, ou apenas prover suporte a diversos projetos simultâneos.

Em suas várias encarnações, as funções mais comuns do *project office* são:

- **Pesquisa e aprimoramento da gerência de projetos na organização** – Buscar e trazer as melhores práticas e as mais modernas ferramentas na área de gerência de projetos.

- **Definição de métodos, procedimentos e padrões** – Toda a burocracia necessária (e às vezes desnecessária), envolvendo a execução e a documentação de projetos, pode ser definida pelo PO.

- **Suporte** – Tira dúvidas na utilização dos *softwares* de gerenciamento de projetos, dos procedimentos definidos, ou dos conceitos ligados ao gerenciamento de projetos.

- **Consultoria e *mentoring*** – Acompanha o planejamento dos projetos, fornecendo treinamentos formais e orientando sobre as melhores práticas do mercado.

- **Centro de fornecimento de gerentes de projetos** – Se responsabiliza pela contratação de profissionais de projetos e é a unidade funcional a que eles se reportam, estando alocados ou não a projetos específicos.

3.7 O Homem de Ligação

Em projetos terceirizados ou mesmo em projetos em que uma área da empresa – por exemplo a tecnologia da informação – presta serviços de projetos para outra área da empresa, temos a possibilidade de utilizar um recurso organizacional extremamente útil para o sucesso do projeto. Trata-se da indicação de um homem de ligação entre o cliente e o projeto.

A função deste profissional é ter um papel duplo. Formalmente, ele pertence à estrutura organizacional do cliente. É quem o Gerente de projetos deverá procurar em primeiro lugar quando precisar saber a opinião do cliente. Ele conhece a área cliente e sabe quem é responsável pelo que. Pode identificar quem pode fornecer uma informação necessária ou quem deve ser envolvido em uma tomada de decisão específica. Como conhece bem as pessoas e os procedimentos do cliente, ele encarna, para o gerente do projeto, o cliente que se envolve no projeto.

Se for necessário negociar prazos ou custos, por exemplo, a primeira negociação deve ser feita entre o Gerente de projetos e o homem de ligação. Depois de aparadas as principais arestas, eles podem, em conjunto, discutir as propostas com pessoas da estrutura do cliente que possuam uma autoridade mais formal de aprovação.

Por outro lado, esta mesma pessoa deve ser um Gerente de projetos e ter todo o treinamento adequado para esta função. Do ponto de vista do cliente, ele é o gerente do projeto. Todos perguntarão a ele o *status* do projeto. Ele receberá o ônus do fracasso e o bônus do sucesso. Ele deverá mobilizar a organização cliente em direção aos interesses do projeto e, ao mesmo tempo, garantir que o fornecedor esteja cumprindo a parte dele.

Normalmente não é necessário que ele fique dedicado a um único projeto. Como os detalhes de execução ficam a cargo do gerente de projetos do fornecedor, ele pode agir como elemento de ligação em vários projetos simultâneos.

Não existe um nome único para este tipo de profissional. Na área de tecnologia da informação é comum chamá-los de analistas de negócios. Embora alocados como funcionários dos departamentos clientes, como vendas ou controladoria, são eles que promovem os projetos de informática para estas áreas e fazem a ligação com o departamento de TI ou com fornecedores.

Um ponto importante é que eles se reportem para a área cliente, mesmo que suas responsabilidades os prendam a padrões e procedimentos da área fornecedora. Provocadas pelo receio da perda de controle dos projetos, ou por problemas de alocação de custos, algumas tentativas foram feitas na colocação destas pessoas de ligação na área fornecedora. Por exemplo, o departamento de TI estabelece um elemento de ligação que fará todo o relacionamento de projetos para a área de vendas, outro para a controladoria etc, e cria uma área para reuni-los dentro do organograma da TI. Na prática, os resultados deste tipo de estrutura não têm se mostrados eficientes. Estas pessoas não têm legitimidade para falar em nome dos clientes. Eles são, em última análise, funcionários do fornecedor e são avaliados pelos objetivos do mesmo.

Nos casos em que um cliente tenha sempre vários projetos do mesmo tipo em andamento, o uso deste elemento de ligação é extremamente poderoso para aumentar as chances de sucesso dos projetos. Para projetos ocasionais, no entanto, o custo de manter uma pessoa específica para esta função não deve prover retorno suficiente.

No entanto, é sempre recomendado que exista, entre os clientes, um ponto focal que conheça as técnicas de gerenciamento de projetos. Esta pessoa poderá fazer o papel de elemento de ligação enquanto continua a desempenhar as suas tarefas normais fora da atividade de projetos.

4 Métodos de Seleção de Projetos

Como já dissemos, projetos existem no contexto de uma organização maior. Esta organização tem seus objetivos e se utiliza de projetos para atingi-los. Os projetos surgem como resultado de uma ou mais entre as seguintes considerações estratégicas:

- **Uma demanda de mercado** – uma companhia de próteses de silicone cria um projeto de aumento da capacidade da planta, devido ao crescimento da demanda, por exemplo.

- **Uma necessidade organizacional** – uma empresa cria um projeto para implantar uma nova filosofia de gerenciamento da produção, por exemplo.

- **Uma solicitação de um cliente** – uma companhia de embalagens cria um projeto de construção de uma planta dedicada dentro da fábrica de um novo cliente, por exemplo.

- **Um avanço tecnológico** – uma empresa cria um projeto de atualização de seus computadores de modo que eles possam executar a mais nova versão do sistema operacional, por exemplo.

- **Um requisito legal** – uma empresa cria um projeto para se adaptar a uma nova legislação de auditoria, por exemplo.

Como os recursos da organização são limitados, é necessário algum tipo de critério de seleção para saber quais projetos devem ser criados. Cada um dos possíveis projetos tem diferentes perfis de custo, benefício e risco. Infelizmente é muito raro, senão impossível, ter certeza dos valores destas grandezas. Mesmo que isto fosse possível, a seleção de um projeto já seria uma tarefa complexa.

Caso a organização esteja escolhendo um portfólio de projetos, ou seja, um grupo de projetos com objetivos coordenados, a tarefa é ainda mais complexa.

Nosso amigo gerente de projetos freqüentemente só é chamado à sala dos "tomadores de decisão" quando o projeto já foi escolhido. A falta de conhecimento sobre projetos, por parte destes "tomadores de decisão", é uma das fontes de dor de cabeça futura. Em outros casos, porém, o futuro gerente de projetos foi quem trabalhou em um anteprojeto e vendeu a idéia aos grandes líderes. Nestes casos, espera-se que ele saiba o que estava fazendo enquanto demonstrava as maravilhas que o projeto poderia fazer pela empresa.

Em qualquer caso, é extremamente útil para o processo de seleção de projetos o uso, ou pelo menos o conhecimento, dos modelos de métodos de seleção. Estes modelos, de maneira semelhante aos modelos científicos, simplificam a realidade de forma a torná-la mais clara e manuseável à limitada capacidade humana. É claro que a própria escolha do modelo já demonstra uma certa parcialidade na seleção dos aspectos relevantes (aqueles que serão explicitados no modelo) e daqueles que são considerados irrelevantes. Um modelo estritamente financeiro, por exemplo, deixará de fora o fato do projeto gerar um potencial impacto ambiental.

Apesar de suas limitações, modelos de seleção de projetos são úteis e devem ser usados. Eles são de diversos tipos, utilizando analogias, diagramas, aritmética ou até mesmo simples palavras. Veremos alguns deles a seguir, depois de uma advertência:

Modelos não tomam decisões; pessoas tomam!

São lamentavelmente comuns casos em empresas nas quais bons projetos foram colocados de lado devido à dificuldade de comprovar seus benefícios dentro da fórmula padrão de análise. Uma planilha eletrônica pode calcular o retorno de investimento provável de um projeto. É necessário um cérebro humano plenamente desenvolvido para decidir quando ignorar um baixo retorno de investimento na busca de atingir determinada posição estratégica. Mas lembre-se de que conhecer o retorno previsto do projeto, quando ele é calculável, e tomar uma decisão contrária à recomendada, é uma coisa bem diferente de agir com base em meras opiniões e preferências pessoais.

Mesmo quando o "tomador de decisão" segue um modelo, a responsabilidade final é dele. A delegação desta responsabilidade para o modelo pode ajudá-lo a manter seu emprego após um projeto desastroso, mas não pode eximi-lo da responsabilidade.

4.1 Métodos Não Numéricos

Métodos não numéricos são mais simples e antigos e normalmente são bem conhecidos.

4.1.1 Projetos "Vaca Sagrada"

Um poderoso senhor, do alto da hierarquia da empresa, tem uma idéia brilhante e a repassa para algum gerente de nível intermediário com grandes ambições e espinha flexível. Está é a origem de um grande número de projetos. Este critério, também conhecido como "manda quem pode, obedece quem tem juízo", não deve ser subestimado.

Projetos "Vaca Sagrada" têm uma vantagem clara sobre outros projetos. Eles têm um suporte claro de um *sponsor* poderoso. Somente isto pode já ser suficiente para levar o projeto ao sucesso.

4.1.2 Necessidade Imperativa

Algumas vezes, surgem projetos cuja necessidade é praticamente unanimemente aceita. É o caso de um projeto de recuperação de um prédio com problemas estruturais. Se um projeto é necessário para que o sistema da organização continue operando, resta apenas uma pergunta: o sistema em questão vale a pena ser salvo pelo custo estimado do projeto?

4.1.3 Análise de Alternativas

Em muitas situações, a organização não tem nenhum método formal de seleção de projetos. No entanto, o grupo de "tomadores de decisão" acredita ter uma boa idéia, de que alguns projetos trarão mais benefícios do que outros, mesmo quando eles não têm nenhuma forma precisa de medir ou mesmo definir estes benefícios.

O problema é que muitas decisões são tomadas de maneira desconexa. Um diretor pode aprovar um projeto pela manhã e recusar um projeto melhor à tarde. As duas decisões foram tomadas em contextos separados e não houve uma comparação real entre os dois projetos.

Na escolha de um portfólio de projetos, o exercício de análise de alternativas é bastante útil. Pode ser usado por um tomador de decisão solitário ou com o auxílio de um comitê. O processo básico é muito simples, sendo descrito a seguir:

1. Cada participante, após ter analisado individualmente cada projeto, começa com uma lista de todos eles, com o nome, a descrição de cada um e talvez alguns outros dados como custo estimado e o nome de quem sugeriu o projeto.

2. Cada participante divide a lista em duas: a lista de alta prioridade e a lista de baixa prioridade.

3. Cada participante busca nas duas listas existentes aqueles projetos que podem ser melhor classificados como de média prioridade.

4. Cada participante seleciona, na lista de alta prioridade, aqueles projetos que podem ser movidos para uma lista de prioridade máxima. O mesmo procedimento é realizado com a lista de baixa prioridade em busca daqueles que podem ser listados sob o rótulo de baixíssima prioridade.

5. No fim, cada um revê suas listas em busca de projetos que pareçam fora do lugar, até que fique satisfeito com a classificação.

Se um comitê for utilizado, os participantes podem fazer suas seleções particulares de maneira anônima e depois as listas podem ser consolidadas pelo comitê, buscando um consenso.

Os detalhes gerais não são importantes. O importante é que os tomadores de decisão se obriguem a comparar o leque de alternativas, mesmo utilizando seus próprios critérios subjetivos e que, de preferência, tenham que argumentar suas escolhas perante seus pares.

4.2 Métodos Numéricos Financeiros

Uma grande quantidade de organizações modernas tem algum tipo de método financeiro de avaliação e seleção de projetos. Estes métodos têm a grande vantagem de vincular o projeto à grande meta da maioria das organizações: ganhar dinheiro.

Mas uma empresa é algo muito mais complexo do que uma aplicação financeira. Embora a análise financeira seja um critério importante, outras considerações podem levar um bom dirigente a colocar dinheiro em um projeto cujo prejuízo financeiro é certo.

4.2.1 *Payback*

O tempo de *payback* é um método antigo e ainda muito utilizado. Ele tem a vantagem de ser simples de ser entendido, mas possui sérias desvantagens.

O *payback* é calculado dividindo-se o investimento inicial no projeto pelo valor médio de fluxo de caixa previsto gerado pelo projeto. Por exemplo, se um projeto com a duração de um ano exige um investimento de $100.000,00, e existe a previsão de que ele gere $25.000,00 por ano, ele se pagará em cinco anos. Dizemos que ele tem um *payback* de cinco anos.

Note que este método ignora qualquer fluxo de caixa após o período de *payback*. Projetos que gerarão produtos lucrativos por décadas são igualados a produtos efêmeros. Se nosso projeto continuará a gerar dinheiro após cinco anos ou não é completamente irrelevante para o cálculo do *payback*. Além disso, ele mascara completamente o volume de capital envolvido. É bem diferente ter um retorno de cinco anos para um investimento de $10.000,00 do que para um de $1.000.000,00, mas o *payback* iguala os dois.

4.2.2 Taxa Interna de Retorno

Se o projeto puder ser representado como uma série de entradas e saídas de caixa no tempo, pode-se definir a taxa interna de retorno como sendo a taxa que iguala os fluxos.

$$\sum_{i=1}^{n} E_i / (1+\text{tir})^i = \sum_{i=1}^{n} S_i / (1+\text{tir})^i$$

E_i representa os fluxos de caixa de entrada e S_i os fluxos de caixa de saída.

Tomemos como exemplo nosso projeto com investimento de $100.000,00 e geração de $25.000,00 por ano. Se ele parar de gerar dinheiro após cinco anos, ou seja, exatamente no *payback*, a "tir" (taxa interna de retorno) será igual a zero. Por outro lado, se ele continuar a gerar os $25.000,00 por mais dois anos, a "tir" será de 13%, ou seja, o projeto é equivalente a um investimento com uma taxa de 13% ao ano.

O valor de "tir" que iguala as duas equações só pode ser calculado por tentativa e erro, ou seja, por métodos numéricos. Na verdade, existem vários valores possíveis para "tir", e o método numérico encontrará apenas um deles. O esforço computacional desta operação irá aumentar conforme o número de períodos. Estas características desestimulam o seu uso em avaliações de projetos.

4.2.3 Fluxo de Caixa Descontado

O método do fluxo de caixa descontado é também chamado de "valor presente" porque determina o valor presente líquido (VPL) de todos os fluxos de caixa associados ao projeto, descontando-os por uma taxa de referência.

$$\text{VPL(projeto)} = \sum_{i=1}^{n} F_i / (1+\text{taxa})^i$$

F_i é o fluxo de caixa no período i (normalmente os fluxos iniciais são negativos).

"Taxa" é a taxa de referência desejada para que o investimento valha a pena, em comparação com um investimento alternativo de risco mais baixo (aplicar no banco, por exemplo).

O VPL é muito superior ao *payback*, mas ainda apresenta imperfeições. Dependendo da taxa escolhida, dificilmente um projeto cujos fluxos de retorno demorem alguns anos será bem avaliado, mesmo que a previsão seja de que este fluxo continue por muito tempo.

Digamos, por exemplo, que temos que escolher entre dois projetos em um país com inflação zero:

- Um projeto que exigirá um investimento mensal de $15.000 durante um ano e tenha previsão de retornar um fluxo de $50.000 por mês durante um ano, após isto.

- Um projeto que exigirá um investimento mensal de $15.000 durante cinco anos, mas tenha previsão de retornar um fluxo mensal de $50.000 durante 24 anos após isto.

Se a taxa pretendida é de 2% ao mês, o primeiro projeto tem um VPL de $258.299,10, enquanto o do segundo é de $238.000,92. Em valores absolutos, o primeiro projeto gera um caixa de $420.000,00 e o segundo de $13.500.000,00; ainda assim, o VPL apontaria para a escolha do primeiro projeto.

Não há nada de errado com relação a esta conclusão, mas ela, sem dúvida, privilegia decisões de curto prazo. Para determinados tipos de negócio, cinco anos é um prazo muito pequeno e a utilização do VPL traz dificuldades. Se, por exemplo, tivermos que tomar uma decisão que elimine 4 anos de vida útil do segundo projeto, o VPL resultante será de $233.967,48, o que representa uma diferença mínima, se notarmos que esta decisão significou a perda de $2.400.000,00 em receitas futuras. Lembre-se de que, sem inflação, estamos falando de valores reais, embora futuros.

4.2.4 Método de Pacífico

O método de pacífico é um exemplo de variação de método financeiro que introduz a análise de risco dentro do modelo de avaliação. Este método em especial se aplica a projetos de pesquisa e desenvolvimento de produtos, mas a idéia geral pode ser adaptada para outros tipos de projetos. Vejamos sua fórmula:

$$P(\text{projeto}) = rdpc\ SP\sqrt{L}/C$$

r = avaliação da probabilidade de sucesso da pesquisa

d = avaliação da probabilidade de sucesso do desenvolvimento do produto (dado que a pesquisa tenha sucesso)

p = avaliação da probabilidade de sucesso do processo de fabricação (dado que o desenvolvimento do produto tenha sucesso)

c = avaliação da probabilidade de sucesso comercial do produto (dado que o produto seja fabricado)

S = estimativa do volume anual de unidades vendidas do produto

P = estimativa do lucro por unidade vendida do produto

L = estimativa do tempo de vida no mercado esperado para o produto. Embora o lucro não seja propriamente descontado no tempo, a raiz quadrada diminui sua importância absoluta

C = estimativa do custo do projeto

Com tal quantidade de estimativas de probabilidades, métodos como este são altamente arbitrários. No entanto, no processo de definir as variáveis necessárias, aumentam-se as chances de que todos os aspectos para o sucesso do projeto sejam devidamente avaliados.

4.3 Métodos Numéricos Não Financeiros

Métodos numéricos não financeiros procuram explicitar as opiniões e *insights* dos tomadores de decisão.

4.3.1 Ponderação de Fatores

Na ponderação de fatores, os avaliadores criam uma lista de objetivos e/ou características que um projeto deve alcançar. O portfólio de projetos é avaliado por sua influência nestes fatores. Cada projeto recebe uma nota, normalmente de 1 a 5, para cada fator, dependendo do projeto ser mais ou menos relevante para o fator. Os fatores, por sua vez, recebem notas com sua importância relativa para a empresa.

A nota final do projeto é uma média ponderada dos fatores.

$$N(projeto) = \sum_{i=1}^{n} n_i w_i$$

Onde: n_i = a nota do projeto no i-ésimo fator
w_i = o peso relativo do i-ésimo fator

4.3.2 Modelo de Dean e Nishry

O modelo de Dean e Nishry é uma sofisticação do modelo anterior. O processo começa com o cálculo da nota de cada projeto individual:

$$N_p = \sum_{i=1}^{n} n_i w_i$$

Também precisamos definir o custo de cada projeto (c_p) e a quantidade total de recursos disponíveis (R). Uma vez que tenhamos estas duas variáveis, o modelo é aplicado a um algoritmo de otimização (ex: Simplex). A idéia é encontrar o conjunto de projetos que maximiza os benefícios enquanto mantém o portfólio dentro do orçamento. Matematicamente, devemos encontrar o conjunto de valores de x_p (onde x = 0 ou 1) que maximiza:

$$\max N = \sum_{p=1}^{m} x_p N_p$$

Tendo como restrição que:

$$R \geq \sum_{p=1}^{m} x_p c_p$$

Embora pareça sofisticado, este método pode, atualmente, ser facilmente implementado empregando-se uma planilha eletrônica; pode-se, por exemplo, utilizar o Sorver do MS-Excel®.

4.4 Árvores de Decisão

Árvores de decisão são ferramentas que podem ser utilizadas tanto para métodos financeiros quanto para métodos não financeiros. A idéia básica desta ferramenta é comparar alternativas, levando em conta tanto o perfil de risco quanto os benefícios esperados para cada decisão possível, de modo a mostrar uma visão ampla da situação.

Imagine a seguinte situação: você é responsável por um projeto cujo objetivo é promover um evento. Você localizou três opções de locais para o evento, cada uma com diferentes capacidades. Você está inseguro quanto ao número de inscrições, preocupado se a demanda de inscrições para o evento será alta ou baixa, mas precisa fazer a opção de projeto, ou seja, definir qual localização será escolhida.

Neste exemplo temos dois tipos de variáveis:

- **Alternativas** – São opções controláveis pelo tomador de decisão. Em nosso caso são os diferentes locais analisados e suas capacidades.

- **Estados da natureza** – São possíveis eventos que não são controláveis pelo tomador de decisão. Em nosso caso, é a demanda pelo evento.

Inicialmente, poderíamos criar uma tabela em que colocássemos os resultados de todas as possíveis combinações entre alternativas e estados da natureza.

Capacidade / Demanda	Baixa	Alta
Menor dimensionamento	$8 milhões	$8 milhões
Dimensionamento médio	$5 milhões	$15 milhões
Maior dimensionamento	($11 milhões)	$22 milhões

A tabela nos diria que conforme aumentamos o dimensionamento, podemos ganhar mais dinheiro se o evento for um sucesso, mas ganharemos menos, ou até perderemos, se a demanda for baixa. Isto parece bastante óbvio e não ajuda muito em nossa decisão. Falta uma informação importante, que é a da probabilidade ligada aos estados da natureza, ou seja, a possibilidade de que a demanda seja alta ou baixa. Digamos que nós avaliamos, com base em análises de eventos semelhantes, que a possibilidade de uma alta demanda é de 70%.

O que fazemos com essa informação? Parece que ela nos induz a arriscarmos mais, porque existe uma boa possibilidade de que a demanda seja alta. Mas ainda parece que precisamos de algo para que possamos tomar a decisão. A árvore de decisão introduz o conceito de "valor esperado" para resolver este problema.

O valor esperado de uma alternativa é a média dos valores possíveis, ponderada pela probabilidade do valor. Fixada uma alternativa, por exemplo, o local de mais alta capacidade, temos 30% de chance de termos um prejuízo de $11 milhões e 70% de probabilidade de termos um lucro de $22 milhões.

O valor esperado é 30% de $11 milhões, um montante de $3.3 milhões, que somado a 70% de $22 milhões, resulta em $15.4 milhões, totalizando $12.1 milhões. A tabela abaixo mostra todas as três opções de valor esperado, uma para cada alternativa de decisão.

Capacidade \ Demanda	Baixa (30%)	Alta (70%)	Valor Esperado
Menor dimensionamento	$8 milhões	$8 milhões	$8 milhões
Dimensionamento médio	$5 milhões	$12 milhões	$12 milhões
Maior dimensionamento	($11 milhões)	$22 milhões	$12,1 milhões

Se analisarmos a tabela de nossa situação exemplo, o melhor valor esperado é justamente da opção que pode gerar a maior perda, ou seja, o maior dimensionamento com baixa demanda. A árvore de decisão ilustra as conseqüências de cada opção. Vejamos como ela seria construída em nosso caso:

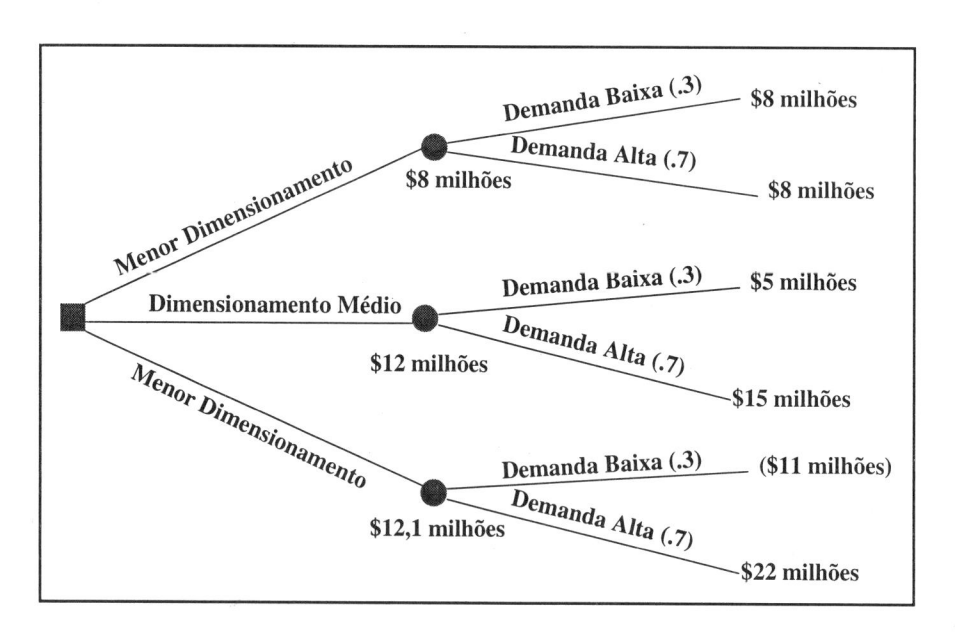

```
                        Demanda Baixa (.3)    $8 milhões
              Menor Dimensionamento
                    $8 milhões  Demanda Alta (.7)
                                                $8 milhões

              Dimensionamento Médio   Demanda Baixa (.3)   $5 milhões
                    $12 milhões  Demanda Alta (.7)
                                                $15 milhões

              Menor Dimensionamento   Demanda Baixa (.3)  ($11 milhões)
                    $12,1 milhões  Demanda Alta (.7)
                                                $22 milhões
```

Observe como todas as informações de nosso raciocínio estão sintetizadas de maneira clara. Na verdade, a árvore em si não serve para tomada de decisão, ela é simplesmente uma ferramenta de comunicação para o raciocínio envolvido na tomada de decisão, usando o valor esperado. No entanto, ela é uma boa ferramenta de comunicação e fica bonita em apresentações. O exemplo que apresentamos é muito simples e a árvore seria razoavelmente substituída pela tabela. Mas árvores de decisão mais complexas, com mais tipos de alternativas e outros estados da natureza, podem ser construídas para decisões mais complexas. Nestes casos, o poder de expressividade da árvore é muito maior.

Mas voltemos a nosso exemplo. O melhor valor esperado é o da alternativa de dimensionamento alto. O modelo aponta para esta alternativa, mas será que esta seria a nossa decisão? A resposta é não. A estratégia de dimensionamento médio provavelmente seria a escolhida. Os valores são muito próximos e o prejuízo potencial é grande demais. Como sempre, não seria prudente deixar o modelo tomar a decisão por nós.

Existem modelos que esclarecem um pouco mais o processo decisório neste tipo de situação. Vamos discutir um deles quando falarmos sobre a teoria da utilidade, no capítulo sobre riscos. Mas já sabemos que o valor esperado, mesmo fornecendo informações interessantes para a tomada de decisão, não deve ser usado de maneira absoluta.

5 O Gerente de Projetos

5.1 Missão e Paradoxos do Gerente de Projetos

Ser o gerente de um projeto raramente é uma tarefa fácil. Ele tem a missão básica de entregar o escopo do projeto com a qualidade adequada, dentro dos prazos e custos definidos e com alto índice de satisfação dos *stakeholders*.

Esta missão, como veremos, freqüentemente o coloca à frente de objetivos conflitantes. Este é o primeiro paradoxo de sua atuação. Ele deve gerar satisfação em todos os *stakeholders* mesmo que, em muitos casos, atender a um signifique prejudicar outro. Não é suficiente que ninguém fique totalmente insatisfeito. O projeto deve atender as expectativas de todos para que ele seja considerado um sucesso total.

O gerente de projetos, na maioria das ocasiões, não tem autoridade para ordenar. Ele deve se restringir a pedir. Não controla decisões, somente as influencia. Não atua como um supervisor, mas como um facilitador. Ao mesmo tempo, deve manter o projeto sob controle. Culpar a falta de autoridade pelo fracasso não é aceitável. Espera-se que ele tenha sucesso, mesmo que não tenha todos os recursos. Este é o segundo paradoxo.

O gerente de projetos deve agir dentro de um ambiente com alto grau de incerteza. Nenhum planejamento é detalhado o suficiente de modo a evitar qualquer variação. Ao mesmo tempo, ele deve ser capaz de cumprir o planejamento. Mesmo não sendo capaz de prever o futuro, nunca pode permitir que os clientes ou a gerência sênior sejam surpreendidos. Este é um terceiro paradoxo.

Estes paradoxos são apenas aparentes, e na maioria dos projetos eles são solúveis. As técnicas listadas neste trabalho podem capacitar o gerente de projetos, tornando-o mais eficiente e eficaz. No entanto, o talento necessário para resolver os paradoxos deve pertencer ao gerente de projeto, pelas suas habilidades inatas e pela sua experiência.

5.2 O Perfil do Gerente de Projetos

De todas as características pessoais de um bom gerente de projeto, a mais importante é a determinação em completar sua tarefa. Se ele não possuir a motivação, a energia e a iniciativa para atingir o objetivo, tudo o mais falhará. O Gerente de projetos é o coração do projeto.

Outras características são fortemente recomendadas:

- **Habilidades de comunicação** – O Gerente de projetos passa a maior parte de seu tempo comunicando. Ele precisa saber se expressar tanto oralmente quanto por escrito. Precisa saber como preparar apresentações e se comportar em reuniões. Precisa, sobretudo, conhecer as necessidades de comunicação de seu projeto e as vantagens e desvantagens de cada meio de comunicação.

- **Credibilidade administrativa** – Um profundo conhecimento de todas as técnicas de gerenciamento de projeto é importante, mas não é suficiente. É preciso transmitir maturidade como gerente. As pessoas precisam reconhecê-lo como um gerente capaz de ter influência sobre a organização. Ele precisa ter a capacidade de "fazer com que as coisas aconteçam".

- **Liderança e motivação** – Influenciar pessoas a tomar decisões e ações em benefício do projeto. Para isto ele precisa saber como motivar as pessoas de modo que estas se comprometam com o projeto. O senso de ética é importante para que se mantenha esta influência. Ele certamente será colocado em situações moralmente ambíguas e terá que tomar decisões sem perder a credibilidade, e por conseqüência a capacidade de liderança. Como o gerente de projetos freqüentemente carece de poder real, sua capacidade pessoal de inspirar liderança é, sem dúvida, um trunfo fundamental.

- **Credibilidade técnica** – Um entendimento razoável da tecnologia envolvida no projeto. A maioria dos autores afirma que, embora as técnicas de gerenciamento de projeto sejam independentes do tipo de projeto, os gerentes de projeto não são. De fato, ele certamente terá necessidade de interpretar as requisições técnicas dos clientes e analisar o impacto no projeto. É verdade que é mais provável que ele se envolva em decisões técnicas quando se trata de pequenos projetos, mas mesmo em grandes projetos ele certamente precisará discutir alternativas com a equipe. Várias atividades ficam mais complicadas quando o gerente não tem conhecimento técnico adequado.

- **Gerenciamento de conflitos** – O gerente de projetos também precisa descobrir conflitos entre membros da sua própria equipe e desta com pessoas de fora da equipe de projeto. Evitar conflitos normalmente torna a situação pior. Sentir um conflito em seus estágios iniciais e confrontá-lo antes que um estado de guerra se imponha é essencial. Esta tarefa é complicada, pelo fato das pessoas normalmente evitarem informar ao Gerente de projetos a existência de conflitos. O gerente de projetos também precisa sentir quando está recebendo informações erradas. Mesmo pessoas razoavelmente honestas e competentes freqüentemente tentam ocultar suas falhas.

- **Habilidade de lidar com o estresse** – Ele certamente terá que lidar com muitas pressões durante o projeto. A vida de um gerente de projeto, tentando se equilibrar entre prazo, escopo e recursos limitados, enquanto atende uma multidão de diferentes *stakeholders*, não é fácil. Uma pessoa que, ao mesmo tempo seja absolutamente calma e totalmente orientada para a ação, que é o requisito básico para a gerência de projetos, é um indivíduo bastante raro. É mais razoável exigir que ele seja capaz de se manter racional mesmo sob pressão extrema. Ele certamente ficará estressado como qualquer ser humano normal, mas deve ser capaz de sair do estado de estresse rapidamente. Gostar do que faz e ter uma vida prazerosa fora do trabalho ajuda bastante a obter este equilíbrio.

- **Resolução de problemas** – Problemas são inerentes à existência de um projeto. O gerente de projetos deve dominar diversas técnicas de resolução de problemas, como *thinking process*, *brainstorm* etc. Ele tem que ser capaz de definir claramente o problema, gerar alternativas de solução e tomar decisões a respeito.

- **Negociação** – Teremos uma seção inteira para falar disso.

5.3 Introdução ao Processo de Negociação

Negociação é um processo em que duas ou mais partes, com interesses comuns e antagônicos, se reúnem para confrontar e discutir propostas explícitas com o objetivo de alcançar um acordo.

Negociar é parte do dia-a-dia do gerente de projetos, que deve se esforçar em obter conhecimento e treinamento nesta área. Este capítulo oferece uma introdução à arte da negociação; no entanto, recomenda-se ao gerente de projetos o aprofundamento em tudo que diga respeito ao assunto.

5.3.1 Estratégias Principais de Negociação

Cada uma das partes envolvidas num processo de negociação pode optar por várias posturas diferentes. Mesmo acreditando que a estratégia de opção do gerente de projetos deva ser a "negociação ganha-ganha", listaremos as estratégias mais comuns e as situações em que são normalmente utilizadas.

- **Fuga** – Quando a parte acredita que não tem nada a ganhar negociando. A fuga pode acontecer devido a uma percepção de poder muito superior, gerando a crença de que não se precisa de nada da outra parte. Pode acontecer também o oposto: a parte sente que se houver um processo explícito de negociação ela terá tudo a perder. De qualquer forma, a negociação propriamente dita é evitada de maneira mais ou menos explícita.

Os gerentes de projetos freqüentemente se vêem lidando com gerentes funcionais que ignoram compromissos assumidos e não respondem às ligações. Descobrir que tipo de percepção causa a fuga, se de superioridade ou de inferioridade, é fundamental. A resposta pode ser uma aproximação pessoal, de modo a chamar o fujão para o processo do projeto. Em casos raros, um aumento da aparência de poder do Gerente de projetos é possível e necessário. O *sponsor* pode prover este poder adicional. No entanto, esta opção invariavelmente causa ressentimentos.

Os próprios gerentes de projetos utilizam a fuga para ganhar tempo. Embora alguns conflitos possam ser adiados desta maneira, trata-se de uma situação necessariamente temporária. O abuso da fuga pode levar ao descrédito total do gerente de projetos.

- **Uso do poder (pegar ou largar)** – Quando a parte acredita que tem muito mais poder que a outra. Quando isto acontece, a outra parte freqüentemente adota uma estratégia de fuga. Mesmo quando isto não ocorre, e os objetivos da parte forte são atingidos, certamente um ressentimento será criado na parte mais fraca, o que afetará qualquer negociação futura.

    Entre os *stakeholders*, os clientes são os mais propensos a utilizar relações de força, afinal eles estão financiando o projeto. Freqüentemente acreditam que a melhor maneira de se obter o máximo do projeto é forçar posições. Muitos clientes tentam, por exemplo, forçar aumentos de escopo sem alteração de prazos e custo. A chave aqui é não adotar uma posição radical. Uma fuga temporária pode evitar que o gerente de projetos ceda, sob pressão: ele pode planejar, explicar os problemas gerados e oferecer concessões.

    Um gerente de projetos raramente pode se dar ao luxo de utilizar uma postura de poder. Gerenciar projetos é uma atividade que exige relacionamentos de longo prazo. Mesmo que o projeto atual permita uma relação de poder, projetos futuros podem ser prejudicados. Quando necessário o uso da força, a imposição de uma posição pode ser feita de modo a permitir que a outra parte salve as aparências e não se sinta humilhada.

- **Barganha** – Quando o poder é equilibrado, o diálogo é inevitável. Nesta situação freqüentemente se opta por uma estratégia de barganha. Há uma troca de concessões, de valores tangíveis que ajudam cada parte a se ajustar, por meio de recuos e avanços, até que um acordo aceitável é estabelecido. Ambas as partes perdem algo. Embora isto não seja uma verdade absoluta, a barganha freqüentemente gera ressentimentos e problemas que dificultam um relacionamento duradouro.

    Tanto os *stakeholders* quanto o gerente de projetos provocarão situações de barganha. Se ela puder ser resolvida rapidamente e de modo que a perda de ambas as partes seja aceitável, ela pode e deve ser utilizada. Mas se o custo for alto e houver previsão de negociações difíceis e demoradas, a opção de negociação "ganha-ganha" deve ser acionada.

- **Negociação "ganha-ganha"** – Quando o poder é equilibrado e há necessidade de relacionamento duradouro, a negociação "ganha-ganha" é praticamente a única opção. A idéia é resolver os problemas de modo que ninguém saia perdendo. Parte-se do princípio que um bom acordo é aquele que melhora o relacionamento entre as partes. Bons acordos satisfazem os interesses das partes e são justos e duradouros. Este é um método demorado e exige paciência, mas o sucesso de cada negociação facilita as negociações futuras.

    Raramente, qualquer *stakeholder* propõe o estabelecimento de uma negociação "ganha-ganha". Se isto acontecer, o gerente de projetos deve se sentar à mesa de negociação, mesmo que ele sinta que tenha poder suficiente para impor uma posição.

    A possibilidade do gerente de projetos propor uma abordagem "ganha-ganha" dependerá de sua credibilidade perante os *stakeholders*. É claro que simplesmente não há tempo suficiente para uma abordagem negociada de cada problema, mas nos pontos importantes ele deve procurar induzi-la.

5.3.2 Negociação "ganha-ganha"

A estratégia de negociação "ganha-ganha" atingiu popularidade após a publicação do livro *Getting to Yes*, de Willian Ury e Roger Fisher. Neste texto clássico, os autores descrevem seus princípios para uma negociação eficaz. Também descrevem obstáculos comuns à negociação e discutem maneiras de superá-los. Alguns de seus princípios são:

- **Separar pessoas e problemas** – As pessoas tendem a tornar-se pessoalmente envolvidas com as questões e posições do seu lado e assim tendem a interpretar questionamentos a estas posições como ataques pessoais. Separar emocionalmente as pessoas dos problemas permite que as partes se dirijam às questões em pauta sem prejudicar seu relacionamento.

  Para isto, os problemas devem ser atribuídos a três fatores básicos: diferenças de percepção, emoções e falhas de comunicação. Para diminuir o problema de diferenças na percepção dos fatos, é essencial que cada parte tente compreender o ponto de vista da outra sem supor que uma maldade inerente ou motivos ocultos dominam as ações do outro lado.

  As emoções são a segunda fonte de problemas. O processo de negociação pode ser bastante frustrante, e medo e raiva são bastante comuns. O modo de tratar este problema consiste em, antes de qualquer coisa, reconhecê-lo e tentar compreender sua fonte. Taxar as emoções do outro como irracionais apenas o tornará mais irracional. Também não se deve reagir emocionalmente às explosões emocionais da outra parte. Gestos simbólicos de desculpas e simpatia são bastante efetivos no controle de emoções fortes.

  A dificuldade na comunicação é a terceira fonte de problemas. As partes freqüentemente não estão se ouvindo, mas planejando seu próximo argumento. O ouvinte deve prestar atenção ao que está sendo dito, sumarizando ocasionalmente os pontos do outro, de modo a confirmar sua compreensão.

- **Focar em interesses em vez de posições** – Sua posição é algo que você decidiu. Seus interesses são os motivos destas decisões. Quando um problema é redefinido em termos dos interesses subjacentes das partes, é freqüentemente possível encontrar uma solução que satisfaça aos interesses de ambas as partes.

    Uma vez que as partes identificaram seus interesses, devem discuti-los e ouvir sugestões mútuas. As partes devem manter um foco claro em seus interesses, não abrindo mão deles, mas permanecendo abertas a propostas e posições diferentes que podem permitir atingi-los.

- **Gerar opções antes de estabelecer-se em um acordo final** – As partes devem iniciar a negociação preferencialmente em uma atmosfera informal e realizar um *brainstorm* para todas as soluções possíveis ao problema. Propostas incomuns e criativas são incentivadas. Somente depois que uma variedade de propostas foi feita, o grupo se volta à tarefa de avaliar as idéias. A avaliação deve começar com as propostas mais promissoras. Nesta fase, as partes podem também refinar as propostas.

Uma técnica interessante de negociação "ganha-ganha" foi criada por Elyahu Goldratt e é chamada de Diagrama de Dispersão de Nuvens. Ela simplifica tremendamente o processo de negociação para os casos em que o problema pode ser adequadamente colocado no formato do diagrama:

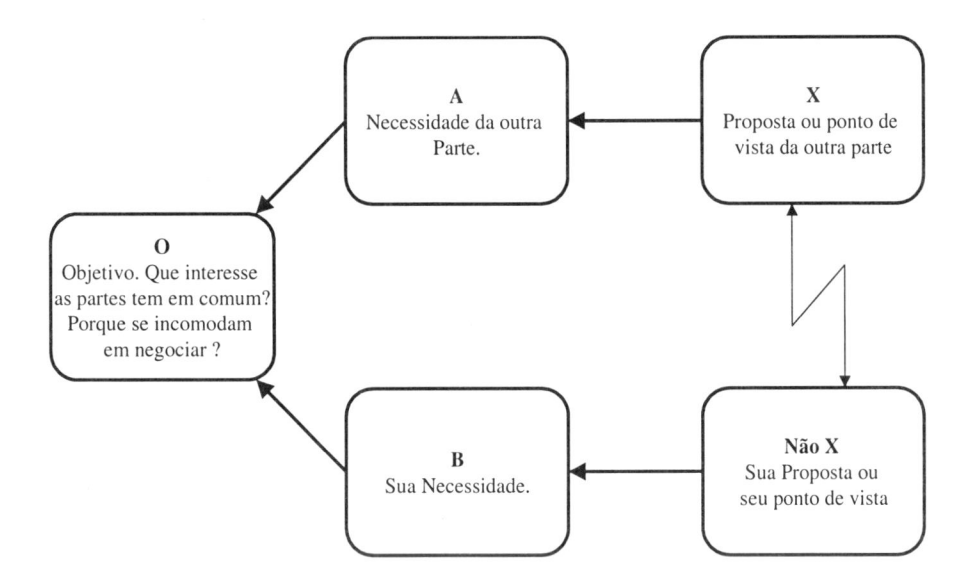

```
        ┌─────────────────┐         ┌─────────────────┐
        │        A        │◄────────│        X        │
        │ Necessidade da  │         │ Proposta ou     │
        │   outra Parte.  │         │ ponto de vista  │
        │                 │         │ da outra parte  │
        └─────────────────┘         └─────────────────┘
               ▲                             ▲
               │                             │
┌─────────────────┐                          │
│        O        │                          │
│ Objetivo. Que   │                          │
│ interesse as    │                          │
│ partes tem em   │                          │
│ comum? Porque   │                          │
│ se incomodam    │                          │
│ em negociar?    │                          │
└─────────────────┘                          │
               ▲                             ▼
        ┌─────────────────┐         ┌─────────────────┐
        │        B        │◄────────│     Não X       │
        │ Sua Necessidade.│         │ Sua Proposta ou │
        │                 │         │ seu ponto de    │
        │                 │         │ vista           │
        └─────────────────┘         └─────────────────┘
```

Em primeiro lugar, você coloca a necessidade que acredita que a outra parte possui e a proposta que ela afirma ser necessária para atendê-la (caixas A e X). Depois você declara sua necessidade e sua proposta (caixas B e não X). Finalmente você coloca explicitamente o que vocês têm em comum. Deve haver um objetivo comum ou as partes não se preocupariam em dialogar. Se nada melhor surgir, podem ser usados objetivos vagos como "o bem da empresa", mas será muito melhor se um objetivo claro e específico puder ser definido.

Na montagem do diagrama, se houver qualquer imprecisão dos enunciados, ou a outra parte não gostar de como um ponto foi colocado, deve-se corrigi-lo de modo que todos fiquem satisfeitos com a maneira que o problema está sendo proposto.

Uma vez montado o diagrama, ele deve ser lido. A maneira de fazer isto é usando a lógica de necessidade. Algo como: concordamos que temos que obter O. Para que O seja atingido, a necessidade A deve ser satisfeita, e para isto precisamos de X. Por outro lado, O também depende de B ser satisfeito, e para isto é necessário não-X. Mas X é incompatível com não-X, ou não há recursos suficientes para fazer ambos, X e 'não X. Não é de admirar estarmos discutindo, temos de fato um problema.

Reparem que, o tempo todo, nós tentamos colocar que se trata de uma questão das duas partes agindo contra o problema, e não um conflito de uma parte contra a outra.

Depois que o problema estiver colocado, as duas partes, em conjunto, devem avaliar cada seta do diagrama em busca de pressupostos. Por que acreditamos que devemos satisfazer a necessidade A para atingir O? Por que, para obter B, temos que ter não-X? Por que acreditamos que X e não-X são incompatíveis? A cada ponto devemos tornar estas suposições claras. Na esmagadora maioria dos casos, poderemos encontrar pelo menos uma suposição falsa, tanto nossa quanto da outra parte. Se isto acontecer, o problema simplesmente se dissolve, e a nuvem negra se dispersa. Não há necessidade de barganhas, pois nós invalidamos o problema.

Em outros casos podemos encontrar pequenas soluções que não destroem o problema, mas o enfraquecem o suficiente para que possamos chegar a um acordo. Vamos dar um exemplo retirado de um caso real. Imagine que você é um diretor de projetos e tem um problema com um jovem gerente de projetos. O cliente está solicitando mudanças no escopo do projeto e está disposto a pagar por elas, mas está pressionando por entregas rápidas para as alterações. Nosso gerente de projetos é fortemente voltado para atender o cliente, e uma vez que o mesmo está disposto a cobrir os custos, ele aceita os prazos impostos. Mas a equipe está insatisfeita com esta pressão e a considera desnecessária. Alguns citam casos em que alterações consideradas urgentes só foram efetivamente verificadas pelo cliente dias depois de implementadas.

O primeiro passo é reconhecer o problema. Uma conversa com nosso gerente de projetos é necessária. Você começa o diálogo mostrando entender que, para que o projeto seja um sucesso, seja preciso atender aos clientes e compreender que a pressão sobre os funcionários é fruto deste desejo. Por outro lado, você coloca que o sucesso do projeto também depende de uma equipe motivada, e que isto não é possível se eles se sentirem desnecessariamente pressionados.

```
                    ┌─────────────────────────┐
┌──────────────────┐│                         │┌──────────────────┐
│Os prazos são     ││           A             ││        X         │
│negociados levando││  Temos que atender as   ││ Temos que        │
│em consideração   ││       necessidades      ││ pressionar       │
│tanto a urgência  ││       dos clientes      ││ os funcionários  │
│do problema quanto│└─────────────────────────┘│ para entregas    │
│nossa capacidade  │                           │ rápidas a pedidos│
│de resolução      │                           │ dos clientes     │
└──────────────────┘                           └──────────────────┘

┌──────────────┐   ┌──────────────────────┐
│      O       │   │ O profissional se    │
│ Os objetivos │   │ envolve no problema  │
│ do projeto   │   │(informação e         │
│ são          │   │ maturidade)          │
│ totalmente   │   └──────────────────────┘
│ atendidos    │
└──────────────┘
                    ┌─────────────────────────┐ ┌──────────────────┐
                    │           B             │ │     Não X        │
                    │  Temos que fazer os     │ │ Os funcionários  │
                    │  funcionários se        │ │ não podem se     │
                    │  sentirem motivados     │ │ sentir           │
                    │  e contentes            │ │ desnecessariamente│
                    └─────────────────────────┘ │ pressionados     │
                                                └──────────────────┘
```

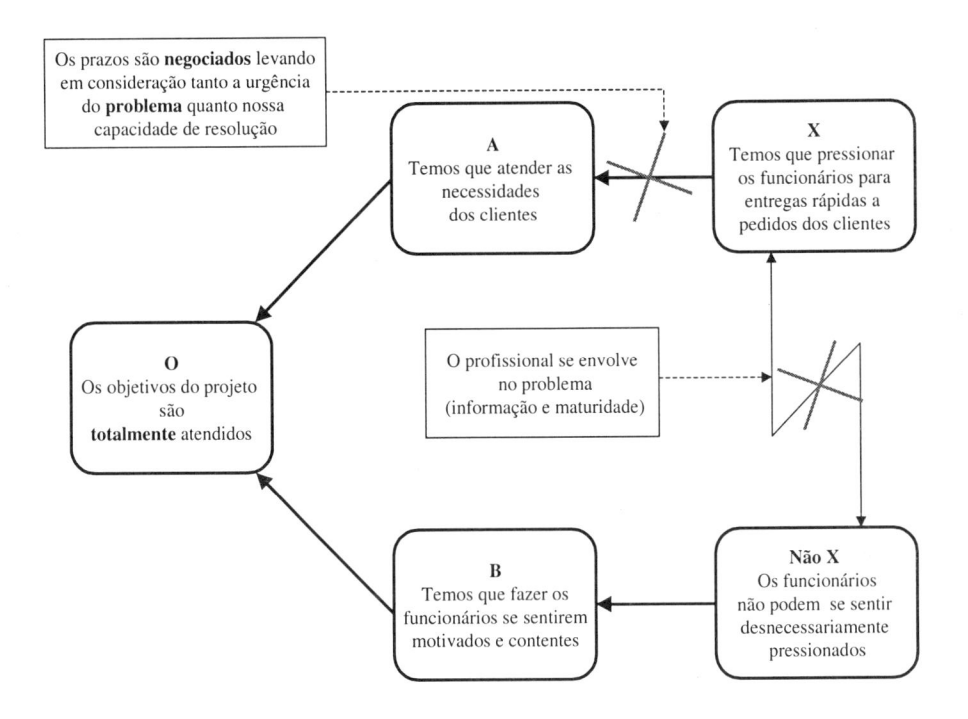

A seta entre O e B parece razoável. Os funcionários são *stakeholders* e desejamos permanecer com eles após o projeto se encerrar. Não-X parece ser um requisito razoável para B; ninguém se sente motivado quando trabalha em excesso sem necessidade.

Clientes insatisfeitos se recusam a liberar pagamentos, não tornam a contratar a mesma empresa e mancham a reputação da organização. Estes são fortes pressupostos que justificam a ligação ente O e A.

No entanto, a ligação entre X e A não parece tão sólida. Na verdade, ela parece ser incômoda a partir do momento em que é colocada explicitamente. Um pressuposto errado, aqui, é o de que as demandas de prazos dos clientes espelham sempre suas necessidades. Pelo depoimento da equipe, a atenção dos clientes para os produtos do projeto não ocorre logo que eles ficam prontos. Existe, é claro, um sentimento de urgência que se materializa em solicitações de prazos apertados. Mas certamente há espaço para negociação. O desejo de atender aos pedidos e não às necessidades dos clientes deve estar nublando a capacidade de negociação do gerente do projeto. É freqüente que um cliente faça pressão de modo a obter o melhor acordo possível, mas apesar da inflexibilidade aparente, ele responderá a argumentos razoáveis.

Um outro pressuposto é que, mesmo que haja uma urgência real, a necessidade do cliente deve ser atendida a qualquer custo. Embora o cliente seja o principal *stakeholder*, ele não é o único e o gerente de projetos deve balancear suas necessidades com a dos outros *stakeholders*.

Nosso gerente de projetos pode melhorar sua forma de negociação com o cliente, de modo a levar em conta tanto a urgência do problema quanto a capacidade de resolução da equipe. Ele deve tomar cuidado para não deixar de atender às necessidades reais dos clientes e nem gerar insatisfação com o projeto. Esta negociação aliviará bastante a pressão, embora ela não termine de todo. A nuvem ainda existe, mas está enfraquecida.

Há ainda outra conexão a analisar: aquela que liga X a não-X. Por que quando pressionamos os funcionários eles se sentem desnecessariamente pressionados? Certamente existe urgência por parte do cliente e, mesmo que haja negociação, os prazos ainda serão curtos. O pressuposto incorreto é o de que qualquer urgência é obrigatoriamente vista como desnecessária pela equipe.

O problema aqui é de percepção. A equipe acredita que o gerente está negociando mal os prazos, o que é verdade, e que não há urgência real, o que não é verdade. Mas se a equipe acredita que não existe urgência, a pressa, para ela, é desnecessária. Para resolver o problema de percepção, podemos aconselhar o gerente de projetos a envolver a equipe no problema. Pode-se, por exemplo, levar um dos membros da equipe para as reuniões de negociação, de modo que ele também sinta a pressão e participe da elaboração do prazo.

A negociação com o cliente e o envolvimento da equipe no processo tem o efeito conjunto de satisfazer o cliente, a equipe e o próprio gerente do projeto, sem que ninguém tenha que abrir mão de suas necessidades, apenas de suas posições.

5.3.3 Táticas

Em muitas situações de negociação, o gerente de projetos tem que lidar com pessoas difíceis, que têm como meta vencer a negociação e resistir à soluções "ganha-ganha" ou até mesmo à barganhas razoáveis para os dois lados.

Estas pessoas utilizam, na maioria das vezes, consciente e deliberadamente, de pequenas táticas para obter vantagem na negociação. Se não compreender o que está acontecendo, o Gerente de projetos pode ter uma reação emocional que impedirá qualquer solução razoável. Ele deve compreender estas táticas pelo que realmente são: movimentos no tabuleiro da negociação para obter um acordo mais favorável. Ao reconhecer estas táticas, ele pode analisar friamente uma resposta adequada.

Existe uma infinidade de táticas, mas elas são normalmente agrupadas em três categorias:

- **Obstrução** – O oponente recusa-se a ceder. A idéia por trás da obstrução é a de que, se você se convencer que é impossível fazê-lo ceder, você pensará que não tem alternativa a não ser aceitar a posição dele. Ele pode recorrer a uma suposta política da empresa. Pode declarar que sua posição se deve a um fato consumado e, portanto, irreversível. Pode argumentar que está preso a um compromisso anterior. Às vezes, a obstrução é mais sutil. O oponente pode tentar prorrogar a negociação, arrastando o caso até que seu tempo disponível, ou sua paciência, se esgotem. Outras vezes, a obstrução pode assumir a forma de um rude "pegar ou largar". Sabendo que a obstrução é uma tática e que, no fundo, o oponente pode ceder ou buscar alternativas, você pode encontrar um meio de contorná-la.

- **Ataques** – O oponente tenta pressioná-lo ou intimidá-lo. Aqui a idéia é desequilibrá-lo de modo que você faça alguma coisa estúpida. Freqüentemente um ataque questiona sua credibilidade ou capacidade. Pode também ter a forma de uma ameaça pessoal, como por exemplo, uma possível reclamação ao seu superior. Com freqüência as ameaças são nebulosas e indefinidas, como se tivesse um trunfo na manga que pode ser usado a qualquer momento para prejudicá-lo. A ameaça ou a ofensa também pode ser dirigida à organização a que você pertence. O oponente também pode tratá-lo com desprezo, superioridade ou grosseria. Ele lançará mão de qualquer expediente para desequilibrá-lo emocionalmente. Certas pessoas utilizam a fama de serem rudes e intransigentes para manter seus oponentes permanentemente na defensiva. Manter o sangue frio é mais fácil quando se sabe que o oponente deseja que você perca a calma. É apenas uma tática.

- **Truques** – O oponente tenta enganá-lo. Os truques utilizam os mesmos aspectos da personalidade humana que são explorados por estelionatários. Um truque comum é utilizar dados falsos, confusos ou fora de contexto. Se você partir de premissas incorretas, chegará a uma conclusão inválida. Outro truque, muito comum, é fazer com que você acredite que ele tem autoridade para negociar. Quando você ceder tudo que pode, ele lhe informa que um superior tem a palavra final. Este superior, ou o próprio oponente, supostamente em nome deste, fará exigências extras. Um truque particularmente irritante é o da exigência de última hora. Quando você acredita que já chegou a um acordo e começa a relaxar, ele lembra de algo que é essencial para fechar o acordo. Quando você está ciente do truque, não há motivo para ser enganado.

Willian Ury, em seu livro *Supere o não*, oferece, em detalhes, instrumentos para lidar com as táticas e negociar com pessoas difíceis.

5.3.4 Dialética Erística

A dialética erística é a arte de discutir com o objetivo de vencer. Não se busca a verdade. A questão de "quem tem razão" é irrelevante para esta arte. Por mais curioso que possa parecer, a erística chamou a atenção de um dos maiores filósofos de todos os tempos, Arthur Schopenhauer. Seu trabalho sobre o tema fornece muitos exemplos de estratagemas que são utilizados em nosso dia-a-dia por pessoas bem mais comuns.

Conhecer estes estratagemas é um trunfo para o negociador. Não para que ele os utilize, embora o próprio filósofo acreditasse que é justo opor fogo contra fogo, pelo menos em algumas circunstâncias, para que não sejamos vítima deles. Nós listaremos exemplos de alguns estratagemas, recomendando ao leitor a leitura da obra original (uma edição em português com comentários relevantes de Olavo de Carvalho está disponível ao leitor brasileiro).

- **Incompetência irônica** – Quando não consegue encontrar uma forma de responder ao argumento, o oponente pode alegar ignorância sobre o tema debatido: "o que você está dizendo ultrapassa minha capacidade de leigo, soa completamente sem sentido para mim." Com isto, além de fazer graça, desmoralizando o adversário, ele impede que você continue argumentado na linha que o derrotaria.

- **Negação da teoria na prática** – A negação da validade de uma teoria em face da prática pode negar completamente uma argumentação bem instruída. Afirmar que circunstâncias específicas, por motivos não muito claros, impedem a aplicação de um conceito, além de bloquear a argumentação, dá ao oponente vantagem adicional de o colocar na posição superior de quem entende a realidade prática, mesmo que seja completamente ignorante da teoria.

- **Argumento só refutável por especialista** – Nos casos em que o oponente é um especialista em um assunto e você não, ele pode usar um argumento que não é verdadeiro. Por exemplo: afirmar que você está pedindo uma coisa impossível, quando na verdade ele tem motivos para não atendê-lo. Como você não tem credenciais no assunto, não terá como contra-argumentar, mesmo que você saiba, ou suspeite, que ele não está dizendo a verdade.

- **Alternativa forçada** – O adversário apresenta duas escolhas, como se fossem as únicas disponíveis e uma delas é claramente ruim.

A outra é aquela que ele quer que você aceite. Por exemplo, ele pode perguntar: "os clientes devem ter seus pedidos sempre atendidos ou o que o cliente quer não tem importância?" É claro que os clientes têm importância. A forma como foi argumentado induz que a conclusão – atender a tudo que o cliente pede – é válida.

- **Falhas lógicas** – Diversos tipos de falhas na conexão lógica do argumento podem ser utilizadas. Muitas destas argumentações, apesar da aparência legítima, não têm fundamento. Mudar o significado de um termo no meio do argumento é um truque comum. Passar de um caso específico para uma conclusão geral é também um artifício muito usado. Outro truque freqüente ocorre quando um fato tem como conseqüência possível a contribuição para um efeito. A presença deste efeito pode levar o adversário a culpar o fato sem demonstrar que a conexão se aplica no caso concreto.

5.4 Código de Ética

O PMI recomenda que os profissionais de gerenciamento de projetos se comprometam com um código de ética. Mesmo que você não se interesse por esta instituição é interessante conhecer este código e o que a sociedade exige da conduta ética do gerente de projetos. Na verdade, as exigências do código são pequenas e os desafios éticos da atuação do gerente de projetos freqüentemente superam estas recomendações simples.

Artigo I: Os profissionais de gerência de projetos manterão padrões elevados de conduta pessoal e profissional e:

a) aceitarão a responsabilidade por suas ações;

b) empreenderão projetos e aceitarão responsabilidades somente se qualificados por treinamento ou experiência, ou após a plena divulgação a seus empregadores ou clientes das qualificações pertinentes;

c) manterão suas habilidades profissionais no estado da arte e reconhecerão a importância da educação e desenvolvimento pessoal contínuos;

d) avançarão a integridade e o prestigio da profissão, praticando-a de uma maneira honrada;

e) suportarão este código e incentivarão colegas de trabalho e colaboradores a agir de acordo com ele;

f) suportarão a comunidade profissional ativamente, participando e incentivando colaboradores e colegas de trabalho a participar;

g) obedecerão as leis do país em que o trabalho está sendo executado.

Artigo II: Os profissionais de gerência de projeto devem, em seu trabalho:

a) Fornecer a liderança necessária ao projeto, de modo a promover produtividade máxima enquanto esforçam-se para minimizar o custo;

b) Aplicar o estado da arte em ferramentas e técnicas de gerência de projeto para assegurar que os objetivos de qualidade, custo e prazo, como determinados no plano do projeto, serão obtidos;

c) Tratar com justiça todos os membros da equipe de projeto, colaboradores e colegas de trabalho, não importando a raça, religião, sexo, idade ou nacionalidade;

d) Proteger membros da equipe de projeto de danos físicos e mentais;

e) Fornecer oportunidades e condições de trabalho adequadas para os membros da equipe de projeto;

f) Buscar, aceitar e oferecer críticas honestas ao trabalho, dando crédito para a contribuição de outros;

g) Ajudar aos membros da equipe de projeto, colaboradores e colegas de trabalho no seu desenvolvimento profissional.

Artigo III: Os profissionais da gerência de projetos, em suas relações com seus empregadores e clientes, devem:

a) Agir como agentes fiéis e confiáveis para seus empregadores e clientes, nos assuntos profissionais ou de negócio;

b) Guardar confidência sobre assuntos de negócio ou processos técnicos de um empregador ou cliente, enquanto empregado, e mesmo mais tarde, até que tal informação seja corretamente liberada;

c) Informar a seus empregadores, clientes, sociedades profissionais ou agências públicas de que são membros ou para os quais possam fazer quaisquer representações, de qualquer circunstância que poderia conduzir a um conflito de interesses;

d) Não dar ou aceitar, direta ou indiretamente, presentes, pagamentos ou serviços de valor maior que o nominal, para ou de pessoas ou entidades que tenham relacionamentos de negócio com seus empregadores ou clientes;

e) Ser honesto e realista ao reportar a qualidade, o custo e o prazo do projeto.

Artigo IV: Os profissionais da gerência de projeto, ao cumprir suas responsabilidades com a comunidade, devem:

a) Proteger a segurança, a saúde e o bem-estar da população e manifestar-se contra abusos em áreas que afetem o interesse público;

b) Buscar estender o conhecimento e a apreciação públicos da profissão de gerência de projetos e de suas realizações.

6 Escopo e Introdução aos Processos de Planejamento

6.1 Escopo do Produto X Escopo do Projeto

Um projeto é definido pelo seu escopo. O seu detalhamento é a principal entrada para o planejamento do projeto. Dentro do contexto de gerenciamento de projetos a palavra escopo pode ter dois significados:

- **Escopo do produto** – Refere-se às características e funções que caracterizam o produto ou serviço que o projeto deve produzir. Compõe o objetivo do projeto.

- **Escopo do projeto** – Refere-se ao trabalho que precisa ser feito para a produção e entrega do produto, dentro das especificações do escopo do produto.

O escopo do produto é fruto, principalmente, das necessidades do cliente, enquanto o escopo do projeto é fruto de um acordo entre os *stakeholders*. O *status* do escopo do projeto é medido contra o plano do projeto, enquanto que o *status* do escopo do produto é medido em relação aos requisitos da especificação.

É claro que ambos estão bastante interligados e o escopo do produto deve definir o escopo do projeto. No entanto, esta ligação não é total. É possível que existam alterações no escopo do produto que não gerem necessidade de alteração no escopo do projeto e vice-versa.

Por exemplo, se o projeto define a colocação de azulejos em uma parede, o cliente pode alterar a cor do azulejo sem que isto altere o trabalho do projeto. Por outro lado, a técnica de colocação, definida no escopo do projeto, pode variar sem que o resultado final mude para o cliente.

6.2 Work Breakdown Structure

6.2.1 Características de uma WBS

Como já dissemos, o escopo define o projeto. Todas as atividades no projeto se referem ao escopo de uma forma ou outra. Um dos primeiros passos de um planejamento, que é algo voltado para ações, é levantar o escopo que causará estas ações.

Muitos caem na armadilha de gerar, a partir de uma idéia geral das necessidades do cliente, uma lista de atividades, em diferentes níveis de detalhe, que deverão ser executadas. Há dois problemas neste procedimento. Primeiro: pode ser que nem mesmo o cliente tenha compreendido direito as suas próprias necessidades, ou seja, o escopo está altamente indefinido. Segundo: a lista de atividades gerada desta maneira será, quase certamente, incompleta e confusa, pois misturará diferentes níveis de detalhe e dependerá da memória, conhecimento e visão do elaborador da lista.

Existe um instrumento bastante simples e prático para resolver estes problemas, chamado de *Work Breakdow Structure* (WBS). Algumas traduções se referem a ele como "Estrutura Analítica do Projeto" (EAP). No PMBOK® encontramos a definição:

> *"Um Work Breakdow Structure (WBS) é um agrupamento* deliverable-oriented *dos elementos do projeto que organiza e define o escopo total do projeto. O trabalho que não está na WBS está fora do escopo do projeto. Com relação à declaração do escopo, a WBS é freqüentemente usada para elaborar ou confirmar um entendimento comum do escopo do projeto. Cada nível descendente representa um incremento no detalhamento da descrição dos elementos do projeto."*

A idéia básica é quebrar o escopo em uma estrutura hierárquica que, nos níveis mais altos, represente o escopo geral da maneira como é visto pelo cliente e, nos níveis mais baixos estejam os elementos mais próximos daquilo que você coloca em um cronograma como uma atividade.

Vejamos um exemplo:

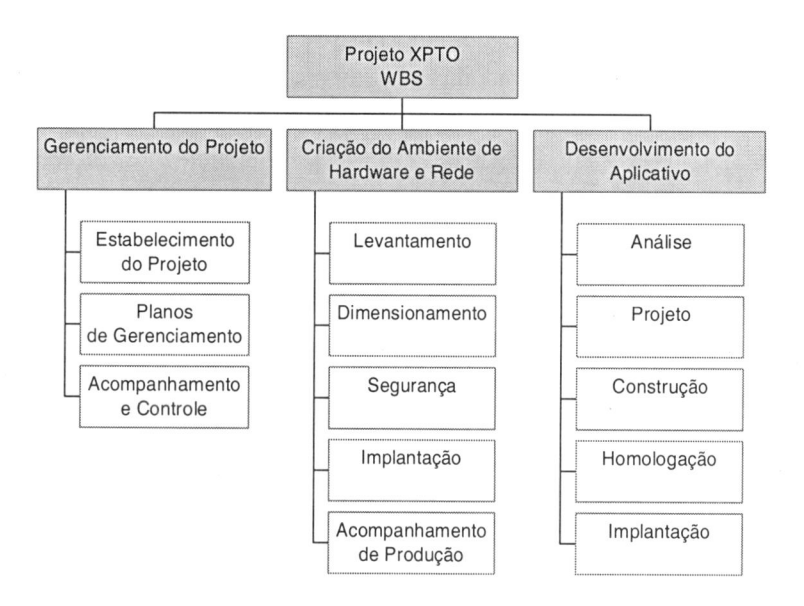

```
                        Projeto XPTO
                            WBS
         ┌──────────────────┼──────────────────┐
  Gerenciamento do Projeto  Criação do Ambiente de   Desenvolvimento do
                            Hardware e Rede           Aplicativo
         │                        │                        │
   Estabelecimento            Levantamento              Análise
   do Projeto
         │                        │                        │
   Planos                     Dimensionamento           Projeto
   de Gerenciamento
         │                        │                        │
   Acompanhamento             Segurança                 Construção
   e Controle
                                  │                        │
                              Implantação               Homologação
                                  │                        │
                              Acompanhamento           Implantação
                              de Produção
```

Um *deliverable* é qualquer produto, serviço, resultado ou item que seja tangível e verificável e que tenha que ser produzido para que o projeto seja concluído. Um *deliverable* externo exige aprovação pelo s*ponsor* ou pelo cliente.

Uma WBS é *deliverable-oriented* porque é construída com foco neste tipo de produto ou subproduto. Afinal, ele é montado como uma decomposição do escopo a ser entregue. Entretanto, estes *deliverables* não precisam ser necessariamente externos. Para melhor detalhamento do trabalho, *deliverables* internos e intermediários podem ser estabelecidos.

Descrições de *deliverables* são, freqüentemente, colocadas em um dicionário WBS. Um dicionário WBS inclui, tipicamente, descrições de elementos da WBS, mas pode conter outras informações de planejamento, tais como datas de cronogramas, custo de orçamentos e designações de funcionários responsáveis.

A apresentação em árvore, como a da figura, facilita a visualização; porém, a WBS não pode ser confundida com o método de apresentação. O mero desenho de uma lista não estruturada de atividades, em um formato de diagrama hierárquico, não faz disto uma WBS. Nem esta forma é obrigatória. De fato, em WBS maiores são comuns o uso de listas indexadas.

Cada item na WBS é, geralmente, designado por um identificador único. Estes identificadores são, freqüentemente, conhecidos como *code of accounts*. Os itens nos níveis mais baixos da WBS são freqüentemente referenciados como pacotes de trabalho (*work packages*).

Um *work package* é um *deliverable* no nível mais baixo da hierarquia da WBS. Em teoria, seria possível destacar cada *work package*, transformando-o em um subprojeto com seu próprio gerente de projeto. Estes pacotes de trabalho podem ser mais decompostos em atividades. Em projetos pequenos, porém, muitos *work packages* correspondem a uma única atividade.

6.2.2 Como construir uma WBS

A WBS evolui através de uma série de considerações sobre o escopo do projeto e sua viabilização técnica. Não há regras fixas sobre seu tamanho. A profundidade da WBS dependerá da complexidade do projeto e do nível de detalhe necessário para planejá-lo e controlá-lo. No entanto, muitas áreas de aplicação são cobertas por uma WBS de três níveis.

O tamanho da WBS também não precisa ser fixo dentro de um projeto. Uma WBS de alto nível pode ser criada nas primeiras fases de definição conceitual do projeto. Mais tarde, a decomposição dos elementos de nível mais alto gerará WBSs sucessivamente mais detalhadas.

Não há necessidade de cada ramo da WBS ter a mesma quantidade de níveis. Por exemplo: projetos complexos podem dividir o escopo em fases e definir o trabalho de cada fase logo antes de seu início, baseado nos resultados da fase anterior. A lista de testes que serão feitos em um novo medicamento, por exemplo, podem depender das propriedades descobertas na fase de pesquisa.

Em adição aos *deliverables* ligados ao produto do projeto, a WBS também pode refletir dois outros tipos de elementos:

- Atividades de gerenciamento do projeto.

- Marcações do ciclo de vida do projeto, ou seja, as fases do projeto.

No entanto, estes outros elementos devem ser usados apenas no nível de detalhe necessário para organizar as tarefas. Os *work packages* (elementos de mais baixo nível) tem como objetivo identificar tarefas com *deliberables* específicos e tangíveis.

Há várias formas de se organizar uma WBS. Por exemplo:

- **Por partes do produto** – Neste caso, divide-se o produto final do projeto em suas partes constituintes (por exemplo módulo 1, módulo 2 etc.), e depois se subdivide cada parte no ciclo de vida de produção. Esta forma é muito usada na divisão de um grande projeto em subprojetos.

- **Por fases de projeto** – Neste caso, primeiro se divide o projeto de acordo com seu ciclo de vida (por exemplo projeto, construção etc.) e só depois se detalha os sub-produtos.

- **Por mesclas destes dois tipos**.

O importante é que ele represente tudo de significativo que será feito pela equipe do projeto. Algumas questões podem ajudá-lo a decidir se a WBS precisa ser mais detalhada:

☑ *Há necessidade de se aprimorar o nível de acurácia das estimativas de custo e duração dos work packages?*
A decomposição pode facilitar a estimativa.

☑ *Mais de um indivíduo é responsável pelo mesmo elemento da WBS?*
Descubra uma forma de dividir os *work packages* de modo que cada um fique totalmente responsável por sua parte do trabalho.

☑ *Algum work package inclui mais de um tipo de trabalho ou mais de um tipo de deliverable?*
Procure manter o *work package* específico para um *deliverable* ou tipo de *deliverable*.

☑ *Algum work package é complexo demais para permitir que se acompanhe o progresso de sua construção?*
Decomponha-o de modo a poder melhor gerenciá-lo.

☑ *É possível que o critério de aceitação do work package possa ser aplicável sem que o mesmo esteja completo?*
A decomposição poderá mostrar *deliverables* intermediários.

6.2.3 Utilização da WBS

Ao construir a WBS temos que ter em mente seus dois objetivos principais:

- Apresentar o escopo de uma forma clara e completa, levantando com o cliente e com os outros *stakeholders* quais são os *deliverables* do projeto e como eles estão organizados.

- Suportar o planejamento e a divisão de responsabilidades das atividades do projeto.

Na sua forma original, a WBS é uma ferramenta de registro e comunicação de escopo. Ela deve garantir que o projeto inclua todo trabalho necessário e que não inclua trabalhos desnecessários. Estes dois efeitos indesejáveis são comuns em projetos sem uma definição formal de escopo.

Todo o planejamento do projeto se ergue a partir da WBS, que é a principal entrada para diversos processos de gerenciamento do projeto.

O cronograma do projeto deve ser diretamente rastreável à WBS, sendo um detalhamento deste, traduzido em atividades. Cada elemento da WBS deve poder se relacionar com o organograma da organização, normalmente através de uma matriz de responsabilidade.

6.3 Resumo dos Processos de Planejamento

Na introdução ao PMBOK® Guide, citamos a existência de um grupo de processos chamado "planejamento". Versões anteriores do guia separavam estes processos entre "processos essenciais" e os "processos facilitadores". A versão 2004 retirou esta separação porque parecia sugerir que alguns processos seriam opcionais. No entanto, contrariando o PMI, vamos manter esta divisão aqui, pois ela tem uma razão para existir.

Os processos essenciais são altamente integrados. Em projetos menores, ou até de médio porte, pode não haver uma clara separação entre eles. Estes processos, comumente, são executados juntos, dentro de uma única atividade de planejamento e de maneira altamente iterativa. No entanto, existe uma seqüência lógica de como o planejamento deve ser criado. Mesmo quando não há separação clara da atividade de planejamento em seus processos básicos, esta ordem deve ser levada em conta pelo planejador.

Os processos facilitadores, como gerenciamento de risco ou qualidade, são ativados de forma intermitente durante o planejamento. Não há uma ordem específica entre eles. Você pode analisar os riscos do projeto, por exemplo, antes ou depois de definir a política de qualidade. Embora os processos facilitadores estejam ausentes em boa parte dos projetos reais, eles não devem ser considerados como acessórios ou dispensáveis. O fato de seu uso não ser tão difundido quanto os processos essenciaisnão quer dizer que eles não sejam importantes na garantia de sucesso do projeto.

Os diversos capítulos deste trabalho trazem informações específicas dos diversos processos, tanto facilitadores quanto essenciais. No entanto, antes de entrarmos neste nível de detalhe, é interessante darmos uma visão geral dos processos essenciais.

O diagrama a seguir mostra a ordem idealizada para os processos essenciais de planejamento. Estamos, aqui, próximos do formalismo idealizado do PMBOK®. Mais tarde teremos a oportunidade de subverter um pouco esta ordem idílica.

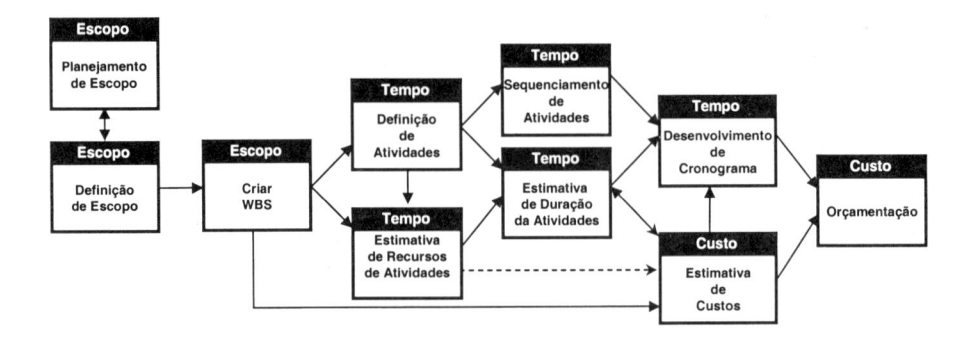

Analisando o diagrama vemos que ele começa com o Planejamento de Escopo. Este processo gera um documento formal chamado de Plano de Gerenciamento de Escopo. Este plano é o primeiro dos planos subsidiários do plano de projeto. Define como o escopo deve ser gerenciado, de que maneira as mudanças no escopo serão integradas (ou não) ao projeto e como as necessidades de mudanças de escopo serão identificadas, classificadas e sujeitas à aprovação.

A seguir temos o processo de Definição de Escopo. O escopo do projeto será melhor definido quando for maior a clareza do escopo do produto. Primeiro, devemos saber o que produzir para então definir o modo de produção.

Um documento chamado Declaração de Escopo (*Scope Statement*) formaliza algumas informações sobre o escopo do projeto, tais como:

- Justificativa e objetivos do projeto.
- Definição dos Produtos e *deliverables* do projeto.
- Critérios de aceitação.
- Restrições e pressupostos.
- Prazos e orçamento previstos.

Este processo se preocupa em detalhar as declarações sobre o escopo do *Project Charter* e da Declaração Preliminar de Escopo que estão próximas à linguagem do Cliente, em pedaços menores, mais gerenciáveis e próximos à linguagem do Gerente do Projeto.

Agora estamos prontos para Criar uma WBS. O principal produto deste processo é a WBS (Work Breakdown Structure) acompanhada por um dicionário com a descrição de cada elemento e seus critérios de aceitação.

Uma vez que a WBS está pronta, o Gerente de projetos parte para o processo Definição de Atividades. Neste ponto cruza-se definitivamente a linha entre o escopo do produto e o escopo do projeto. A lista de atividades é uma extensão da WBS. Em projetos simples, a lista de atividades poderá ser virtualmente idêntica à WBS, mas aqui a ênfase está nas atividades (ações) e não nos produtos e serviços visíveis para o cliente.

Não existe uma definição infalível sobre o nível de detalhe adequado para planejamento de escopo, WBS e lista de atividades, mas, normalmente, as responsabilidades são alocadas no nível da WBS. Mais tarde, serão definidos recursos necessários para cada atividade na lista. Tenha isso em mente na hora de criá-las.

Neste processo, normalmente começamos a utilização de *softwares* de controle de projetos, como o MS-Project® ou o Primavera®.

A seguir temos a Estimativa de Recursos que define as características e a quantidade de recursos físicos necessários para cada atividade.

Recursos são:

- Pessoas.

- Equipamentos.

- Materiais.

Avalie apenas o que possa impactar o projeto. Na maioria dos projetos não há necessidade de saber, por exemplo, quanto material de escritório uma atividade gastará.

Em alguns casos, pode ser definido que apenas uma quantidade de recursos pré-estabelecida estará disponível. Em outros, a equipe de projeto pode ter que calcular quantos recursos devem ser alocados para a atividade. Este cálculo inicial não é gravado em pedra. A quantidade de recursos pode variar durante outras fases do planejamento, particularmente no processo de estimativa de duração de atividades.

Uma vez que as atividades foram definidas e suas necessidades detalhadas, passamos para o "seqüenciamento" de atividades. Atividades devem ser "seqüenciadas" por dependências inerentes à natureza do trabalho. O tipo de dependência mais comum é a "Final para Início", uma seqüência temporal simples, que significa que a segunda atividade só poderá ser iniciada após o término da primeira.

Muitos tipos de diagramas podem ajudá-lo a documentar precedências, como por exemplo Rede, Flecha e GERT. O mais comum é o gráfico de *Grantt* usado no MS-Project. Nesta ferramenta, uma dependência é declarada por um *link* entre as atividades.

Neste momento passamos para a Estimativa de Duração de Atividades. A duração de uma atividade depende, principalmente, da complexidade da tarefa e da quantidade e qualidade dos recursos alocados. Nesta etapa, algumas estimativas da quantidade de recursos estimada podem ser revisadas.

Avalie tanto as economias quanto as deseconomias de escala. Estas últimas parecem ser as mais significativas. Em determinadas circunstâncias, aumentar a equipe aumenta o tempo da tarefa em vez de diminuí-la. Isto porque equipes maiores representam problemas específicos em sua administração.

Sabendo dos recursos e da duração podemos passar para a Estimativa de Custos. Este processo calcula o custo total do projeto e documenta algumas alternativas de custo analisadas. Por exemplo, uma atividade terceirizada terá um perfil de custos diferente de uma feita por equipe própria.

Na verdade, uma estimativa de custo já pode ser feita quando a lista de atividades ainda não está disponível, desde que a WBS esteja. O PMBOK versão 3 realça esta alternativa ao ligar este processo ao de criação do WBS, em vez de ligá-lo ao de estimativa de recursos. No entanto, mesmo neste caso, invariavelmente estas estimativas serão revistas quando recursos e durações estiverem disponíveis. Esta é, aliás, a forma natural de trabalho da maioria dos *softwares* de gerenciamento de projetos. Custo previsto para as atividades e *drivers* de custos individuais — como por exemplo o valor hora de um engenheiro — devem ser registrados.

Outra inversão de ênfase no PMBOK versão 3 é que ele faz os custos serem uma entrada para a estimativa de recursos, e não o contrário. Na prática, os dois processos se realimentam. Podemos ter uma idéia dos custos que nos guiará na definição dos recursos. Com o melhor entendimento dos recursos necessários, as estimativas de custo serão refeitas. Estas por sua vez podem sugerir mudanças na escolha de recursos. Este processo de influência mútua continua até que o Gerente de projetos esteja satisfeito com o custo da atividade e sua viabilidade técnica.

Nesta etapa é detalhado o Plano de Gerenciamento de Custos, outra seção do Plano de Projeto, que descreve, por exemplo, como as variações entre o custo previsto e o custo real devem ser gerenciadas. Pode também definir um plano de contas para o projeto.

A próxima etapa é o <u>Desenvolvimento de Cronograma</u>. Aqui se define a data de início e a duração de cada atividade. Neste processo está a grande arte do planejamento. Diversas técnicas podem ser utilizadas:

- **CPM** – *Critical Path Method.*
- **PERT** – *Program Evaluation and Review Technique.*
- **GERT** – *Graphical Evaluation and Review Technique.*
- *Critical Chain* – Na verdade, mais do que uma técnica de criação de cronograma, trata-se de uma filosofia de gerenciamento de projetos.

O cronograma gerado difere do planejamento gerado pelo processo Sequenciamento de Atividades, principalmente porque nesta fase se leva em conta a contenção de recursos entre atividades, ou seja, duas atividades que poderiam ser executadas paralelamente não poderão sê-lo, porque utilizam os mesmos recursos. O processo que trata estes conflitos é conhecido como *Resource Leveling.*

Ferramentas de automação de projetos, como o MS-Project, possuem funções que ajudam nesta tarefa, modificando automaticamente as datas das atividades em conflito. Aqui, novamente, as estimativas de quantidade de recursos e tempo da atividade podem ser revistas na tentativa de obter um balanço entre o custo do projeto e o prazo de entrega.

Com o cronograma pronto, podemos definir o processo <u>Orçamentação</u>. O orçamento define os custos do projeto ao longo do tempo, ou seja, o fluxo de dinheiro que deverá sair do caixa do projeto por unidade de tempo. Não se deve confundir este custo com o preço do projeto. O custo é uma estimativa técnica. O preço é baseado, evidentemente, na estimativa de custos, mas também nas relações de mercado entre o cliente que patrocina o projeto e a organização que o executa.

Neste processo, as estimativas devem ser obtidas pelo cronograma do projeto.

Estes fluxos de consumo de recursos orçados são conhecidos como *baselines ou linhas de base* do projeto. Existem vários tipos de *baselines*, por exemplo:

- Gastos contábeis.

- Fluxo de caixa

Baselines são usualmente expressas com *S-curves* que mostram o desenvolvimento dos valores acumulados pela duração do projeto. Mais tarde, curvas semelhantes com os valores reais poderão ser "plotadas" para comparação.

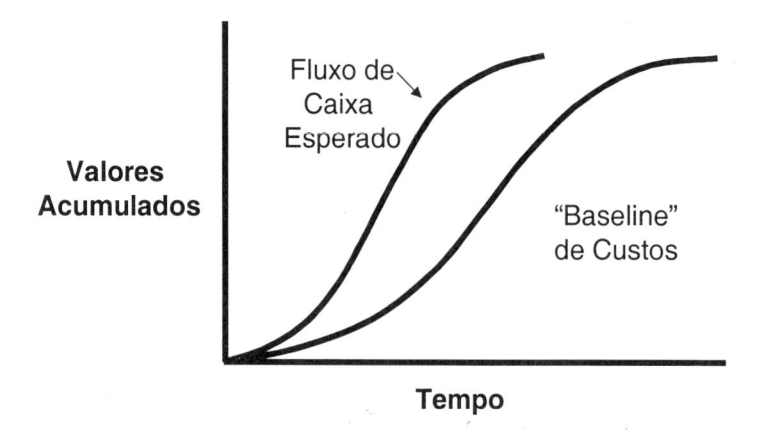

6.4 O Plano do Projeto
Definindo as Regras do Jogo

A maioria esmagadora dos problemas que ocorrem durante o projeto decorrem da falta de coordenação. Mesmo quando todos concordam que estão "no mesmo barco", freqüentemente cada um "rema" em uma direção diferente. A melhor ferramenta para evitar isto é estabelecer as regras do jogo.

Os clientes precisam saber qual é o escopo e como podem modificá-lo. O gerente do projeto precisa saber quem pode aprovar uma mudança de custo ou prazo e como deverá justificá-la. Os membros do projeto precisam conhecer suas responsabilidades. Todas estas regras do jogo do projeto, e várias outras, podem ser consolidadas em um documento chamado Plano de Projeto.

O processo Desenvolvimento do Plano do Projeto utiliza as saídas dos outros processos de planejamento para criar um documento consistente e coerente, que possa ser usado para guiar tanto a execução quanto o controle do projeto.

Este processo quase sempre se repete várias vezes. Algumas partes do Plano de Projeto, como por exemplo, os planos de gerenciamento, devem permanecer mais ou menos estáveis ao longo do projeto, enquanto outras serão atualizadas até durante o encerramento.

O plano do projeto é usado como guia básico para todos os envolvidos e como documentador de premissas.

Alguns dos itens encontrados em um plano de projeto são:

- Dados do *project charter* (definindo o gerente do projeto e as necessidades de negócio).

- Dados do *scope statement* (incluindo os objetivos e os subprodutos do projeto).

- Premissas adotadas e decisões tomadas.

- *Work Breakdown Structure* (WBS).

- Estimativas de custos, datas programadas para início das atividades e atribuições de responsabilidade no nível adequado da WBS.
- *Baselines* de medida de desempenho para prazo e custo.
- Principais marcos e suas datas previstas.
- Mão-de-obra chave ou necessária.
- Principais riscos, incluindo restrições e suposições, e as respostas planejadas para cada um deles.
- Organograma do projeto.
- Planos de gerenciamento auxiliares, incluindo:
  - Plano de gerenciamento de escopo
  - Plano de gerenciamento de cronograma
  - Plano de gerenciamento de custos
  - Plano de gerenciamento de qualidade
  - Plano de gerenciamento de pessoal
  - Plano de gerenciamento de comunicação
  - Plano de gerenciamento de risco
  - Plano de gerenciamento de aquisição

Muitas partes do plano de projeto podem e devem ser reaproveitadas de projetos semelhantes ou criadas a partir de *templates*. O reaproveitamento dos planos de gerenciamento, por exemplo, ajudam a criar uma cultura consistente na empresa. Quando isto acontece, boa parte destes planos pode ser separada da documentação do projeto e armazenada em uma base corporativa de documentos. Em empresas com ISO-9000, por exemplo, as regras do jogo podem ser armazenadas como procedimentos ou padrões.

Aqui, cabe uma advertência: projetos são únicos! Embora possamos e devamos reaproveitar as regras do jogo, se criarmos procedimentos detalhados e rígidos e os tornarmos obrigatórios para todos os projetos, estaremos criando uma grande ameaça para o sucesso de qualquer projeto. De qualquer forma, regras simples são aquelas que têm maior probabilidade de serem seguidas.

Nos capítulos seguintes, detalharemos o que deve estar contido nos planos auxiliares. É aconselhável que o plano de projeto contenha as informações e regras correspondentes a cada um deles, mas não é necessário seguir uma estrutura rígida. Os planos de pessoal e comunicação, por exemplo, podem ser facilmente mesclados em uma única seção do plano de projeto. O mais importante é que haja clareza e simplicidade.

As regras do plano de projeto podem ser colocadas em contratos formais quando os projetos são terceirizados. Isto beneficiará tanto os bons clientes quanto os bons fornecedores. Em outros casos, uma apresentação do tipo PowerPoint® para os *stakeholders* pode ser mais eficiente do que o mero envio de documentos formais que correm o risco de não serem lidos.

6.5 Plano de Gerenciamento de Escopo

A gerência eficaz do escopo é vital para assegurar que o projeto seja entregue no prazo e atendendo as expectativas dos clientes. A inflação descontrolada do escopo é, por exemplo, a causa do fracasso de muitos projetos de tecnologia.

Uma análise completa dos requerimentos no começo do projeto é absolutamente essencial; no entanto, os projetos requerem inevitavelmente alguma mudança nos planos e nos *deliverables* originais. Pode ser até possível congelar o escopo original de um projeto, mas como não é possível congelar as expectativas dos clientes, o projeto deve enfrentar a mudança ou fracassar.

A experiência mostra que processos complexos de gerência da mudança são raramente eficazes por muito tempo, especialmente em um ambiente de alta pressão como o da maioria dos projetos. Processos leves e parcialmente formalizados parecem ser mais adequados.

O processo a ser seguido dependerá de quem identificou a necessidade da mudança do escopo. No caso de mudanças originadas no cliente, deve ser claramente definido quem pode solicitar mudanças, quem pode autorizá-las e como garantir que o impacto foi devidamente avaliado. Se a alteração de escopo surgir como resultado de uma necessidade interna do projeto, como por exemplo devido a um problema técnico, após a devida avaliação do impacto, o processo deve culminar com uma negociação com o cliente.

6.6 Balanceamento do Projeto

Em qualquer atividade, nós nos deparamos com o problema de limitação de recursos. Sempre há um prazo limite, um custo máximo ou uma quantidade disponível de pessoas e equipamentos. Isto é um fato da vida, mas é especialmente claro em gerenciamento de projetos.

Tanto durante o planejamento quanto durante a execução do projeto, o gerente de projetos terá que fazer escolhas que terão repercussões positivas e negativas. Elas também não serão tomadas de maneira totalmente livre. Ele deve ter consciência das limitações internas ou externas que são impostas a qualquer projeto. Costuma-se mostrar estas restrições na forma de um "triângulo sagrado".

- O **tempo** é talvez a maior de todas as restrições. O compromisso mais visível do gerente de projetos é entregar o projeto no prazo. Para resolver problemas de atraso ele pode tentar obter mais recursos ou autorizar horas extras a um custo mais alto. Alternativamente, pode tentar diminuir o escopo do projeto. Se ele escolher não fazer escolha alguma, a equipe tomará por ele, reduzindo a qualidade do trabalho produzido de modo a gastar menos tempo.

- O **escopo** do projeto é sua razão de existência. Clientes freqüentemente mudam de idéia e solicitam coisas não previstas. Para atendê-los ele pode ter que negociar mais recursos ou mais tempo.

- O **custo** do projeto é talvez a dimensão mais flexível. Enquanto os benefícios do projeto superarem os gastos, um nível hierárquico superior pode liberar mais recursos. No entanto, há um limite para esta flexibilidade. Quando este limite é atingido, a flexibilidade se torna zero. Neste caso, a diminuição de recursos pode gerar atrasos e, mais freqüentemente, concessões no escopo devem ser feitas.

É claro que um gerente de projetos pode ter o desejo de entregar mais por menos, mas aderir ao plano, ou seja, obter um balanço das dimensões do projeto é a melhor forma de chegar a isto.

Algumas dicas que permitirão alterar uma ou mais destas dimensões são:

- **Re-estimar o projeto** – À medida que o projeto avança, as incertezas diminuem e certas tarefas podem ter seu prazo diminuído sem prejuízo para o projeto.

- **Mover recursos entre tarefas** – Algumas atividades têm alguma folga e podem ter algum atraso sem que o projeto inteiro atrase. Outras são críticas para o projeto. Quando for possível remanejar pessoal do primeiro tipo de tarefa para o último, pode-se deduzir o tempo total do projeto sem aumentar os custos.

- **Adicionar pessoas ao projeto** – Quando recursos realmente qualificados estão disponíveis, o aumento do esforço pode diminuir a duração das tarefas. Normalmente, há um custo adicional envolvido. Em atividades com tarefas que podem ser executadas em paralelo, com um mínimo de interação entre elas, esta pode ser uma boa opção.

- **Utilizar consultores para aumentar a produtividade** – Equipes inexperientes tem baixa produtividade, não importa quanto treinamento receberam. Se for possível alocar especialistas que os ajudem a resolver problemas práticos e proporcionem orientação em tempo real, a produtividade pode aumentar tremendamente.

- **Horas extras** – Horas extras custam mais e são menos produtivas, pois utilizam recursos já cansados pela jornada normal. Apesar disso, podem ser uma opção em emergências e em resposta a problemas.

    Equipes raramente reclamam de trabalhar horas extras quando sabem que elas são decorrentes de falhas de produtividade ou problemas imprevisíveis. Quando a data final do projeto é externamente definida (como por exemplo os projetos do *"Bug"* do milênio tinham que ser terminados antes de 31/12/1999), a equipe poderá ser motivada a aceitar prazos apertados que inevitavelmente acarretarão em horas extras. Bons profissionais compreendem a necessidade desses desafios.

    Por outro lado, a utilização de horas extras já no planejamento do projeto, como uma forma corriqueira de comprimir os prazos, é extremamente negativa. A equipe verá isto como exploração e/ou demonstração de falta de competência na negociação dos prazos. É quase certo que a qualidade do produto sofrerá, o projeto será entregue atrasado, os custos serão maiores do que o ideal e a equipe ficará insatisfeita.

Um fato interessante constatado na maioria dos projetos é que a ênfase muda ao longo da evolução do projeto. No início do projeto, a maioria dos *stakeholders* está preocupada com o escopo do projeto. Eles querem o melhor produto possível e podem estar dispostos a negociar prazo e custo. No entanto, nas fases finais do projeto o cronograma se torna o mestre absoluto. As pessoas estão comprometidas com a data final e as expectativas dos clientes e da alta gerência são facilmente frustradas por alterações em datas que estão próximas. É aconselhável que o Gerente de projetos ajuste suas decisões de acordo com esta mudança de ênfase.

7 Introdução aos Modelos e Estimativas utilizados em Projetos

Este capítulo, necessariamente teórico, será possivelmente um incômodo para os espíritos práticos dos gerentes de projetos. No entanto, muitas teorias são utilizadas de maneira implícita nas práticas comuns de gerenciamento de projetos. Conhecê-las, compreender seus limites e usá-las conscientemente é, sem dúvida, uma vantagem competitiva. A alternativa seria continuar seguindo, cegamente, a opinião de outras pessoas.

7.1 Modelos X Realidade

Cada projeto é único por definição. Terá perfis diferentes de custos, benefícios e riscos. Na prática, é impossível saber, com absoluta certeza, quais serão os valores reais de cada uma destas dimensões antes do encerramento do projeto. Em alguns casos, nem mesmo depois da finalização do projeto. Isto acontece porque a realidade é complexa demais. Muitos fatores contribuem para gerar o caos e a incerteza. Nossa cultura nos faz sonhar com uma fórmula bem definida que, uma vez utilizada, gere previsões de resultados com uma precisão conhecida. Para a maioria dos projetos isto jamais ocorrerá!

Para encarar uma realidade caótica nós precisamos simplificá-la. Precisamos idealizá-la, descartando a maior parte de suas características, nos restringindo àquelas que temos ilusão de poder controlar.

Esta mutilação da realidade é feita através da criação de um modelo. Os modelos que usamos são semelhantes aos cabos inelásticos, corpos pontuais, movimento sem atrito e outras tantas simplificações que utilizamos em física clássica. Mas existem duas diferenças importantes.

A primeira é que não podemos ter certeza da margem de erro de nossos cálculos. Podemos dizer que o comprimento de um corpo é de 30cm com um erro de mais ou menos 1 mm. Neste caso, sabemos com certeza que o corpo não mede 31cm; no entanto, quando estimamos a duração de um projeto em seis meses, ele poderá durar seis anos ou mesmo nunca acabar. Quando lidamos com projetos, tratamos com *modelos probabilísticos*. Acreditamos que o projeto tenha alta probabilidade de acabar em seis meses, mas existe uma probabilidade, diferente de zero, de que ele acabe em seis anos.

A segunda é que muitos modelos usados em projetos são aproximações muito mais grosseiras da realidade do que os da física. A Curva de Aprendizado ou a Curva de Precisão X Custo da Estimativa são simplificações quase risíveis. Ainda assim são tudo que possuímos e podem ajudar a treinar e guiar a intuição.

Acreditar na precisão de suas próprias estimativas é um erro. Não acreditar nas estimativas é um pecado mortal. É como se estivéssemos em um cassino, em que os dados podem cair contra nós. Mas existe uma diferença: é permitido interferir na sorte. Temos que fazer o que pudermos (e um pouco mais) para "trapacear" a banca e transformar nossas profecias em realidade.

Ao compreender os modelos utilizados em teoria de projetos, o gerente de projetos pode prever o impacto de suas ações sobre o comportamento do projeto. Neste capítulo, mostraremos algumas técnicas para melhorar suas chances de fazer uma aposta vencedora.

Mas, antes de começar, sopre os dados!

7.2 Métodos de Geração de Estimativas

Os métodos de geração de estimativas são amplamente usados para definir um parâmetro específico de um projeto. As mesmas técnicas básicas podem ser utilizadas para definir custo, prazo ou quantidade de recursos. Cada método tem, associado a ele, uma quantidade de trabalho e um nível de detalhamento de informações. No geral, quanto mais preciso é o método, mais trabalho e mais informação ele requer.

7.2.1 Estimativa "no Elevador"

Muitas atividades, ou mesmo projetos inteiros, têm seu tamanho ou custo definidos por uma pergunta feita dentro do elevador ou ao lado da máquina do café. Normalmente, este tipo de estimativa tem um erro em torno de 90%, dependendo da capacidade e conhecimento do estimador. O único uso recomendado para este tipo de estimativa está na fase de seleção de projetos. O tomador de decisão pode ter uma idéia brilhante para um projeto e perguntar a um técnico quanto ele acha que custaria. Se o número de zeros for compatível com o orçamento, o projeto pode ser analisado.

7.2.2 Estimativa por Analogia

A estimativa por analogia ou por "ordem de magnitude" é melhor que a anterior, mas ainda tem uma margem de erro alta. Ela é baseada em extrapolações sobre outros projetos semelhantes. O estimador gasta algum tempo comparando o novo projeto com uma base de informações sobre projetos já encerrados. No final ele pode decidir se o projeto ou tarefa tem a metade do tamanho de um outro ou é 25% maior do que um terceiro.

7.2.3 Estimativa Detalhada (Bottom-Up)

A estimativa detalhada é chamada também de estimativa *bottom-up*. A idéia é postergar a estimativa até ser possível ter um entendimento maior do projeto, principalmente da WBS. Cada *work package* ou cada atividade pode ser avaliada por um especialista que define o custo, o prazo e a quantidade de recursos necessários para a execução. Os especialistas podem utilizar estimativas por analogia ou por modelos matemáticos para determinar o parâmetro desejado. Pode-se também lançar mão de experimentos e protótipos para este propósito.

Uma vez que cada atividade tenha sido estimada, elas são sucessivamente sumarizadas nos níveis superiores da WBS até que se tenha a estimativa de todo o projeto.

A principal desvantagem deste método é o nível de detalhe e trabalho exigido em relação aos anteriores. Durante as fases iniciais do projeto, é pouco provável que as informações necessárias estejam disponíveis. Mesmo depois, o Gerente de projetos pode ter dificuldade de gastar o tempo e o custo necessários para esse tipo de estimativa.

7.2.4 Estimativas por Modelos Matemáticos

Nas estimativas por modelos matemáticos o estimador conhece alguns parâmetros a respeito do produto do projeto e possui um modelo (normalmente empírico) que estima a dimensão requerida (por exemplo o custo ou prazo) de maneira automática.

Na construção civil, por exemplo, existem modelos em que o estimador só precisa inserir a quantidade de metros quadrados de uma casa para receber a estimativa do custo de construção. Outros modelos são mais complexos. Alguns modelos de desenvolvimento de *software* exigem a determinação ou estimativa de dezenas de parâmetros de entrada. Além disso, nem sempre os parâmetros são tão objetivos quanto metros quadrados. É comum que o estimador tenha que definir algo tão intangível quanto o grau de comprometimento do cliente em uma escala de 1 a 5.

A estimativa por modelos tem duas importantes vantagens. A primeira é que certos parâmetros podem estar disponíveis ou serem estimáveis muito cedo, no ciclo de vida do projeto. É o caso, por exemplo, do tamanho em metros quadrados de uma casa. Basta saber o tamanho do terreno e uma aproximação do percentual que será usado como área construída. Um dos fatores que torna estes parâmetros facilmente estimáveis é o fato deles se referirem ao produto do projeto, ou seja, ao escopo, e não às atividades do projeto. Como o escopo é definido antes das atividades que vão produzi-lo, está disponível bem mais cedo que estas.

A segunda vantagem é que ela pode ser utilizada para recalcular o projeto caso o cliente mude de idéia e aumente os parâmetros combinados. Se ele resolver construir um anexo à casa, por exemplo, podemos mostrar o mesmo programa que usamos na proposta original e recalcular o custo baseado no aumento de escopo, medido em metros quadrados construídos. Isso pode evitar muita discussão.

Um fato que se deve ter em mente ao lidar com estimativas por modelos é que, apesar de sua praticidade, elas são sempre menos precisas do que as estimativas *bottom-up*. Por elas utilizarem fórmulas matemáticas, muitas pessoas têm a ilusão de que são extremamente precisas, mas isso está longe da realidade. A experiência de um especialista no dimensionamento de tarefas leva em conta fatores sutis que são completamente ignorados pelos modelos. Os modelos são sempre simplificações grosseiras da realidade. Se não fossem, seriam tão complexos que se tornariam inúteis para uso prático.

Muito cuidado deve ser tomado na escolha do modelo. Alguns deles variam exponencialmente em relação a pequenos erros nos dados de entrada. Modelos bem conhecidos e de uso relativamente comum respondem a pequenas variações nos parâmetros de configuração, com aumentos de mais de 50% no tamanho calculado do projeto. Quando esses parâmetros são, por sua vez, estimativas imprecisas, o modelo se torna não só inútil, mas prejudicial.

Outro problema é que muitos modelos não são escaláveis. Isso quer dizer que um modelo utilizado para construir um pequeno prédio será praticamente inútil na estimativa de custos de um arranha-céu e vice-versa. Eles funcionam apenas dentro do tipo de projeto para os quais foram criados e não são facilmente adaptados.

Recomenda-se a calibração constante dos modelos, utilizando informações históricas de projetos semelhantes. A maioria dos modelos tem determinadas quantidades, como por exemplo produtividade, custos individuais etc., que não são consideradas parâmetros de entrada, uma vez que podem permanecer constantes entre projetos, mas também podem ser ajustadas pelo confronto com experiências reais. São parâmetros de configuração ou calibração.

Veremos mais tarde os limites do que podemos obter com a calibração de modelos. Por enquanto, basta dizer que nenhuma calibração irá melhorar a performance do modelo além da sua precisão intrínseca, que costuma não ser muito boa.

Uma forma intermediária de usar os modelos matemáticos é tomá-los como uma primeira estimativa. Depois, os especialistas podem ajustar os parâmetros de configuração a fim de trazer o modelo mais para perto da realidade específica do projeto. Por exemplo, alguns modelos utilizam como parâmetro de configuração a produtividade da equipe.

A informação histórica utilizada para o cálculo de valores médios pode conter dados sobre projetos potencialmente muito diferentes. Desta maneira, a média histórica pode não ser um valor adequado para calibrar o modelo para o projeto atual. Em vez disso, podemos pedir a um ou mais especialistas que conheçam as características específicas do projeto e da equipe que ajustem o valor da produtividade. A partir deste momento, a produtividade é fixada e qualquer negociação com o cliente utilizará esse valor. Portanto, temos as vantagens de negociação providas pelo uso de modelos matemáticos, ao mesmo tempo em que confrontamos dois resultados de estimativas: a do modelo e a da experiência dos especialistas, de modo a obter um resultado mais preciso.

7.2.5 Estimativa por Fase

Estimativa por fase é a técnica favorita de nove entre dez gerentes de projetos, porque gera compromisso com a acurácia da estimativa em uma fase de cada vez. Esta técnica reconhece que não é prático estimar todo um projeto, justamente no momento em que a incerteza está no seu máximo, no início. Qualquer projeto é dividido em fases que determinam *milestones* ou pontos de controle. A estimativa por fase se aproveita desses pontos de controle. Ela se desenvolve da seguinte maneira:

1. Quando a primeira fase está para começar, fazemos uma estimativa da ordem de magnitude do projeto inteiro (por exemplo, via analogia ou via modelo matemático parametrizado). Fazemos também uma estimativa detalhada da primeira fase do projeto via *bottom-up*.

2. No final da fase, recalculamos a ordem de magnitude do resto do projeto e fazemos a estimativa detalhada para a fase seguinte. A estimativa do projeto será mais acurada que a anterior, porque agora aumentamos nosso conhecimento sobre ele.

3. Com os novos custos, tomamos decisões sobre a continuidade do projeto ou a abrangência do escopo. Pode se tomar a decisão de suspender o projeto antes que gastos maiores sejam feitos, ou pode-se ajustar o escopo para reduzir o custo total. Neste momento, o gerente de projetos deve renegociar o equilíbrio do projeto.

4. Repetem-se todos os passos a cada fase, até o final do projeto.

A razão pela qual os gerentes de projetos gostam da estimativa por fase é óbvia. Eles só precisam se comprometer com a estimativa da fase atual e com uma ordem de grandeza do projeto. Para os financiadores do projeto, este benefício pode parecer duvidoso.

Na verdade, a estimativa por fase é uma técnica de controle e redução de risco. Se a realidade provou que uma estimativa foi muito otimista, é melhor para todos reconhecer isso o mais rapidamente possível. Em projetos desenvolvidos com custo variável, é comum que o *sponsor* só descubra que o projeto gastou mais do que o limite de retorno de investimento quando é tarde demais. A estimativa por fase reduz esse risco. Mesmo em projetos terceirizados a custo fixo, um erro grande demais na estimativa do projeto pode levar o prestador de serviço a abandonar o projeto (mesmo pagando multa), ou pior ainda: reduzir a qualidade em pontos não facilmente visíveis para o cliente, de modo a reduzir os custos. No final todos perdem.

7.3 Pressupostos e Estimativas Parametrizadas

Na verdade, mesmo as melhores estimativas não passam de um palpite educado. Você faz suposições, implícitas ou explícitas, sobre o que vai acontecer e executa alguns cálculos em cima disso. Fazer suposições é inevitável, mas existem problemas específicos com relação às suposições implícitas.

Digamos que você tenha que justificar sua estimativa, ou que tenha que recalculá-la a partir de uma mudança no projeto. A verdade é que, pouco tempo depois da estimativa original, você não se lembrará do que levou ou não em conta na estimativa.

Resolver este problema é relativamente simples. Você só precisa transformar os pressupostos implícitos em explícitos. Documente as restrições e pressupostos que você utilizou na estimativa. Você pode, por exemplo, documentar suas suposições a respeito de produtividade média, volume de trabalho, porcentagem de retrabalho, tamanho do problema etc.

Em alguns casos, você registrará pressupostos e restrições qualitativas, como por exemplo: "somente os funcionários atuais serão utilizados no projeto, sem contratações ou terceirizações"; ou "será utilizada uma tecnologia não dominada pela equipe". Outras vezes, porém, você será capaz de supor um número, um parâmetro, para sua estimativa. Você poderá assumir, por exemplo, que a produtividade média da equipe será de duas unidades por dia e a equipe terá dez pessoas.

Neste caso, você poderá documentar também o modelo matemático que você usou para transformar estes parâmetros em uma estimativa. Para recalcular uma estimativa, basta que você altere os valores dos parâmetros e reaplique a fórmula, o que também facilitará que você justifique sua estimativa ou consiga outra opinião a respeito.

A documentação das estimativas também poderá ajudá-lo a não cometer erros em futuros projetos. Se uma atividade durou muito mais do que o previsto, por exemplo, a produtividade média que você utilizou como parâmetro pode estar superestimada.

Este mesmo raciocínio pode ajudá-lo a identificar a causa de problemas no projeto atual. Se você utilizou um pressuposto que não se realizou na prática, isso se materializará como uma divergência entre o planejado e o realizado. Analisar os pressupostos evitará que você exerça esforço de correção sobre a causa errada.

7.4 Estimativas e Medidas

7.4.1 Estimativas como funções de probabilidade

Como já notamos, uma estimativa não é um valor e nem mesmo uma faixa de valores. Ela é mais bem representada por uma função de probabilidade. É relativamente fácil analisar uma função de probabilidade se dispomos de seu gráfico. Basta que examinemos a área embaixo da curva. Ela representa a probabilidade acumulada de que o valor real seja menor ou igual a um valor específico.

Uma das funções de probabilidade mais comuns é a chamada curva normal.

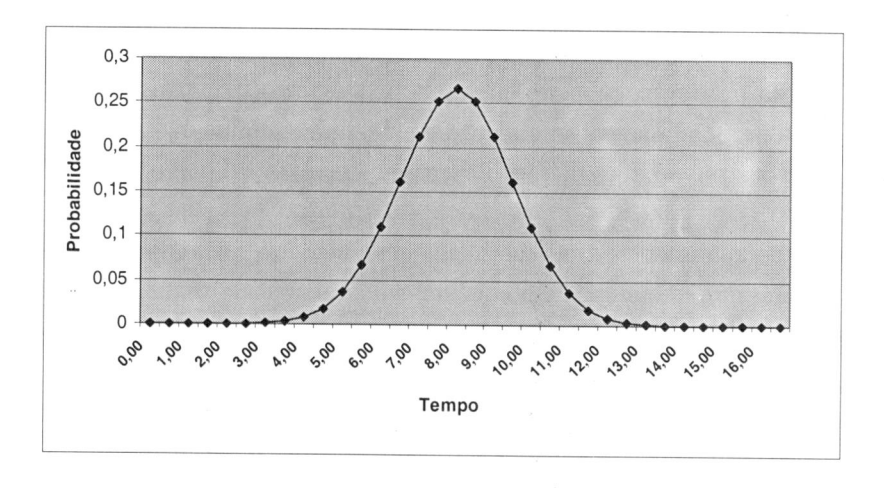

Neste caso, temos uma simetria semelhante a de uma faixa de valores. Um erro raramente se estende muito, nem para menos nem para mais, do valor médio. Se utilizarmos em nosso planejamento o valor de pico da curva, teremos 50% de chance de estarmos certos. Se dobrarmos este valor, teremos mais de 99% de chance.

Infelizmente, muitas estimativas são melhor modeladas por uma distribuição como a mostrada abaixo:

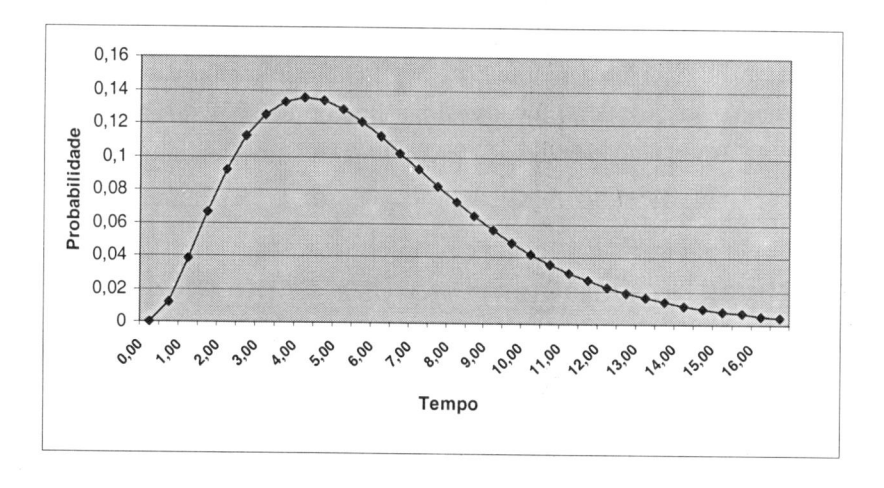

Neste caso a distribuição de probabilidade não é simétrica. Usando os valores do gráfico acima, suponha que estimemos a duração da tarefa em 5 dias. A probabilidade absoluta de que ela termine durante o 12º dia (com 7 dias de atraso) é o dobro da que ela termine durante o primeiro dia (4,5 dias adiantado).

Se analisarmos a probabilidade acumulada, o grande problema será que o acréscimo de tempo disponível para a tarefa é cada vez menos efetivo, do ponto de vista do aumento da probabilidade de acertarmos nossa estimativa.

Observemos novamente nosso exemplo: existe 50% de chance da tarefa ser entregue em cinco dias. Sabemos disso porque a área embaixo da curva de 0 até 5 representa 50% da área total sobre a curva. Se dobrarmos a estimativa para 10 dias, cobriremos 90% da área. Isso parece valer a pena, afinal aumentamos nossa chance em 40%. Mas, se dobrarmos novamente a estimativa para 20 dias, a probabilidade ficará em torno de 99%. O custo-benefício de acrescentar mais dias ao projeto é cada vez pior.

Em projetos reais os números variam bastante, mas a idéia é a mesma. Assim, se um projeto tem 90% de chance de ser entregue em seis meses, pedir um prazo de um ano não aumentará a probabilidade de ele ser entregue no prazo tanto quanto seria de se esperar à primeira vista. Veremos mais tarde que, em alguns casos, a probabilidade diminui.

Conclusão: faça estimativas realistas e gerencie seu plano de acordo com elas. Adicionar uma margem de segurança de tempo e dinheiro para contingência de riscos identificados é um hábito prudente. Exagerar no custo e no prazo, na esperança de entregar o projeto mais cedo ou garantir sua entrega sem esforço não é produtivo, nem honesto.

7.4.2 Nível de Detalhamento das Estimativas

Uma grande quantidade de autores prescreve um remédio para diminuição da incerteza: projetos mais detalhados. Este é um bom conselho, até certo ponto. Essa abordagem, porém, tem limitações pouco discutidas.

Vejamos primeiro o lado positivo. Analisaremos um modelo que sustenta a prática de detalhar o planejamento até que obtenhamos tarefas bem pequenas.

A idéia básica é que uma tarefa muito grande é difícil de ser estimada com precisão. Dividi-la em sub-tarefas aumenta a acurácia total da estimativa, desde que a acurácia de cada estimativa das sub-tarefas permaneça a mesma da grande tarefa.

Digamos, por exemplo, que em uma tarefa de 100 dias se espere um erro de 10%, ou seja, 10 dias para mais ou para menos. Se quebrarmos esta tarefa em 5 tarefas de 20dias, com os mesmos 10% de erro, cada tarefa terá, individualmente, um erro provável de 2 dias. No entanto, o erro das 5 tarefas em conjunto será apenas de cerca de 2,5 dias. O erro total, neste caso, é a raiz quadrada da soma dos quadrados dos erros individuais. É possível demonstrar isto, matematicamente, mas é simples compreender este fato de maneira intuitiva: como a margem de erro varia nos dois sentidos, espera-se que algumas tarefas terminem mais cedo do que o prazo e algumas mais tarde, umas compensando outras.

O que percebemos é que estimar o tamanho de tarefas muito grandes pode levar a erros muito grandes. Este é um dos motivos (mas não o único) pelo qual uma estimativa dada em no elevador ou ao lado de uma máquina do café é muito ruim: o projeto como um todo é estimado. Quando criamos uma WBS e fazemos uma estimativa de cada *work package*, a precisão melhora enormemente. Se detalharmos a WBS em atividades, poderemos aprimorar ainda mais a precisão da estimativa. Contudo, neste ponto, começam os problemas. Esse raciocínio, perfeitamente razoável, dá origem aos conselhos: quebrar qualquer tarefa que tenha um tamanho máximo pré-determinado, ou aumentar o nível de detalhamento do plano de atividades até que isto não seja mais possível.

Cronogramas com centenas ou milhares de tarefas, para projetos relativamente pequenos, resultam deste tipo de conselho e acabam sendo ingerenciáveis. Erros começam a acontecer, ocultos pela abundância de tarefas. Em alguns casos, ninguém, muito menos o gerente do projeto, consegue entender o cronograma Godzilla. Na maioria dos projetos, os problemas de um cronograma excessivamente detalhado superam os possíveis benefícios na melhora das estimativas. No entanto, há um motivo mais básico contrário ao detalhamento excessivo. O problema está escondido no próprio modelo.

Teoricamente, quando fazemos a estimativa sobre uma tarefa individual, a precisão da estimativa varia de acordo com o esforço desprendido. Nessa visão, sempre poderíamos melhorar uma estimativa dedicando mais esforço. De fato, parece que quanto mais trabalharmos a estimativa, melhor será a precisão. Se fizermos testes ou ensaios, se contratarmos especialistas ou aplicarmos modelos matemáticos, a incerteza tenderá a diminuir.

A curva abaixo demonstra o comportamento geral deste modelo. Inicialmente, um pequeno esforço adicional gera um aumento significativo na precisão da estimativa. Isto faz sentido. Se usarmos dois segundos para dar um palpite ou meia hora para analisar o problema antes de dar a estimativa, isto certamente fará diferença. Depois, porém, entramos em uma fase em que pensar mais sobre a estimativa nos renderá dor de cabeça, e não uma maior precisão.

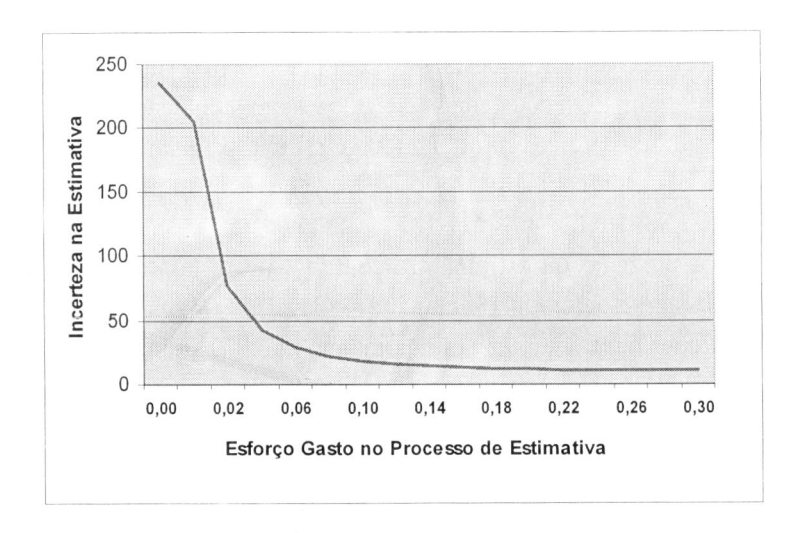

Seguindo este modelo, imagine que você dispõe de um certo esforço, digamos 25 horas, para gastar com a estimativa do projeto. Se você dividir esta tarefa em tarefas menores, mantendo o custo total da estimativa constante, o esforço disponível para cada tarefa diminuirá. Assim, se o projeto tiver cinco tarefas, poderemos gastar cinco horas com cada tarefa (25 horas divididas por cinco tarefas). Mas fazendo isso, a precisão da estimativa de cada tarefa não permanecerá constante, mas diminuirá devido ao menor esforço despendido. Se a precisão da estimativa de cada tarefa diminui, como se comporta a estimativa do projeto? Podem acontecer três casos:

- **A estimativa original estava do lado direito do gráfico acima** – Nesse caso, ao dividir a tarefa em tarefas menores, a incerteza individual não diminuirá significativamente e o efeito da variação individual de cada tarefa nos dará uma precisão total maior.

- **A estimativa original estava no centro do gráfico acima** – Nesse caso, a perda de precisão das estimativas individuais compensaria o efeito da subdivisão das tarefas e a precisão total permaneceria mais ou menos a mesma.

- **A estimativa original estava do lado esquerdo do gráfico acima** – Nesse caso, ao dividir a tarefa em tarefas menores, a incerteza individual diminuirá significativamente e o efeito da variação individual de cada tarefa não será suficiente para compensar este efeito de aumento da incerteza. A precisão do plano detalhado será menor.

Em resumo: divida o projeto em atividades até um nível de detalhe em que a precisão da estimativa das atividades seja razoável, mas não além disso. Tarefas de cinco minutos costumam ser tão absurdas quanto tarefas de um ano, a menos que o projeto todo dure duas horas.

7.5 Curvas de Aprendizagem

A presença de seres humanos é uma forma maravilhosa de adicionar caos a um projeto, porque ela sempre introduz variação. Mas nem sempre esta variação é contrária ao gerente de projetos.

Alguns projetos, particularmente aqueles que são caracterizados por criação intelectual, ou mesmo por tarefas sensíveis à aprendizagem, passam a ter uma característica interessante quando a mesma tarefa, ou tarefas muito semelhantes, são recorrentes durante o seu desenvolvimento. Vemos esta característica, por exemplo, quando temos um grupo de trabalhadores que devem montar dezenas de protótipos complexos, que serão utilizados nos testes de um novo produto, ou quando um sistema de informação é composto por centenas de programas em um novo ambiente de desenvolvimento.

O que acontece é que a performance de um ser humano aumenta significativamente com a repetição da tarefa. Estudos já demonstraram que, em geral, a performance melhora por uma percentagem fixa cada vez que se dobra a quantidade de vezes que a tarefa é executada. Esta percentagem é chamada taxa de aprendizagem. Ela é uma constante, mas como o modelo exige que a quantidade produzida dobre para que ela seja aplicada, a performance tende a se estabilizar com o tempo.

Digamos, por exemplo, que um indivíduo produz o primeiro protótipo em 10 minutos e o segundo em 8 minutos. Devemos esperar que a taxa de aprendizagem seja de 80%, e permaneça assim até a estabilização da produtividade. A quarta peça poderia ser produzida em 6,4 minutos e a oitava em 5,12. Existe uma fórmula que enuncia que, uma vez fixada a taxa de aprendizagem, é possível estimar o tempo inicial a partir do tempo de produção da enésima peça ou vice versa.

$$T_n = T_1 \times n^{(\log r/\log 2)}$$

T_1 é a tempo de execução da primeira tarefa, T_n é o tempo de execução da enésima tarefa, "n" é o número de repetições e "r" é a taxa de aprendizagem. A curva de aprendizado, em nosso exemplo, teria a forma abaixo:

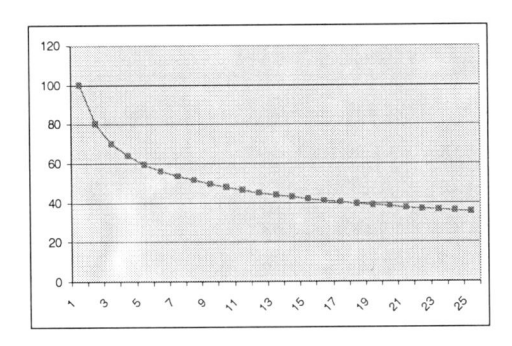

Para tornarmos o modelo um pouco mais próximo da realidade, estabeleceremos que, após um certo número de repetições, a curva de aprendizado deixa de ter efeito e a produtividade permanece constante. Na prática, é mais ou menos isto o que acontece, embora esse modelo não leve em consideração as flutuações estatísticas de produtividade, ou seja, o que acontece com a produtividade de um funcionário treinado quando ele dormiu mal na noite anterior, ou brigou com a esposa de manhã cedo.

Assim, vamos imaginar que a curva mais próxima da realidade seja esta abaixo:

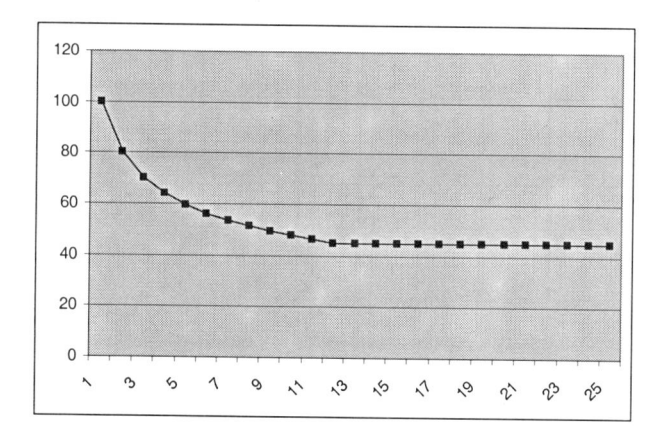

Se definirmos um certo "s" (menor que "n") como sendo o número de repetições necessárias para a estabilização, então o tempo total de uma tarefa seria dado pela fórmula:

$$Tempo\ Total = T_s(n-s) + T_1 \sum_{p=1}^{s} p^{(\log r/\log 2)}$$

A grande pergunta agora é: como isto afeta o gerente de projeto? É claro que poucos gerentes de projetos têm tempo ou necessidade para calcular curvas de aprendizado, mas usaremos este modelo para criar uma intuição fundamental que diz respeito ao planejamento de duração de uma atividade.

Digamos que o nosso amigo gerente de projetos saiba que um profissional experiente pode criar uma peça em 45 minutos, e ele tem 25 peças para produzir. Nada mais natural do que alocar um total de 18:45 minutos para a tarefa. O conhecimento necessário para isto se limita à regra de três. Mas, sabendo que a equipe é inexperiente, como ele deve corrigir esta estimativa? A resposta para isto é: depende! A tabela abaixo nos ajudará a entender o porquê.

	Peças	Produtividade dos experts	Tempo dos experts	Taxa	Produtividade média dos novatos	Tempo dos novatos	Diferença na estimativa
Caso 1	25	45	18:45	80%	52,3	21:46	16%
Caso 2	10	45	7:30	80%	63,2	10:31	40%
Caso 3	25	45	18:45	84%	57,1	23:47	27%
Caso 4	10	45	7:30	84%	69,5	11:35	54%
Caso 5	25	45	18:45	75%	49,6	20:40	10%
Caso 6	10	45	7:30	75%	57,2	9:31	27%

Analisemos a tabela comparando os casos 1 e 2. Temos a mesma taxa de aprendizado para os dois casos, embora no primeiro nossa tarefa seja produzir 25 peças e no segundo 10 peças. Ora, o que ocorre é que, com apenas 10 peças, duas coisas acontecem:

- A primeira é que não há tempo para que o treinamento chegue ao seu máximo. A produtividade máxima atingida é de 48 minutos por peça.

- A segunda é que a quantidade de peças produzidas não gera tempo suficiente para que as tentativas iniciais, extremamente lentas, tenham sua influência atenuada na média de produtividade.

Esses dois efeitos reunidos fazem com que a diferença de produtividade entre um *expert* e um novato seja relativamente baixa no primeiro caso (16%) e extremamente danosa no segundo (40%).

Agora comparemos o caso 3 com o caso 5. Ambos produzem 25 peças e nos dois casos há tempo suficiente para que os novatos atinjam o nível de produtividade dos *experts*. Mas há uma diferença importante entre eles: a taxa de aprendizado.

No caso 3, a taxa de aprendizado é de 84%. O trabalho com a peça é mais difícil de se aprender do que previmos no caso 1. Os novatos mover-se-ão mais lentamente em direção à produtividade máxima, só atingindo-a na última peça fabricada.

O caso 5 é o oposto. Nossos novatos são mais espertos. Eles aprendem a uma taxa de 75%. Conseqüentemente, eles atingem a produtividade máxima na sétima peça. A partir daí, são *experts*. O erro da estimativa, no caso 5, é de apenas 10%, mesmo usando apenas novatos, enquanto que o erro no caso 3 é de 27%.

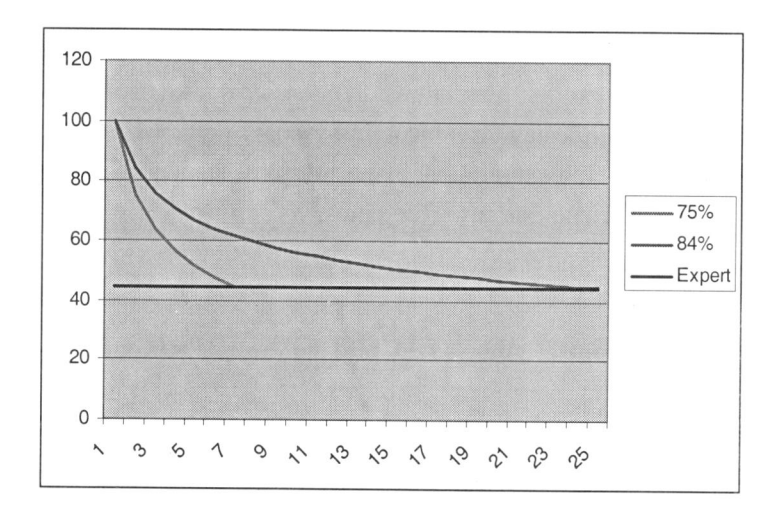

Que lições nós obtemos com esta matemática toda? Algumas muito simples, extremamente óbvias, mas que são freqüentemente relegadas durante a tomada de decisão:

- Se o projeto é curto, provavelmente o custo adicional de contratar especialistas pode ser compensatório se comparado à perda de produtividade de uma equipe de novatos.

- Se o projeto é longo, os novatos terão tempo para aprender e provavelmente serão um grande investimento para futuros projetos. Em termos de produtividade, eles já serão *experts*, mas o custo dificilmente terá sido corrigido a ponto de atingir o dos *experts* originais. Além disso, à medida que o número de *experts* disponíveis aumenta, seu custo médio diminui.

- Tecnologias complexas levam mais tempo para serem absorvidas do que as mais simples. Só porque você teve sucesso em alocar uma turma de estagiários num projeto anterior não significa que você possa fazer isto sempre. Curvas de aprendizado podem ser radicalmente diferentes e isto pode fazer toda diferença do mundo.

- Mesmo que a tecnologia seja a mesma, diferenças individuais na capacidade de aprendizado podem ser imensas. Um grupo de novatos, inexperientes, mas inteligentes e com uma boa formação, pode ter curvas de aprendizado muito melhores do que outros de menor capacidade. Normalmente, estas diferenças individuais podem ser notadas nas primeiras tentativas do novato, e é esta precisamente a melhor hora para substituição dos casos extremos.

7.6 Introdução ao Estudo de Variações

Um sistema é definido como uma rede de componentes independentes que trabalham juntos para alcançar a meta do sistema. Um projeto sempre ocorre dentro de um sistema. Cada um dos *stakeholders* é um componente independente. As instalações, recursos disponíveis, métodos etc. também são partes do sistema.

Um processo é um conjunto de atividades executadas pelo sistema de modo a produzir algo. Entregar o escopo do projeto dentro do prazo e do orçamento é, sem dúvida, um processo. Na verdade, vários processos diferentes podem ser executados pelo mesmo sistema para produzir resultados equivalentes, embora a eficiência desses diferentes processos possa ser muito diferente.

Um mesmo projeto, por exemplo, pode ser planejado e executado de diversas maneiras. Uma atividade do projeto é igualmente um processo, ou subprocesso, executado pelo sistema ou por parte dele.

Se pudermos executar um mesmo processo de modo a produzir repetidamente o mesmo produto, e medirmos a performance do sistema ao longo do tempo, veremos que ela varia. Esta, na verdade, é uma das causas da unicidade de um projeto. Dois projetos com o mesmo escopo e executados pelo mesmo sistema terão performances diferentes, ainda que ligeiramente. A variação é causada por muitos motivos. Há variação nas pessoas, nos materiais, nos métodos, no equipamento e no ambiente. Em todo o processo, haverá muitas pequenas causas de variação que se combinarão para produzir a variação total.

Se queremos lidar com a variação, devemos entender como ela funciona. Edward Deming é conhecido como o homem que ensinou qualidade aos japoneses. Deming afirmava que uma falha quase universal na interpretação de fenômenos nas organizações é a de supor que todo efeito indesejável, como um defeito ou um acidente, por exemplo, é culpa de uma pessoa (normalmente a mais próxima) ou causada por um evento especial. Ele demonstrou que a maioria dos problemas são conseqüências do próprio sistema, ou seja, da nossa maneira de trabalhar, e apenas um número menor poderia ser atribuído a eventos transitórios ou externos ao sistema. Assim, ele classificou dois tipos de causas de variação:

- **Causas comuns de variação** – Aquelas que são inerentes ao sistema. Se o sistema estiver sob controle, as causas comuns de variação provocarão variações de performance dentro de limites de controle, estatisticamente calculáveis. O sistema mostrará resultados que se espalham aleatoriamente em torno de um ponto central.

- **Causas especiais de variação** – São eventos ou fatos especiais que não fazem parte do sistema de causas comuns. Elas são detectadas por resultados fora do normal, ou seja, que fogem ao padrão aleatório. O sistema nem sempre é afetado por elas, embora sua ocorrência não precise ser um fato absolutamente raro. Shewhart as chamava de causas designáveis para indicar que elas poderiam ser isoladas e tratadas individualmente.

Imagine que a figura a seguir represente os resultados de seis lançamentos feitos por um excelente jogador de dardos. Por melhor que ele seja, é necessariamente sujeito a causas comuns de variação e não consegue acertar sempre exatamente no centro do alvo. Mas seus resultados estão consistentemente dispersos ao redor de uma pequena área próxima ao centro. Isso é o que faz dele um bom jogador.

No entanto, um dos dardos está nitidamente fora do padrão. Ele quase jogou o dardo para fora do alvo. Este resultado atípico é uma indicação de que uma causa especial de variação agiu. Nos casos reais, seria necessário um grande número de resultados, (bem mais do que apenas seis) todos na pequena área em torno do alvo, para que estabelecêssemos o padrão das causas normais.

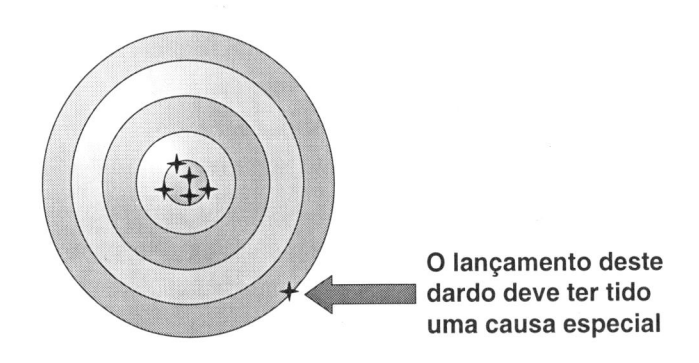

O lançamento deste dardo deve ter tido uma causa especial

**Desempenho geral
com baixa dispersão em torno do centro**

Um resultado fora do padrão indica que uma causa especial agiu. O que ele não pode fazer é esclarecer qual causa especial específica agiu neste lançamento. A primeira coisa que nos vem à cabeça é que o jogador simplesmente errou: o culpamos pessoalmente. O que Deming nos incentiva a lembrar é que não podemos fazer este julgamento precipitado. Alguém pode, por exemplo, ter esbarrado no braço do jogador.

Causas especiais de variação devem ser tratadas caso a caso e com muito cuidado. Porém, existem algumas estratégias genéricas para lidar com elas. Nós as examinaremos a seguir; antes voltaremos nossa atenção para as causas comuns de variação.

Observe a figura com dois alvos. Imagine que representam os resultados de dois amigos testando suas habilidades no jogo de dardos. O alvo da esquerda mostra os resultados do primeiro jogador. Eles estão aleatoriamente espalhados em relação ao centro, de modo que seus resultados parecem afetados apenas por causas comuns. O problema deste jogador é que a dispersão é grande demais. Seu modo de jogar não é confiável. Não há nada especificamente errado no seu jogo que possa ser apontado como um grande problema. Para que seus resultados melhorem, ele precisa, simplesmente, praticar mais e aprimorar sua técnica.

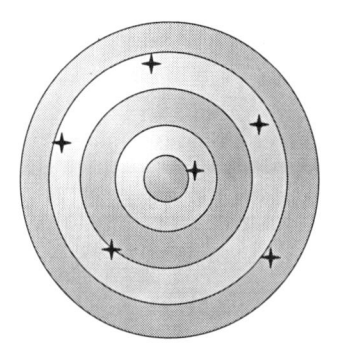

Desempenho geral com problemas de variação

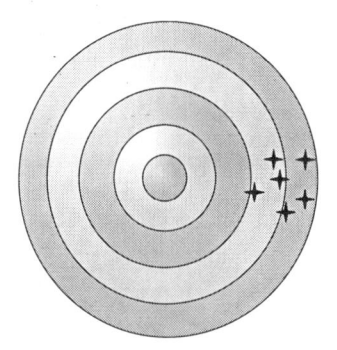

Viés solucionável por calibração

O caso do segundo jogador é diferente. Como sempre, é inevitável que ele seja afetado por causas comuns e seus dardos também estão aleatoriamente espalhados em uma região do alvo. Mas a dispersão dos dardos é menor do que a do primeiro, o que indicaria uma técnica superior. O problema desse jogador é de outro tipo. Seu jogo tem um viés para o lado direito do alvo. Se ele corrigir isto, talvez calibrando sua mira um pouco mais para a esquerda, ou descobrindo o que, no seu lançamento, gera o viés, ele terá resultados muito superiores ao primeiro. Não se trata de uma causa especial, uma vez que ele, consistentemente, desvia para a direita. A causa do desvio é interna ao sistema do jogador. De maneira semelhante às causas especiais, um viés de resultado normalmente é causado por um pequeno número de causas, tornando mais fácil a sua identificação e o aprimoramento do sistema.

Entender bem estes diferentes tipos de variação é importante por diversos motivos. Um deles, Deming acreditava, é o de que uma grande quantidade de problemas de gerenciamento são decorrentes de dois erros básicos:

- **Erro Tipo 1** – Atribuir uma variação a uma causa especial quando, na verdade, ela estava dentro dos limites de variação comum do sistema. Ou seja, tomar uma variação de causa comum como sendo de causa especial;

- **Erro Tipo 2** – Atribuir uma variação ou erro ao sistema quando, na verdade, ela ocorreu devido a um evento externo; tomar uma variação de causa especial como sendo de causa comum.

Ambos são extremamente comuns e têm como conseqüência a piora do desempenho do sistema. Deming idealizou uma experiência para ajudar a demonstrar estes erros e seu impacto. Para montar o experimento (e você pode tentar isto em casa) precisamos de um alvo estendido no chão, um funil colocado a uma altura fixa, mas que possa se movimentar paralelamente ao alvo, e uma bolinha que possa passar pelo bico do funil. O objetivo do sistema é fazer a bolinha acertar o centro exato do alvo.

Perceba que o sistema não requer habilidade. Basta jogar a bolinha no funil. Todos os nossos jogadores de dardos, por exemplo, seriam equivalentes.

De certo modo, este sistema é muito semelhante aos modelos matemáticos de geração de estimativas. Você joga a informação pelo funil do modelo e ele gera uma estimativa de custo ou prazo, que está a certa distância do centro, ou seja, do valor real medido após o projeto.

Se colocarmos o funil exatamente sobre o centro do alvo e jogarmos a bolinha um certo número de vezes, teremos uma distribuição aleatória semelhante à da figura a seguir. A variação entre os resultados se deve apenas à causas comuns de variação.

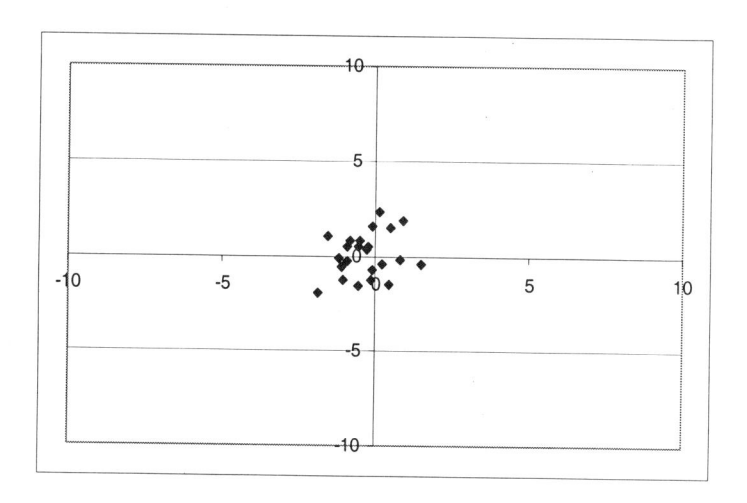

Se esta comparação lhe parece inadequada, nós concordamos. Seria preciso que o funil estivesse a uns 10 metros de altura para que a distribuição do ponto de queda da bolinha se aproximasse da imprecisão dos modelos que usamos em projetos. Mas digamos que um alto gerente esteja insatisfeito com os resultados e exija que o modelo seja aprimorado. Ele sugere (ou ordena) que o caminho lógico é usar os dados reais de saída para calibrar o modelo. Assim, um procedimento passa a especificar que o funil seja movido à mesma distância a partir da origem, mas na direção contrária do último ponto. Se o último ponto ficar a dois centímetros à direita do centro, colocamos o funil dois centímetros à esquerda. Se ele estiver um centímetro para cima, a posição do funil passará a estar um centímetro abaixo.

Se tentarmos o experimento com o modelo "calibrado", teremos uma distribuição similar à mostrada a seguir.

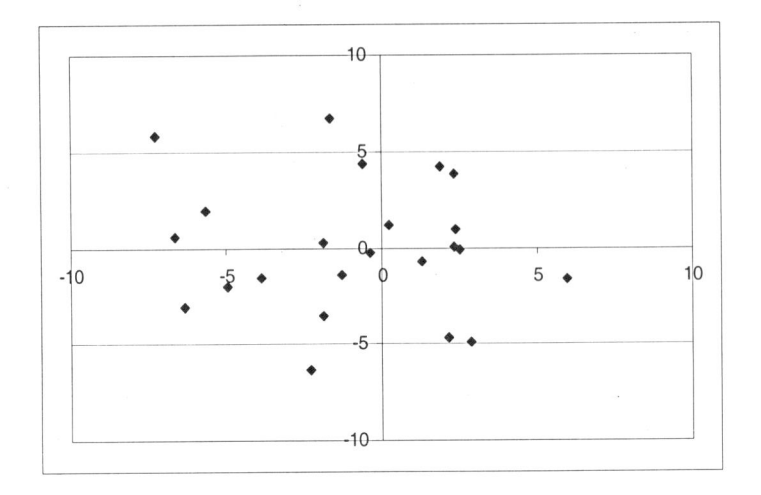

Podemos ver que a dispersão piorou. Esse é o resultado de se atribuir uma variação comum a uma causa especial. Um erro do tipo 1. Para que a dispersão diminuísse seria necessário melhorar o sistema e não simplesmente calibrá-lo.

Isso não quer dizer que a calibração não funcione de maneira geral. Calibração é um instrumento de correção de viés, como vimos no exemplo dos dardos. Mas é um recurso que raramente melhora a dispersão, apenas centralizando o modelo.

Erros de tipo 1 são tão comuns quanto danosos. Tendo compreendido o resultado de uma tentativa de calibração em um sistema apenas com causas comuns, é possível avaliar o impacto de pessoas sendo punidas ou premiadas pela performance que têm em um sistema como este, onde as variáveis que realmente importam estão fora do seu controle. Disso decorrem as tentativas mais absurdas de calibrar o sistema ou forçar resultados. Isto é o que fazemos todos os dias na maioria das empresas.

Vejamos um pequeno exemplo. Imagine que uma determinada atividade do projeto envolva alguns caminhões indo e voltando em um trajeto determinado. A quantidade de sinais fechados no caminho causa uma variação no tempo de viagem. Esta seria uma causa comum inerente ao caminho escolhido. Por outro lado, um pneu pode furar ou um veículo parado pode gerar um engarrafamento. Estas são causas especiais.

Deming argumenta que punir um componente do sistema por produzir fora dos limites de qualidade simplesmente não funciona. Ele acredita que, nestes casos, é o processo, ou seja, o modo de executar as tarefas que apresenta problemas e deve ser aprimorado. Por definição, metade das performances ficará acima da média e metade abaixo da média. Isto não significa necessariamente mérito para os que ficaram acima nem falha dos que ficaram abaixo.

É verdade que as pessoas são parte do sistema e que alguma variação é realmente devida à performance individual. Mas, em muitos sistemas, a influência da performance individual é pequena em relação à influência de outros fatores. Isso contrasta drasticamente com a cultura de culpar pessoas, a ação de correção predileta em nossas organizações.

Se a performance de um sistema está dentro dos limites esperados de qualidade, provavelmente a melhor coisa a fazer é deixá-lo como está. Caso contrário, devemos atuar sobre as partes do processo que podem diminuir as causas comuns de variação. Seres humanos são apenas uma destas partes.

Em nosso exemplo, ao final do dia, um determinado motorista deverá ter a pior média de tempo de viagem. Isso é inevitável. Alguém tem que ser o pior. Se a performance geral estiver dentro das necessidades do projeto, não devemos tomar atitude nenhuma.

Se acreditarmos que o tempo de viagem está atrapalhando a produtividade e tomarmos a atitude de dispensar aquele o motorista, no dia seguinte outro tomará seu lugar com o pior tempo. Na verdade, um motorista diferente provavelmente seria o pior mesmo que ele permanecesse. Não é culpa dele se o número de sinais vermelhos foi maior. Se escolhermos outra rota, com menos sinais, poderemos melhorar o tempo médio. Isto seria melhorar o sistema. Demitir o motorista seria um erro do tipo 1.

Quando lidamos com causas especiais de variação temos que ter uma abordagem diferente. Se as variações normais de um processo têm origem em uma infinidade de causas comuns, as variações especiais são normalmente causadas por uma única ou poucas causas. É um trabalho relativamente mais simples isolar causas especiais.

Decidir qual a nossa reação a tais causas é uma tarefa mais complexa. De maneira simplificada, temos duas maneiras genéricas de reagir contra estas causas:

- **Atuar no sistema** – Podemos atuar dentro do sistema no sentido de evitar que a causa ocorra ou preparar uma reação caso ela ocorra.

- **Ignorá-la** – Se a probabilidade de uma nova ocorrência da mesma causa for baixa, na maioria dos casos levá-la em conta só irá piorar o desempenho do sistema.

Digamos que um motorista sistematicamente demore bem mais do que os outros. Temos um indício de que uma causa especial de variação em relação ao sistema está ocorrendo, pois ela só afeta esse motorista. Por outro lado, como o atraso é sistemático, se trata de uma causa comum em relação a esse motorista. Podemos conversar com ele e tentar descobrir a origem do problema. A resposta pode ser que esse motorista específico é responsável pelo transporte de material explosivo. Neste caso devemos ignorar esta variação ou arcar com o risco de um desastre.

Por outro lado, podemos descobrir que o motorista sempre dirige o mesmo caminhão e que este está como problemas. Podemos gerar ações corretivas que melhorarão a manutenção do caminhão e eliminarão a causa especial de variação.

Podemos também descobrir que ele é um mau motorista e que costuma parar para uma cerveja e um papo durante o expediente, apesar de toda tentativa dos supervisores em tentar mudar seu comportamento. Neste caso, poderemos demiti-lo,, mas faremos isso com o conhecimento de que esta ação realmente melhorará o sistema.

O erro do tipo 2 impede o administrador de ver e remover uma causa especial de variação, ignorando oportunidades de grandes melhorias na variação do processo. Em projetos, este tipo de erro se manifesta, por exemplo, como um tratamento pouco efetivo dos riscos envolvidos. Riscos são, por definição, causas especiais de variação e devem ser tratados como tais. Se um risco ou efeito externo se torna muito comum, as pessoas tendem a incorporar seu impacto nas estimativas do projeto, tratando-o como uma condição inerente ao sistema. É comum que uma tarefa que leve apenas alguns dias para ser feita passe a ter uma estimativa medida em semanas, porque as pessoas contam, por exemplo, com atrasos do fornecedor. Isso é um erro do tipo 2.

7.7 O Mítico Homem-Mês

Quando dimensionamos uma tarefa, freqüentemente usamos uma medida para descrevê-la: o homem-mês. Em termos simples, é o equivalente de trabalho que um homem produz em um mês. Há variações equivalentes como homem-dia ou homem-ano. Trata-se de uma abstração bastante útil para compreender o tamanho de um empreendimento. Se dissermos que uma tarefa tem cinco homens-dia, sabemos que ela é pequena, mas se necessita de 50 homens-ano percebemos imediatamente que ela possui um tamanho considerável.

Esta métrica é muito utilizada, durante o planejamento, no dimensionamento de tarefas. Ela mascara completamente se foram usados 25 homens trabalhando por dois anos ou 100 homens trabalhando por seis meses. Isso facilita seu uso.

Se dimensionarmos uma tarefa como tendo vinte homens-dia podemos, durante o planejamento do cronograma, ou até mesmo durante sua execução, decidir se usaremos um profissional durante vinte dias ou colocaremos dois profissionais para terminar o trabalho em dez dias.

Como muitas das práticas utilizadas por vários gerentes de projetos, esse raciocínio é simples, direto, matemático, lógico e também falacioso e perigoso.

Em 1975 Frederick Brooks escreveu um livro sobre sua experiência como gerente do projeto OS/360 da IBM, um mega empreendimento pelos parâmetros da área de informática, que consumiu 5.000 homens-ano de trabalho. No capítulo que deu nome ao livro, Brooks nos leva a uma conclusão impressionante:

Adicionar mais recursos humanos a um projeto de *software* atrasado garante que ele se atrase ainda mais.

Embora suas conclusões tenham sido originalmente criadas para projetos de engenharia de *software*, cada vez mais se demonstra sua aplicabilidade a muitos outros projetos. De uma maneira geral, grandes projetos sofrem problemas diferentes de projetos pequenos. Isto acontece principalmente devido à divisão de trabalho.

Para começar, podemos fazer alguns cálculos simples. Em um projeto com três pessoas, o número de canais de comunicação individual entre os participantes é de apenas três.

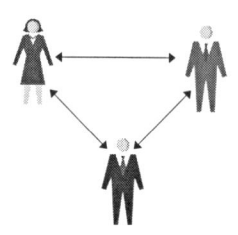

Se analisarmos um projeto com seis pessoas, o número de canais de comunicação possíveis chega a 15.

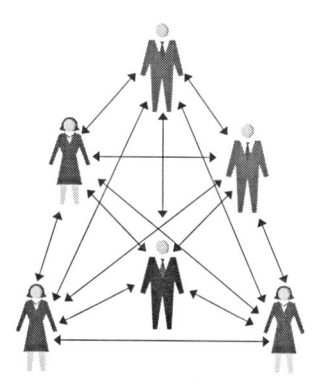

Em geral, sendo "n" o número de pessoas envolvidas no projeto, o número de canais de comunicação será de n(n-1)/2. Para qualquer um que já brincou de telefone sem fio, ficam absolutamente óbvios os problemas de comunicação que apenas esse aspecto do problema pode gerar.

Além disso, em um projeto com um pequeno número de pessoas, uma única pessoa executa várias tarefas interligadas. Se aumentarmos o número de pessoas para igualar a quantidade de tarefas, qualquer decisão em uma tarefa que afete uma outra tem que ser comunicada à pessoa responsável pela segunda. No grupo original, o responsável pelo grupo de tarefas podia avaliar o impacto em seu próprio trabalho, tanto no que ainda iria fazer, quanto no que já estava teoricamente pronto. Com o aumento do número de profissionais, a análise do impacto de decisões nas sub-tarefas se torna muito complexa e exige uma formalização muito maior.

Conforme a quantidade de pessoas aumenta, a logística envolvida em coordená-las se torna cada vez mais complexa. Em um determinado ponto, as tarefas do gerente de projetos têm que começar a ser divididas com outras pessoas. Isto geramais complexidade na comunicação.

Junte a isso tudo o simples fato de que determinadas tarefas são indivisíveis. O exemplo mais famoso é um velho ditado popular: "uma mulher pode gerar um filho em nove meses, mas nove mulheres não conseguem gerar uma criança em um mês". O mesmo acontece com muitas tarefas do dia-a-dia. Nestes casos, dividir o trabalho atrapalha e não gera nenhuma vantagem.

Um efeito pior acontece quando a troca de prazo por esforço ocorre no meio da execução da tarefa. Digamos que uma tarefa, estimada em 12 homens-mês, tenha uma equipe inicial de três membros. O cronograma mostrará a tarefa completa em quatro meses. Agora imagine que, após o término do segundo mês, apenas um quarto do trabalho está pronto. Parece que a tarefa irá atrasar. Mas sejamos otimistas e digamos que os problemas ficaram para trás. Então temos nove homens-mês de tarefas (3/4 do original) para serem feitas em dois meses. Como, em teoria, precisamos de quatro homens e meio para realizar a tarefa, resolvemos alocar mais duas pessoas na equipe. Os cinco membros deveriam ser capazes de entregar a tarefa em menos de dois meses. Mas as duas pessoas adicionais não estão treinadas e gastarão tempo de pelo menos um membro da equipe original para que recebam as informações e habilidades necessárias. Imagine que isso leve um mês. Durante este mês, somente duas pessoas estarão trabalhando e, se tudo correr bem, terão produzido dois homens-mês, restando ainda sete homens-mês e apenas um mês de prazo. A tarefa terminará ainda mais atrasada do que se a equipe original tivesse sido mantida.

É claro que estes números foram preparados para dramatizar o efeito. A realidade não é tão simples, e ajustar o número de recursos de uma tarefa, para obter o melhor equilíbrio de custo e prazo, é um recurso importante para o gerente de projetos. Abusar deste recurso sem conhecer seus limites, porém, é flertar com o fracasso.

7.8 Estudo sobre as causas de atrasos em projetos

Quando examinamos o tempo de duração de uma tarefa, vemos que ele é definido através de funções de probabilidade assimétricas. Se nossa estimativa coincide com a média da curva, temos 50% de chance de estarmos corretos. Uma questão interessante é: quando pedimos uma estimativa para alguém, em que percentual acumulado esta estimativa provavelmente estará?

Se pensarmos um pouco, veremos que o elaborador da estimativa dificilmente usará a moda (valor mais freqüente) ou a média. Ele não quer estar errado em metade das vezes e isto é o que a média tem a oferecer, 50% de chance. A moda oferece ainda menos. Ele sabe que não existe como ter certeza absoluta da estimativa, mas deseja estar certo em pelo menos 90% dos casos. Ora, dependendo do formato da curva, 90% de estimativa pode ser um tempo três ou quatro vezes maior do que a média.

Vejamos o exemplo abaixo:

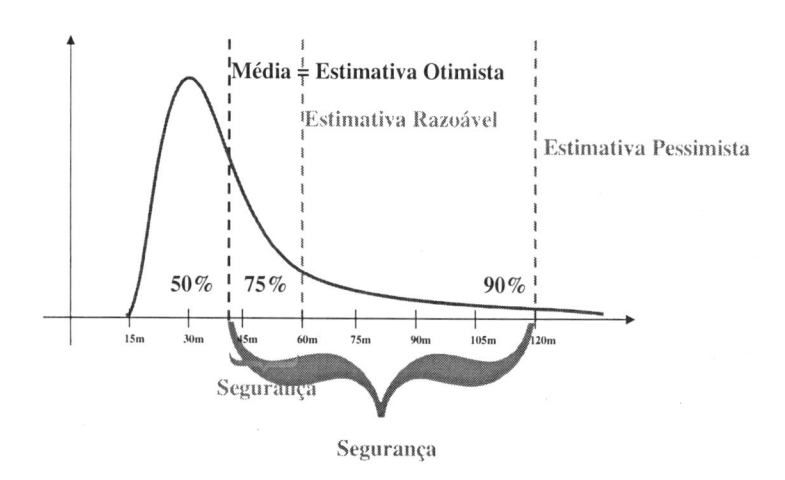

Trata-se de uma tarefa impossível de ser executada em menos de quinze minutos. Existe 50% de chance dela ser executada em 40 minutos e 75% de chance dela ser executada em uma hora. Mas se pedirmos uma estimativa, é quase certo que receberemos duas horas como resposta. E esta é uma boa resposta. Não há nenhuma tentativa de criar uma folga artificial. A pessoa apenas sabe que, em alguns casos, o trabalho se complica um pouco e pede um prazo que cubra estas eventualidades.

Em teoria, se nenhum problema acontecer, a tarefa acima poderia acabar sendo executada em 45 minutos, ou seja, em menos da metade do tempo planejado. Na verdade, este tipo de coisa deveria acontecer a pelo menos um terço das tarefas. O problema é que, na prática, isso nunca ocorre. Caso ocorresse, os atrasos em outras tarefas seriam parcialmente compensados pelas tarefas que terminassem mais cedo e os projetos teriam muito mais chance de sucesso.

Para entender o que realmente ocorre devemos analisar a psicologia por trás da equipe e do gerente do projeto. O primeiro ponto se refere ao não aproveitamento das tarefas que terminam adiantadas.

Existem dois motivos para isto:

- Quando uma tarefa termina antecipadamente, o gerente de projetos não está preparado para responder a isto. Como conseqüência, os recursos para a tarefa seguinte podem não estar disponíveis. Normalmente, o gerente acredita que não vale a pena renegociar a alocação dos recursos e acaba mantendo a data original.

- Quando tarefas são terminadas antes do prazo, as pessoas tendem a não reportar o fato, pelo menos não imediatamente. Muitos têm medo de que, na próxima estimativa, o prazo seja diminuído com base em um resultado de sorte. Eles têm muito a perder e pouco a ganhar informando que a tarefa está adiantada.

No entanto, nem sempre é isso que ocorre. Freqüentemente, as tarefas realmente terminam atrasadas ou no fim do prazo, por mais que exista um tempo de segurança embutido no prazo. Isso não quer dizer que as estimativas foram pessimistas, muito pelo contrário.

Lembre-se dos tempos do colégio. O que acontecia quando um professor lhe dava um tempo razoável para estudar para a prova, digamos três semanas? Alguns alunos, é verdade, começavam a estudar imediatamente, de modo que, muito antes da data do teste, já estavam preparados. Mas a maioria tinha um comportamento diferente. Nós esperávamos até os últimos dias para começar a estudar. Se acabássemos descobrindo que a matéria era mais complexa do que parecia, ou que precisávamos consultar um livro na biblioteca, não tínhamos mais tempo para reagir. Os resultados freqüentemente apareciam nas notas.

Nos projetos, também acontece a chamada "síndrome do estudante". Se uma tarefa parece ter folga suficiente, o esforço será pequeno no início do prazo. À medida que o tempo passa, e a folga é irremediavelmente perdida, a equipe volta sua atenção para a tarefa e descobre coisas inesperadas. Mas aí, é tarde demais e a tarefa acaba atrasando.

7.9 Inflação de Estimativas

O comportamento descrito na seção anterior (estimar com 90% de certeza) não deve ser confundido com o expediente de artificialmente inflar estimativas. Pessoas que inflam estimativas têm como objetivo ser capazes de, com tranqüilidade, entregar os produtos sob sua responsabilidade antes do prazo, e assim ganhar a fama de "milagreiros". É um hábito ilegítimo e contra-produtivo para o projeto. Como vimos, se uma tarefa termina antes do prazo, o projeto pode não estar preparado para iniciar a próxima.

Um aspecto que torna esta prática ainda mais danosa é o fato de que a "síndrome do estudante" também se aplica aqui. Sabendo que o prazo está superestimado, a equipe pode esbanjá-lo e acabar se atrasando.

Provisões de contingência de tempo e recursos devem ser explicitadas no planejamento do projeto. Previsões já são imprecisas o bastante sem que se acrescente desonestidade na equação.

8 Custos

8.1 *Plano de Gerenciamento de Custos*

O plano de gerenciamento de custos é uma das partes do plano do projeto. O gerenciamento de custos tem a tarefa básica de controlar os custos dos recursos necessários para as atividades do projeto de forma que o seu orçamento seja cumprido. No entanto, também deve ser considerado o efeito das decisões no custo de utilizar o produto do projeto. Certos tipos de economias feitas durante o projeto levam a enormes custos de manutenção e propriedade.

O plano deve estabelecer como devem ser respondidas as variações entre o que foi orçado e o que foi efetivamente realizado. Variações pequenas podem ser ignoradas enquanto variações maiores podem gerar respostas específicas. Isto estabelece os limites de liberdade de ação do gerente do projeto.

Devem ser definidos também os procedimentos pelos quais uma mudança no orçamento aprovado pode ser feita. Isso pode incluir a burocracia requerida e os níveis de aprovação.

8.2 **Dialética de Custos**

No capitulo passado, nós analisamos o processo de estimativas. Agora veremos uma aplicação muito especial dos métodos de estimativas: a estimativa de custos.

O custo real de um projeto depende das quantidades e valores dos recursos utilizados que, por suas vezes, dependem da produtividade, do escopo do projeto e dos métodos que utilizamos para produzi-lo. Mas estas variáveis só são totalmente conhecidas *a posteriore*. No momento do início do projeto o escopo ainda está sujeito a mudanças. Nosso planejamento ainda é incerto e não se tem conhecimento preciso da produtividade; enfim, tudo é incerto!

O orçamento destinado ao projeto, porém, é definido neste momento e espera-se que o gerente de projetos cumpra este orçamento a despeito de se tratar, no fundo, de uma obra de ficção.

Essa situação leva a um conflito inevitável: de um lado, o gerente do projeto e a equipe tentarão obter um orçamento que lhes permita entregar o projeto com alguma folga, mesmo a despeito de toda incerteza no futuro. De outro, o cliente que "coloca a mão no bolso" tenta fazer com que os custos sejam os menores possíveis. O fato é que, se qualquer um destes lados tiver uma decisão unilateral sobre o orçamento, os interesses da organização certamente serão prejudicados.

É através da dialética entre estas duas visões que um orçamento sólido, porém enxuto, pode ser concebido. De uma maneira geral, os clientes usarão duas técnicas de estimativas:

- **Estimativa "no elevador"** – O cliente sabe o quanto está disposto a gastar com o projeto e, dessa maneira, estima o orçamento do projeto.

- **Estimativa por analogia** – Tendo alguma experiência em projetos passados, o cliente pode fazer um tipo precário de estimativa por analogia e obter uma aproximação do orçamento do projeto.

O gerente de projetos, por outro lado, dará preferência a técnicas mais precisas de estimativas. Um dos problemas que ele enfrenta é o fato de que estas técnicas necessitam de mais dados e mais tempo na sua elaboração. Assim, muitas vezes, nos momentos iniciais do projeto, o cliente já tem um número para apresentar, mas o gerente de projetos não. Isto, freqüentemente, faz com que o orçamento seja simplesmente "empurrado" para o projeto.

As técnicas prediletas dos gerentes de projetos são:

- **Estimativa detalhada (*bottom-up*)** – Esta técnica só pode ser utilizada quando o cronograma ou pelo menos a WBS, estão prontos e os recursos necessários para cada atividade já definidos. Então é só uma questão de somá-los para obter o orçamento do projeto inteiro.

- **Estimativa por modelos** – Dados alguns parâmetros do produto, em vez do projeto, pode-se também estimar o esforço e, conseqüentemente, o custo. Se o escopo ainda não estiver detalhado, este método sofre o mesmo problema do anterior, ou seja, precisa que o trabalho do projeto já esteja um tanto adiantado antes de ser utilizado.

Esses métodos de estimativas, na verdade, podem ter diferentes níveis de precisão. O gerente de projetos pode usar uma WBS provisória ou arbitrar parâmetros para o modelo. Desta maneira, ele terá uma estimativa um pouco melhor que a do cliente. Se ele puder não se comprometer com estimativas tão vagas, melhor; mas se ele não tiver um número para negociar, o cliente certamente terá o dele.

8.3 Orçamento *Top-Down* com Rateios

Idealmente, primeiro deve ser definida uma estimativa confiável, e depois o orçamento deve ser definido. Mas, como dissemos, freqüentemente esta ordem natural aparece invertida. O Gerente de projetos pode, então, lançar mão de um tipo *top-down* de orçamento.

A idéia básica é, uma vez definido o orçamento total, rateá-lo pelas atividades que compõem o projeto. Evidentemente, os custos definidos de maneira *bottom-up* terão um valor diferente do orçamento alocado de maneira *top-down*. Restam as opções de usar recursos mais baratos, menos recursos ou usá-los por menos tempo.

Os responsáveis pelas atividades certamente argumentarão que isto é prejudicial ao projeto e que o orçamento dado é insuficiente. Algumas vezes, eles terão razão, mas freqüentemente este raciocínio está errado.

O que não se observa é que as estimativas para cada atividade são apenas estimativas. Se lembrarmos do padrão de distribuição gama de probabilidade, quando estimativas são feitas buscando alcançar 90% de sucesso, existe uma boa chance de que um esforço muito menor seja suficiente. Se o gerente de projetos ratear o orçamento proporcionalmente às estimativas do modelo *bottom-up*, ele estará reduzindo a chance de sucesso de cada atividade de 90% para, digamos 75%, mas estará longe de zerar esta chance. Estamos simplesmente aumentando o perfil de risco do projeto. Algo que, do ponto de vista do negócio, pode ser aceitável.

É claro que, nestas condições, estaremos trabalhando com uma incerteza maior e, certamente, algumas das atividades não conseguirão cumprir o orçamento. Para se proteger contra essa eventualidade, o gerente de projetos não deve ratear todo o orçamento recebido. Ele deve reservar um montante que permita o socorro daquelas atividades que realmente deveriam ter recebido um orçamento maior.

Dentro dos limites do razoável, a utilização de orçamentos mais apertados e da técnica *top-down* pode levar a projetos de melhor custo/benefício para a organização. No entanto, esta técnica razoável, se mal utilizada, pode levar ao desastre. "Ao tentar ensinar o burro a parar de comer, acabamos com um burro morto."

8.4 Orçamentos por Fase

Orçamentos por fase utilizam o mecanismo de estimativa por fase. A idéia é quebrar a grande negociação de orçamento do início em negociações menores ao longo do projeto.

No início do projeto, a negociação sobre o orçamento total é feita normalmente e com as imprecisões de praxe. Adicionalmente, define-se que parte deste orçamento deve ser alocada para a fase inicial do projeto. Essa estimativa tem três vantagens sobre a estimativa total.

- Como o horizonte de tempo é menor, as estimativas têm menos incerteza. Quanto mais no futuro está uma atividade, menor é a confiança que podemos ter no que realmente ocorrerá.

- O planejamento detalhado da fase inicial pode ser feito rapidamente e assim teremos um modelo *bottom-up* com o qual podemos nos comprometer já no início do projeto.

- Normalmente, as fases iniciais têm o menor custo proporcional ao projeto; assim, erros no orçamento desta fase têm menor possibilidade de influenciar negativamente o projeto.

Espera-se que, ao final de cada fase, uma visão mais nítida do projeto se forme e a quantidade de incerteza diminua. No modelo de orçamento por fase, é necessário que o cliente se comprometa com essa evolução. Ao final de cada fase, é feita uma nova estimativa de ordem de magnitude para o projeto como um todo, além de uma estimativa detalhada para a próxima fase.

A estimativa do projeto total deve ser ajustada por essa compreensão maior sobre o projeto. Para isso, o cliente deve estar disposto a renegociar sua visão inicial. Não é necessário que ele ceda ao orçamento *bottom-up* feito de forma técnica, mas apenas que ele reconheça que o projeto mudou e reajuste suas próprias expectativas. O gerente de projetos, por sua vez, deve adaptar seus custos projetados ao orçamento disponível.

Para facilitar essa negociação, um modelo matemático de estimativa é uma ferramenta bastante útil. Os modelos matemáticos definem o tamanho do projeto com base em parâmetros medidos no escopo. No início do projeto, pode ser calculado um tamanho estimado com as informações disponíveis. Se o cliente concordar em usar o modelo como uma forma de medir o esforço do projeto, a cada fase, o gerente do projeto pode apresentar o novo cálculo e usá-lo como base da negociação. Assim, se o modelo matemático acusa que o novo tamanho do projeto é 25% maior do que o original, o gerente do projeto pode pleitear que o orçamento total aumente em 25%. É claro que pedir não é ganhar, mas a negociação terá um ponto de partida tangível e razoável.

8.5 Contabilização dos Custos

O gerente de projetos deve compreender como os custos do projeto são mapeados na contabilidade da organização. Em alguns casos, contas e centros de custo específicos são criados para grandes projetos. Mas, na maioria das vezes, as despesas devem ser reportadas dentro da estrutura contábil existente.

O gerente de projetos pode pedir ajuda à área de contabilidade da empresa, no sentido de analisar as despesas do projeto e mapeá-las no plano de contas da organização.

Em alguns casos, além deste mapeamento, outros *stakeholders* podem exigir que as informações de custo sejam organizadas segundo critérios diferentes. Por exemplo, se o projeto pertence a uma organização e o cliente pagador a outra, este último pode solicitar que as despesas sejam apresentadas contra o término das atividades, enquanto a organização hospedeira registra as despesas no momento em que elas ocorrem.

8.6 Nível de Esforço

O que chamamos de nível de esforço ou *Level of Effort* (LOE) é o trabalho ou custo adicional que ocorre, em maior ou menor intensidade, durante todo o projeto, mas que não está associado a nenhuma tarefa específica. O salário do gerente do projeto e pessoal de apoio, seguros, despesas legais, custos de viagem e estada, custos de manutenção da infra-estrutura do projeto, aluguel de um escritório especialmente montado para o projeto com gastos de telefone e luz; todos são exemplos de nível de esforço.

Todos os projetos têm alguma quantidade de nível de esforço. Em alguns casos, ele pode representar até 20% do custo total. Mais comumente encontramos níveis de esforço na ordem de 10%.

O que torna este tipo de custo especial é que ele depende, essencialmente, da duração do projeto. Se uma pendência adia a entrega de uma pequena parte do projeto por um mês, isto pode significar um esforço direto muito baixo. No entanto, isto também pode significar pagar mais um mês de aluguel do escritório.

Desta maneira, quando contabilizamos o efeito de atrasos no projeto temos que nos certificar de levarmos em conta também estas despesas indiretas. Este efeito não atua somente em atrasos no final do projeto. Quando um projeto pára, por qualquer motivo, devido a um embargo legal por exemplo, estas despesas continuam atuando mesmo que nenhum trabalho esteja oficialmente sendo produzido.

9 Cronograma

9.1 Plano de Gerenciamento de Cronograma

O plano de gerenciamento de cronograma define como o cronograma será criado e gerenciado. A escolha da filosofia de gerenciamento (por exemplo PERT/CPM ou *Critical Chain*) é uma decisão importante e deve ser tomada no início do projeto.

Além de orientar o processo de criação do cronograma, o plano deve definir as responsabilidades e a periodicidade para sua atualização, bem como a técnica utilizada. Por exemplo, pode ser definido que o gerente do projeto seja responsável por, semanalmente, atualizar as datas de início e as previsões de datas de fim para cada atividade.

O plano também pode definir como as variações entre os prazos planejados e aqueles realizados pelo projeto serão tratadas.

9.2 Ciclos de Vida

Embora projetos sejam únicos, aqueles que pertencem à mesma área de atuação (por exemplo desenvolvimento de sistemas, construção de prédios etc) costumam apresentar uma estrutura geral comum. Essas estruturas normalmente estão divididas em fases mais ou menos bem definidas. Essas fases permitem que o controle do projeto seja facilitado e que qualquer *stakeholder* entenda o quanto o projeto está adiantado pela mera referência à fase em que está. Em conjunto, as fases são chamadas de ciclo de vida do projeto. Projetos com ciclos de vida semelhantes devem ter WBSs semelhantes.

Cada fase é marcada pela entrega de um ou mais *deliverables*. Normalmente, o encerramento de uma fase é um momento de avaliação em que se questiona se o projeto tem condições de passar para a próxima fase. É o momento, também, de verificar e corrigir erros que seriam mais custosos de sanar em pontos mais avançados do ciclo de vida.

É costume destacar as datas em que se espera que uma fase termine por marcos ou *milestones* em nosso planejamento e cronograma. Estas datas serão aquelas que alguns *stakeholders* lembrarão da existência do projeto e questionarão seu *status*.

9.3 Milestones

Marcos ou *milestones* são eventos significantes do projeto. No cronograma são representados como atividades sem duração, recursos ou custo.

Milestones podem ser usadas para representar importantes restrições de prazos no projeto; por exemplo, se o projeto trata do lançamento de um produto em uma feira, a data deste evento se torna um *milestone* e todo o cronograma será construído em torno dele.

Um *deliverable* é prova de uma atividade completada que produz um resultado. Os *deliverables* mais importantes são os externos, que são sujeitos à aprovação do *sponsor* ou dos clientes. A entrega de *deliverables* pode tornar-se um *milestone* quando possui uma característica de importante decisão.

9.4 Criação de um Cronograma

No capítulo 6, vimos alguns processos de planejamento cujo propósito básico era a geração de um cronograma. Estes processos seguem uma seqüência idealizada de criação do cronograma. Essa seqüência sugere, por exemplo, a determinação dos recursos necessários para cada atividade antes da geração da estimativa de duração. Na prática, o ajuste da quantidade de recursos pode depender da duração calculada da atividade. Uma atividade considerada longa demais pode receber mais recursos enquanto outra, considerada muito dispendiosa, pode ter recursos cortados, tornando-a mais demorada. Estes *trade-offs* são feitos diversas vezes, ajustando-se o cronograma em diversas iterações, até que o projeto, como um todo, seja otimizado.

Em linhas gerais, o processo é:

1. Detalhar, a partir da WBS, as atividades necessárias para a entrega dos produtos.
2. Determinar os recursos necessários para cada atividade. A primeira aproximação é feita de maneira idealizada.
3. Identificar dependências entre atividades.
4. Estimar a duração de cada atividade usando recursos definidos e calcular o tamanho inferido.
5. Estimar os custos dos recursos utilizados nas atividades.
6. Executar o nivelamento de recursos do cronograma.
7. Interagir com os passos de 2 a 6, otimizando o custo, o tempo e a utilização de recursos totais do projeto.

9.4.1 Definindo as Atividades

A WBS deve ser a ferramenta básica de planejamento de atividades. Cada atividade deve contribuir de alguma forma para a elaboração do escopo. Assim, cada atividade deve estar relacionada com uma parte da hierarquia de escopo na WBS.

A definição de atividades é normalmente feita com o uso de algum *software* de gerenciamento de projetos, como o MS Project® ou o Primavera®. A facilidade que estas ferramentas proporcionam ao moderno gerente de projetos pode ser uma benção duvidosa. Um gerente de projetos inexperiente pode se sentir tentado a abrir a ferramenta e começar a listar as atividades que ele, acredita que serão necessárias ao projeto. É fácil inserir novas tarefas no *software*, à medida que vamos lembrando delas. O resultado será uma enorme lista de tarefas com diferentes níveis de detalhe e sem nenhuma garantia de que todos os aspectos do projeto foram cobertos.

Se, por outro lado, o gerente de projetos utilizar a WBS como guia, ele terá maior probabilidade de abordar o problema de forma organizada e completa. Os níveis superiores da WBS se tornam tarefas de sumário do MS Project®. Níveis intermediários também são registrados como tarefas de sumário, mas que são subtarefas das anteriores. Finalmente, as atividades básicas do projeto são registradas como subtarefas destas últimas. Nesse processo, o gerente de projetos pode ajustar o nível de detalhe do planejamento para obter um plano bem balanceado.

Nem tudo que é feito no projeto precisa estar explicitamente registrado no cronograma. Pequenas tarefas que tenham o mesmo responsável podem ser agrupadas. Podemos criar *checklists* para a tarefa resultante, de forma a garantir que nada seja esquecido. Por exemplo: se temos cinco atividades que envolvem cinco diferentes tipos de teste, podemos criar uma única atividade chamada "teste", e associar a ela um *checklist* que garanta que cada um dos cinco testes seja executado antes que a tarefa seja dada como completa.

9.4.2 Definindo Duração e Recursos

Uma vez que uma atividade seja registrada, precisamos definir sua duração. É claro que a duração é dependente da quantidade de recursos alocada mas, neste momento, devemos já ter uma primeira definição dos recursos envolvidos e uma estimativa da duração da tarefa. Por exemplo: digamos que planejamos executar a tarefa de testes com um único recurso e dimensionamos dois dias para cada teste. Nessas condições a tarefa deverá durar dez dias. Se mais tarde pudermos disponibilizar mais recursos, teremos que replanejar a duração. Aqui, valem os cuidados de sempre. Cinco testadores podem fazer os cinco testes em paralelo e realizá-los em dois dias, mas dez testadores não irão realizar a tarefa em um dia. O próximo passo é registrar, no *software*, os recursos que utilizamos para a estimativa de duração.

Quando planejamos a duração da atividade, é importante recordar que existem dois tipos principais de tarefas: aquelas que são dependentes de esforço e aquelas que são dependentes de tempo. É claro que qualquer atividade é dependente de ambos, mas a ênfase pode ser bem diferente. Atividades dependentes de esforço são as atividades que temos usado como exemplo.

A duração da tarefa é totalmente preenchida pelo esforço. Nessas tarefas tendemos a alocar recursos em múltiplos de 100%. Um profissional de um tipo é representado por 100%, dois profissionais do mesmo tipo por 200% e assim por diante.

Com atividades dependentes de tempo, normalmente temos episódios intercalados de ação e espera. Se, por exemplo, precisamos fazer um levantamento que envolva conversas com diversas pessoas, precisaremos marcar várias reuniões que ocorrerão em diferentes ocasiões dentro de um espaço de tempo. Podemos ser obrigados a alocar duas semanas para este levantamento, embora estas duas semanas acabem rendendo apenas 40 horas de entrevistas. O trabalho real gastaria apenas metade do tempo total. Normalmente, alocaríamos 50% de um recurso para esta tarefa. No entanto, o caráter imprevisível do padrão de trabalho e espera pode nos forçar a desperdiçar alocação. Ninguém sabe realmente quando e quantas horas o recurso estará disponível e, em muitos casos, é mais simples alocar 100% do recurso para este tipo de tarefa, principalmente quando não temos um uso paralelo para ele.

9.4.3 Dependências entre Atividades

A seqüência em que as atividades do projeto são executadas depende dos relacionamentos entre estas atividades. As restrições que geram estas seqüências são governadas pelo relacionamento lógico entre as atividades. Por exemplo: antes de erguermos as paredes de uma casa devemos primeiro construir as fundações. Nesse caso, mudar a ordem destas tarefas não faz sentido e nos levará ao fracasso do projeto.

Na literatura clássica, as dependências são definidas como:

- **Dependências mandatórias** – São aquelas em que a inversão é impossível. Exemplo: construir o telhado antes de colocar a fundação.

- **Dependências discricionárias desejáveis** (*Soft Logic*) – São decididas pela experiência da equipe, normalmente para evitar riscos.

- **Dependências discricionárias preferenciais** (*Preferencial Logic*) – São sugeridas por um *stakeholder* e expressam uma seqüência preferencial sem que exista uma necessidade real para a dependência.

Nos casos das dependências discricionárias desejáveis, a dependência nem sempre é óbvia. A inversão pode não impedir o sucesso do projeto, mas gerará aumento do risco e/ou do esforço total. Este é o caso de pintar as paredes antes da colocação dos carpetes. A inversão certamente é possível, mas os pintores deverão ter muito mais cuidado, o que aumentará o tempo da pintura e, ainda assim, existirá o risco de danos ao carpete.

Algumas vezes, ocorre uma dependência entre uma atividade do projeto e uma atividade externa ao mesmo. Se o planejamento não levar em conta esse fato, o projeto poderá ficar bloqueado, aguardando uma definição externa.

Deixar de notar uma dependência pode gerar problemas para o projeto, embora o erro mais comum seja o da criação de dependências que não existem. Se duas tarefas, teoricamente simultâneas, são executadas pelo mesmo recurso, o planejador pode querer criar uma dependência artificial entre elas, de modo que as duas tarefas sejam executadas em seqüência e assim o conflito de superalocação de recursos seja resolvido. Isto não é recomendável. As dependências devem espelhar apenas os relacionamentos intrínsecos entre as atividades. Os conflitos de recursos são tratados por técnicas específicas (*Resource Leveling*). As dependências artificialmente criadas podem, à medida que o projeto se desenrola, gerar problemas para o gerente de projetos. Ele pode falhar em ver, por exemplo, que pode acelerar o projeto colocando recursos adicionais para o trabalho em paralelo.

Existe um outro tipo de dependência chamado de **dependência externa**. Ela envolve um relacionamento entre atividades do projeto e outras oriundas de fora dele. Por exemplo, digamos que o projeto trata do desenvolvimento e implantação de um *software*. Pode acontecer que a compra dos computadores necessários para a implantação fique fora do escopo do projeto e sob responsabilidade exclusiva do cliente. Neste caso, cria-se uma dependência externa entre a entrega dos computadores e a implantação do *software*. No cronograma, eventos externos, como a entrega dos computadores, são normalmente representados como *milestones*.

As dependências entre as atividades podem ser representadas por meio de tabelas de precedência como a descrita abaixo. Este tipo de tabela é tão simples e eficiente que é usada pelos *softwares* de gerenciamento de projetos para armazenamento interno das informações.

ID	Atividade	Predecessor	Duração
1	Análise de requerimentos		30 dias
2	Modelagem dados	1	15 dias
3	Protótipo de telas	1	5 dias
4	Detalhamento de funções	1	20 dias
5	Programação	2; 3; 4	40 dias
6	Testes	5	5 dias

Uma outra ferramenta para mostrar dependências é o diagrama de rede. Esses diagramas representam graficamente não só as atividades, mas também os eventos, completando uma ou mais atividades.

Existem dois tipos. O primeiro é o AOA (*Activity On Arrow*), ou seja, atividade na flecha. Os eventos são representados pelos nós. A tabela acima poderia ser representada pelo diagrama AOA abaixo.

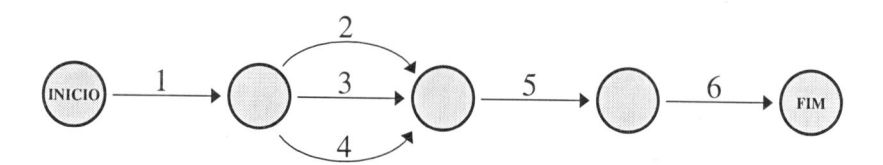

AOA pode requerer o uso de atividades fantasmas (*dummy*). Fantasmas são mostrados graficamente como linhas pontilhadas. Não requerem trabalho nem recursos.

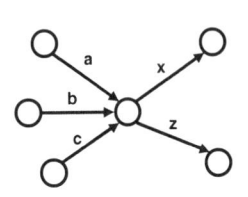

Tanto a atividade **x** quanto a atividade **z** dependem do término de **a**, **b** e **c**

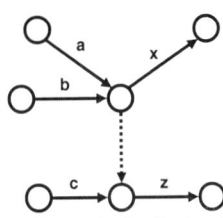

A atividade **z** depende do término de **a**, **b** e **c** mas a atividade **x** só depende de **a** e **b**

A linha pontilhada representa uma atividade fantasma

O segundo tipo é o diagrama AON (*Activity On Node*), ou seja, atividade no nó. As flechas passam a representar eventos.

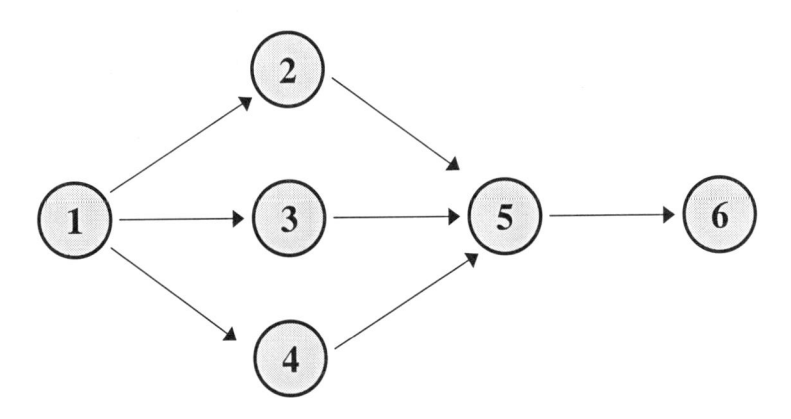

Ambos têm vantagens e desvantagens e foram largamente utilizados. Mas acabaram substituídos pelo gráfico de Gantt, desenvolvido por volta de 1917 por um pioneiro da administração científica chamado Henry L. Gantt. Originalmente era apenas um gráfico de barras, mas a sua forma moderna inclui conexões entre as barras e tem a vantagem de permitir a visualização, não só da precedência, mas também do tamanho relativo entre as atividades e as diferenças de prazo entre elas. O moderno diagrama de Gantt é, na realidade, uma espécie de diagrama AOA construído em uma escala de tempo.

	❶	Nome da tarefa	Predecessoras	Duração	Mês 1	Mês 2	Mês 3	Mês 4	Mês 5
1		Analise de Requerimentos		30 dias					
2		Modelagem Dados	1	15 dias					
3		Prototipo de Telas	1	5 dias					
4		Detalhamento de Funções	1	20 dias					
5		Programação	2;3;4	40 dias					
6		Testes	5	5 dias					

No diagrama de Gantt, podemos ver claramente que a atividade de número 3 pode atrasar vários dias sem que o projeto como um todo se atrase. Este fenômeno é chamado de *slack* ou *float* (folga) entre atividades. Neste exemplo, descrevemos atividades com precedência temporal simples. Esse é o tipo mais comum de sequenciamento, mas existem outros. Entre eles estão:

- **Final para início** – Seqüência temporal simples; a autorização para o início da segunda atividade depende do evento de finalização da primeira.

- **Início para início** – A autorização para o início da segunda atividade está relacionada ao evento de iniciação da primeira. Normalmente, ocorre quando elas devem começar juntas.

- **Final para final** – O encerramento da segunda atividade está relacionada ao evento de encerramento da primeira. Por exemplo: a etapa de planejamento de uma construção pode começar antes da aprovação do projeto, mas ela não pode terminar até que o projeto esteja completo.

Além disso, o retardo na conexão não precisa ser zero, ou seja, pode haver *leads* (dianteiras) e *lags* (esperas) entre duas tarefas. Normalmente, usamos esperas (*lags*) entre tarefas do tipo "final para início" quando é necessário um tempo mínimo entre elas. Por exemplo: após a colocação de cimento, é necessário esperar alguns dias para o seu endurecimento. Durante este tempo, nenhuma atividade pode ser executada.

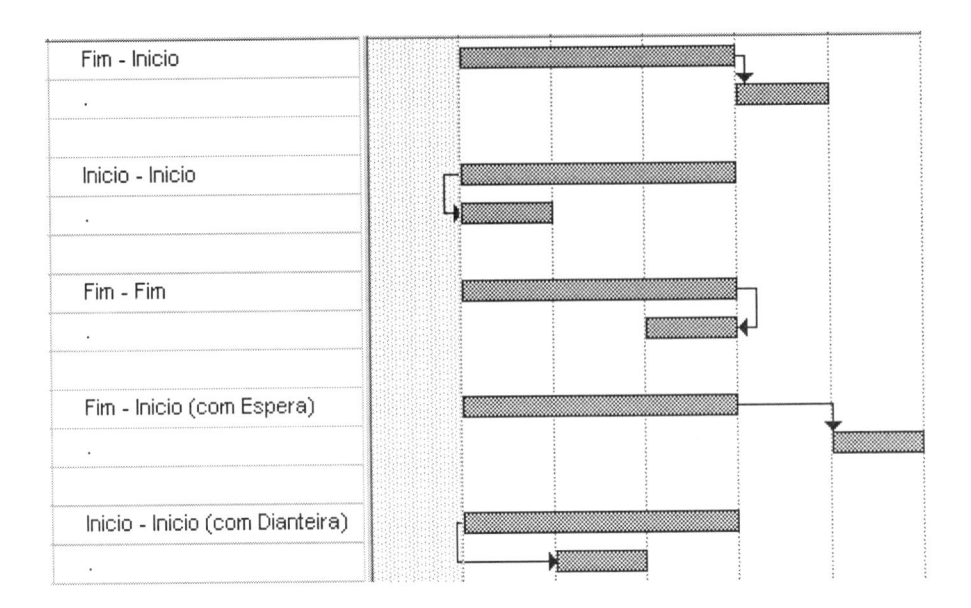

Fim - Inicio	
Inicio - Inicio	
Fim - Fim	
Fim - Inicio (com Espera)	
Inicio - Inicio (com Dianteira)	

Dianteiras (*leads*) são normalmente utilizadas em ligações do tipo "início para início". Muitas destas ligações surgem de ligações que seriam do tipo "final para início", mas não é necessário terminar toda a primeira atividade antes que a segunda comece. Exemplo: devemos esperar que a pintura acabe antes que o carpete seja colocado, mas não precisamos esperar que todos os quartos sejam pintados. A equipe do carpete pode começar a trabalhar assim que a primeira sala esteja pintada e os pintores passarem para a próxima. Podemos calcular o tempo de pintura de uma sala e dar esse tempo de dianteira para os pintores.

9.4.4 Cálculo do Cronograma

Atualmente, os *softwares* de gerenciamento de projeto, como o MS-Project ou o Primavera, já calculam o cronograma automaticamente. No entanto, é interessante para o gerente de projetos entender o processo.

O cronograma é calculado baseado no tempo previsto de duração da tarefa e da rede de dependências. Calcular o cronograma significa definir quando uma tarefa deve começar e terminar para que o prazo do projeto seja o menor possível.

Como as tarefas podem ter *float*, na verdade devemos calcular quatro datas para cada tarefa:

- *Early Start* (ES) – A data mais cedo que uma tarefa pode começar, dadas as tarefas que a precedem.

- *Early Finish* (EF) – A data mais cedo que uma tarefa pode terminar, dadas as tarefas que a precedem e sua duração prevista.

- *Late Start* (LS) – A data mais tardia que uma tarefa pode começar sem que o projeto seja atrasado.

- *Late Finish* (LF) – A data mais tardia que uma tarefa pode terminar sem que o projeto seja atrasado.

Para o cálculo, nós determinamos essas datas como uma certa quantidade de períodos (por exemplo dias) a ser somada à data inicial. Assim, se a data inicial é 5/julho, a data "3" seria 7/julho (incluindo a data de início no cálculo). Imagine, como exemplo, que temos a seguinte estrutura de precedência:

Tarefa	Duração	Predecessora
T1	3	
T2	5	
T3	4	T1, T2
T4	2	T2
T5	3	T3, T4

O cálculo do cronograma é feito em duas fases. Na primeira, chamada de *Foward Pass*, nós calculamos as datas "mais cedo" de cada tarefa (ES e EF). Para isso "passeamos" pelas tarefas do início ao fim. Para tornar o esquema mais claro, colocaremos as tarefas em um diagrama de rede em que as informações seguem a seguinte legenda:

Duração	Float
ES	EF
LS	LF

De início, sabemos apenas a duração de cada atividade. Todas as outras informações ficam em branco. Então, analisamos todas as tarefas que não têm pré-requisitos. O ES dessas tarefas é "1". Para o cálculo do EF basta somar a duração à data de início e diminuir uma unidade. Assim, T1 e T2 tem datas de fim "3" e "5", respectivamente. A tarefa T4, que depende de T2, só pode começar quando esta terminar; logo, a sua data de início será a data de fim de T2 mais uma unidade (o dia seguinte ao término de T2).

No caso de T3, existe um pequeno detalhe: T3 depende tanto de T1 quanto de T2. Nesses casos, o cálculo da data de início usa a maior data de fim entre as anteriores. É fácil ver o porquê: T3 só pode terminar quando as duas antecessoras terminarem, o que só vai acontecer no dia 5, quando T2 terminar. Logo, T3 começa no dia 6.

O processo segue até a última tarefa, T5, que só poderá começar no dia 10 e acabar no dia 12, data do fim do projeto.

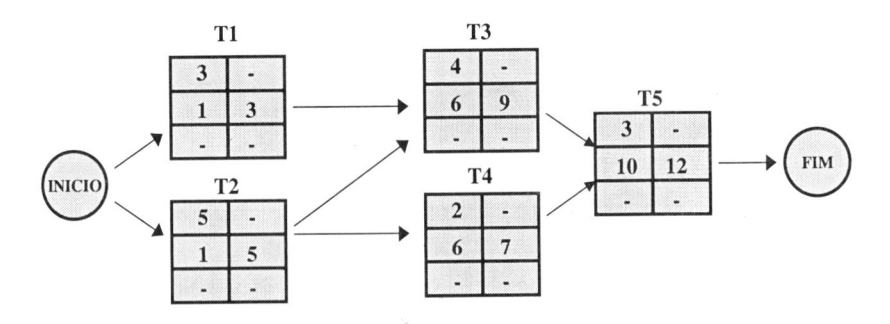

O passo seguinte é conhecido como *backward pass*, porque examinamos a rede do fim para o início. Começamos pela tarefa T5. Como ela define a data final do projeto, suas LS e LF são exatamente iguais a ES e EF, respectivamente.

As tarefas T3 e T4 são antecessoras de T5. Logo, suas datas de fim não podem ser maiores que o dia anterior à data de início de T5. Suas datas de início são calculadas diminuindo-se a duração da data de término e somando uma unidade. Notem que, em T4, as datas mais cedo e mais tardias não coincidem. Ela deve terminar no dia anterior ao início de T5, o dia 9, e para isto ela deve começar no dia 8 (9-2+1).

Em T2, encontramos o caso em que uma tarefa tem mais de uma sucessora. Ao contrário do *foward pass*, quando pegamos a maior data, aqui nós escolhemos a menor data entre as datas de início (LS) das sucessoras. No caso, entre T3 e T4, a menor data de início é o dia 6 de T3 e não o dia 8 de T4.

Quando todas as datas estão calculadas, calculamos o *float* pela diferença entre LF e EF, ou ente ES e LS. Notem que T1 pode começar entre o dia 1 e o dia 3 sem que o projeto atrase. Seu *float* calculado é 2.

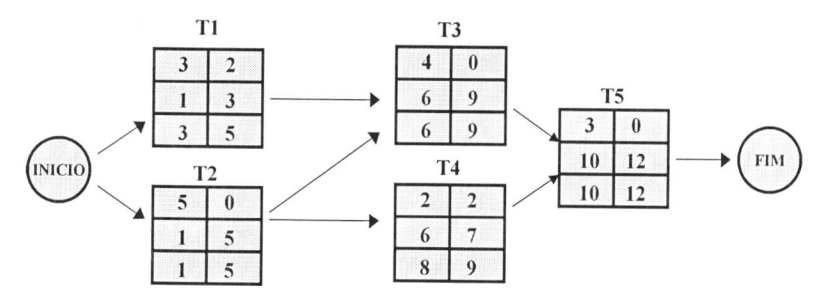

Cabe ao gerente de projetos decidir quando começar as tarefas com *float*. Há duas estratégias mais comuns:

- **Utilizar a *early start*** – A vantagem, neste caso, é que, se a tarefa tiver um pequeno atraso, o *float* será consumido, mas o projeto como um todo não atrasará. Isto reduz o risco do projeto. Esta é a opção mais recomendada pela literatura.

- **Utilizar a *late start*** – Neste caso, remove-se todo o *float*. Atrasos na tarefa implicam em atrasos no projeto; no entanto, esta técnica evita que recursos fiquem sem alocação no meio do projeto. Além disso, o custo associado à tarefa será adiado, o que pode ser bom para o fluxo de caixa. Na prática, esta é a opção mais usada pelos gerentes de projetos.

9.4.5 Calendários

Um detalhe freqüentemente esquecido na criação de cronogramas é o ajuste adequado dos calendários. Um calendário representa as datas e horários em que a equipe estará disponível para o trabalho. Freqüentemente, um calendário único com os feriados e o horário administrativo da organização é suficiente.

No entanto, principalmente em projetos que envolvam múltiplas organizações, ou nos geograficamente dispersos, calendários diferentes podem ser necessários para diferentes equipes de trabalho. Um feriado municipal, por exemplo, ou a disponibilidade de trabalho aos sábados, podem afetar apenas uma parte da equipe do projeto.

9.4.6 Caminho Crítico

O caminho crítico é definido como sendo o maior caminho através da rede, ou seja, a menor quantidade de tempo em que se espera que o projeto possa terminar. Normalmente, a folga entre as atividades dependentes no caminho crítico é zero. Isto porque, se houver folga, podemos reduzi-la para diminuir o prazo do projeto. No entanto, alguns projetos têm seus prazos finais pré-estabelecidos, o que pode gerar caminhos críticos com folgas. Na verdade isto não é comum. Muitos autores e vários *softwares* de controle de projeto definem o caminho crítico como o caminho de folga zero.

Em nosso projeto exemplo, a seqüência de atividades T2, T3 e T5 compõem o caminho crítico. Se a atividade T4 durar o dobro do tempo planejado, isso não deverá afetar o prazo final, porque ela possui folga. Atraso em qualquer atividade de caminho crítico gera atraso no projeto.

9.4.7 *Fast Tracking*

Fast tracking envolve a sobreposição de tarefas que tradicionalmente seriam executadas em seqüência. Em alguns casos, o uso de *fast tracking* pode diminuir significativamente o tamanho do cronograma. Existem registros de até 40% de redução do tempo total. Por outro lado, o *fast tracking* aumenta significativamente o risco do projeto.

A quantidade de tarefas simultaneamente gerenciadas aumenta, bem como a quantidade de recursos. O risco de retrabalho aumenta consideravelmente.

O exemplo mais comum é o início da execução, quando a fase de projeto não está totalmente terminada. Nestes casos, a quantidade de tempo poupada, e também o risco gerado, dependerão principalmente da quantidade de dianteira dada (*lead*).

Podemos imaginar que plantas em um projeto de engenharia que estão 95% prontas, mesmo que sem a aprovação final, já fornecem uma boa base para a execução. Alguns detalhes podem mudar mas, na altura em que a execução tiver que lidar com eles, a fase de projeto já estará 100% encerrada. Mesmo que não esteja, o nível de retrabalho esperado é pequeno.

Por outro lado, podemos trabalhar com a hipótese de que 30% do projeto já define informação suficiente para o início do trabalho de execução. Os ganhos no cronograma, neste caso, são enormes. Entretanto, a possibilidade de grandes alterações no projeto também são enormes. É praticamente certo que, na altura em que o projeto final for definido, uma boa parte do trabalho tenha que ser refeita.

Definir a dianteira necessária é uma arte que o gerente de projetos deve compartilhar com os principais *stakeholders* do projeto. Se o cliente compartilha o risco do *fast tracking*, ele estará menos disposto a solicitar alterações cosméticas no projeto que resultarem em retrabalho na execução.

9.4.8 Resource Leveling

O cronograma inicial calculado não é necessariamente o cronograma real do projeto. Isto ocorre porque nós não levamos em conta uma restrição muito importante no planejamento do projeto: a quantidade de recursos disponíveis.

Lembre-se de que as dependências devem espelhar apenas os relacionamentos mandatórios ou discricionários entre as atividades. O cronograma calculado não verifica se o mesmo recurso está previsto para duas atividades ao mesmo tempo. Logicamente, se for este o caso, as duas atividades serão executadas em série e não em paralelo. Um passo adicional chamado de nivelamento de recursos ou *resource leveling* é necessário para corrigir o cronograma.

O objetivo do *resource leveling* é otimizar o uso de pessoas e equipamentos alocados ao projeto. Não é apenas uma questão de impedir a superalocação de recursos. A técnica se baseia no pressuposto que, quando possível, deve-se evitar que o mesmo recurso entre e saia do projeto repetidas vezes. Normalmente, a melhor solução é aquela que prevê o uso consistente e contínuo do menor número de recursos possível.

A técnica tem duas entradas principais: o cronograma inicial calculado e a previsão de uso de recurso por tarefa. Uma heurística é aplicada sobre estas entradas e o resultado é um cronograma que não só obedece às dependências intrínsecas, mas também evita tanto a superalocação quanto a sub-alocação dos recursos. O *resource leveling* lida apenas com pessoas e equipamentos; os materiais necessários para o projeto são pré-definidos pela especificação da tarefa.

Os *softwares* de gerenciamento de projetos têm algoritmos embutidos que calculam o *resource leveling*. No entanto, as várias opções de *softwares* produzirão diferentes cronogramas. Normalmente, se avalia a qualidade do algoritmo pela duração total do projeto gerado. Quanto mais longo, pior é o algoritmo. Em uma pesquisa dos anos 70, foram comparados diversos programas comerciais. Um experimento interessante, chamado de "Problema 13", obteve resultados radicalmente diferentes de cada *software*. O Primavera, então em sua versão 4.0, conseguia gerar um cronograma com 23 dias de duração. Na época, as primeiras versões do MS-Project geravam, para o mesmo projeto, um cronograma de 27 dias. Embora a versão 95 do MS-Project ainda tivesse resultados abaixo do ideal, trinta anos depois do experimento original o algoritmo padrão da versão 2000 do MS-Project já consegue gerar um cronograma de 21 dias. Apenas um a mais do que o ótimo teórico de 20 dias.

Se os resultados do *resource leveling* forem inaceitáveis, o gerente de projetos pode tentar manipular as estimativas de recursos de cada tarefa. Por exemplo: ao invés de usar uma grande quantidade de recursos durante um pequeno período de tempo, aloca-se uma quantidade menor em um período um pouco maior. Este tipo de mudança vai alterar o cronograma inicial que deverá ser recalculado. O *resource leveling* resultante deste novo cronograma poderá ser mais satisfatório.

Como alternativa, o gerente de projetos poderá negociar cargas extras de trabalho em momentos de pico. Mas isto é extremamente perigoso. Se o planejamento já prevê horas extras desde o primeiro dia, quando algum problema acontecer (e eles sempre acontecem) não haverá nenhuma margem para correção de curso e o projeto certamente atrasará. Desta forma, esta ferramenta deve ser usada como último recurso. Bons gerentes de projetos não a utilizam de ânimo leve.

Uma coisa muito importante que o gerente de projetos deve ter em mente é que o cronograma produzido pelo nivelamento de recursos é aquele deverá ser usado para todo o planejamento, incluindo o compromisso de data de entrega para o cliente. O cronograma inicial é apenas um passo intermediário. Na prática, não é possível segui-lo.

9.5 Cronograma por Fases

Quando analisamos as técnicas de orçamentação, sugerimos uma alternativa chamada "orçamentos por fase". Você deve recordar que a idéia básica era a de quebrar o grande esforço de planejamento do início do projeto em esforços menores que ocorreriam ao longo do seu curso. O mesmo princípio pode ser aplicado a outros tipos de estimativas e planejamentos, inclusive à elaboração de cronogramas. Na medida do possível, devemos controlar o impacto de estimativas feitas justamente no momento em que a incerteza está no seu máximo, ou seja, no início do projeto.

A elaboração do cronograma por fases segue um processo semelhante ao processo evolutivo que descrevemos com relação à WBS. Nos vimos que uma WBS de alto nível pode ser criada nas primeiras fases de definição conceitual do projeto e, mais tarde, ter seus elementos decompostos em WBSs sucessivamente mais detalhadas. Se partirmos do princípio de que o cronograma deve seguir a WBS, não teremos escolha, a não ser detalharmos o cronograma toda vez que detalharmos a WBS.

No início do projeto, podemos criar um cronograma que defina as informações nas fases do ciclo de vida do projeto. Como exige poucas informações, este cronograma pode ser criado bem no princípio do projeto. Talvez ainda na fase de concepção. Mais tarde, quando estivermos prontos para começar uma fase, poderemos detalhar as atividades daquela fase, seguindo o detalhamento da WBS.

As vantagens deste tipo de procedimento são semelhantes àquelas do orçamento por fase:

- O planejamento inicial pode ser feito rapidamente e os pontos críticos analisados bastante cedo no projeto.

- No planejamento detalhado de cada fase, como o horizonte de tempo é menor, as estimativas para cada fase têm menos incerteza.

- Em muitos casos, as atividades exatas que devem ser feitas dependem dos resultados das fases anteriores. Com o cronograma por fases, poderemos planejar as atividades detalhadas para cada fase quando já sabemos o resultado das fases anteriores.

Vejamos um exemplo simples: ainda estamos em uma fase de estudo de viabilidade de um projeto de desenvolvimento de *software*. O projeto abaixo mostra um cronograma bastante agregado, elaborado durante essa fase. Na criação deste cronograma está associada uma série de pressupostos a respeito dos recursos, custo e esforço necessários para cada fase. Vejamos:

Id	❶	Nome da tarefa	Duração
1		**Projeto**	**51 dias**
2		Analise	7 dias
3		Projeto	10 dias
4		Implementação	25 dias
5		Homologação	6 dias
6		Implantação	3 dias

A linha de base associada a esse cronograma poderia ser a que é mostrada na tabela abaixo.

	Prazo	Esforço (HH)	Custo	Recursos
Projeto	51 dias	1.346 hrs	R$ 87.700,00	
Análise	7 dias	70 hrs	R$ 3.500,00	Analista Sênior, Outros Recursos [25%]
Projeto	10 dias	120 hrs	R$ 6.000,00	Analista Sênior, Outros Recursos [50%]
Implementação	25 dias	850 hrs	R$ 57.500,00	Analista Sênior, Outros Recursos [25%], Terceiros Externos [300%]
Homologação	6 dias	204 hrs	R$ 13.800,00	Analista Sênior, Outros Recursos [25%], Terceiros Externos [300%]
Implantação	3 dias	102 hrs	R$ 6.900,00	Analista Sênior, Outros Recursos [25%], Terceiros Externos [300%]

Esse cronograma, apesar de seu nível de agregação, gera, juntamente com a definição do escopo, informação suficiente para obter um compromisso entre o cliente e o gerente do projeto. Decisões com relação a prazos, desembolsos e disponibilidade de recursos podem ser tomadas.

Mais tarde, quando estivermos prontos para começar a fase de análise, este cronograma será insuficiente para fins de planejamento. Será necessário detalhamento das principais atividades da fase. Os recursos exatos já devem ser definidos e os custos calculados com precisão. O novo cronograma e a nova linha de base são descritos a seguir.

Id	⊙	Nome da tarefa	Duração
1		Projeto	51 dias
2		Analise	7 dias
3		Preparação de Ambiente	1 dia
4		Especificações de Requisit	5 dias
5		Criação do Plano de Testes	1 dia
6		Projeto	10 dias
7		Implementação	25 dias
8		Homologação	6 dias
9		Implantação	3 dias

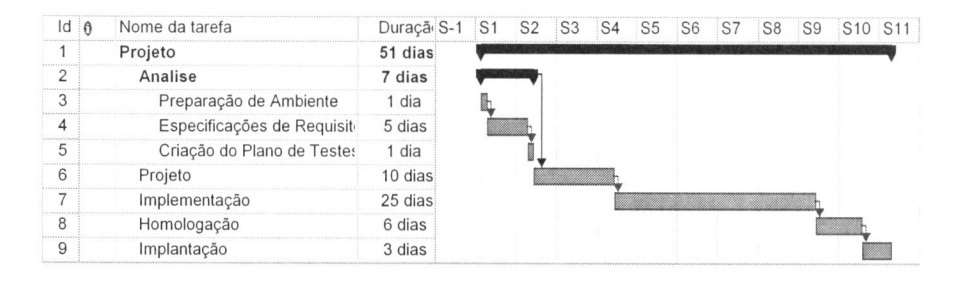

	Prazo	Esforço (HH)	Custo	Recursos
Projeto	51 dias	1.348 hrs	R$ 87.760,00	
Análise	7 dias	72 hrs	R$ 3.560,00	
Preparação de ambiente	1 dia	16 hrs	R$ 800,00	Danubia; Lianna
Especificações de requisitos	5 dias	40 hrs	R$ 2.000,00	Danubia
Criação do Plano de Testes	1 dia	16 hrs	R$ 760,00	Danubia; João
Projeto	10 dias	120 hrs	R$ 6.000,00	Danubia Outros Recursos [50%]
Implementação	25 dias	850 hrs	R$ 57.500,00	Danubia Outros Recursos [25%] Terceiros Externos [300%]
Homologação	6 dias	204 hrs	R$ 13.800,00	Danubia Outros Recursos [25%] Terceiros Externos [300%]
Implantação	3 dias	102 hrs	R$ 6.900,00	Danubia Outros Recursos [25%] Terceiros Externos [300%]

Os valores exatos poderão variar com relação ao planejamento original. Em nosso exemplo isto afetou o custo total do projeto. Nessa primeira fase esta variação deve ser mínima. Mais tarde, o replanejamento pode tender a variações maiores. Isso é normal! No entanto, novamente aqui a capacidade de negociação e a criatividade de adaptação do gerente de projetos deverão fazer com que apareça uma solução adequada.

As informações sobre o resto do projeto, que já conhecemos com certeza, podem ser incorporadas ao plano a partir daqui. Nesse exemplo, o recurso definido como analista sênior já foi identificado como sendo a Danubia. Sabemos o custo exato da hora dessa profissional e assim podemos atualizar o planejamento das fases seguintes com estas informações. Por outro lado, os terceiros ainda não estão definidos e permanecem como recursos genéricos.

9.6 Gerenciando a incerteza

Bem cedo, os gerentes de projetos aprenderam que a incerteza é inerente a sua atividade. Com o tempo, várias técnicas surgiram para tentar lidar com este fato. Analisaremos três dessas técnicas:

9.6.1 CPM

CPM é a abreviação de *Critical Path Method*. O CPM foi desenvolvido no fim da década de 50 pela DuPont Inc. e foi especialmente utilizado em projetos de construção civil.

O CPM tem a premissa subjacente de que as estimativas das atividades são razoavelmente precisas e determinísticas. Se pensarmos desta maneira, o tempo de execução de uma tarefa passa a ser modelado pela variação do esforço. Se aumentarmos o esforço, terminaremos antes, se diminuirmos o esforço, terminaremos depois. Esta é uma premissa razoável em projetos de construção civil.

Em CPM, esforço é interpretado como custo. Se quisermos que uma tarefa leve menos tempo que o planejado devemos adicionar mais recursos ou autorizar horas extras. Em qualquer caso o tempo deve ser inversamente proporcional ao custo. O ato de aumentar o custo de uma tarefa para acelerá-la é chamado de *crash*.

Como o gerente de projetos sabe em que tarefas deve utilizar o *crash*? Simples! São aquelas que possuem pouca ou nenhuma folga para atraso, ou seja, as atividades do caminho crítico. Como, em muitos projetos, as tarefas que compõem o caminho crítico representam 10% do total, o aumento de custos destas tarefas representa relativamente pouco para o total do projeto. Provavelmente, muito menos do que os custos de atraso do projeto.

As técnicas sugeridas por CPM podem ser utilizadas até um limite. Na verdade, CPM se baseia em duas premissas que já sabemos serem falhas. A primeira é que as estimativas de duração das tarefas são precisas e determinísticas, quando sabemos que elas são, comumente, imprecisas e probabilísticas. A segunda é que sempre podemos acelerar uma tarefa aumentando a quantidade de recursos. Já vimos ("o mítico homem-mês") que em alguns casos isso pode até atrasar a tarefa.

9.6.2 PERT

PERT é a abreviação de *Program Evaluation and Review Technique*. O PERT foi desenvolvido em 1958 em um esforço de cooperação da marinha americana, da Booz-Allen e da Lockheed Corporation. O PERT foi primariamente destinado para projetos de pesquisa e desenvolvimento.

O CPM foca a atenção na dimensão custo. PERT, por outro lado, tenta evitar atrasos pela manipulação direta dos próprios prazos das atividades. O PERT reconhece que a duração das atividades é definida segundo um modelo probabilístico e tenta calibrar o prazo total do projeto de modo a aumentar a probabilidade dele terminar segundo o planejado.

Se o CPM é uma técnica de execução do projeto, PERT é uma técnica do planejamento. A idéia é engenhosa. Parece certo que a probabilidade de duração de uma tarefa é modelada por uma função próxima à gama. Devido ao processo de negociação com os *stakeholders*, as estimativas CPM estão, na prática, em diferentes partes desta curva, com diferentes probabilidades de sucesso mas, na teoria, elas são estimativas pessimistas com 99% de chance de sucesso. Desta maneira, CPM nos oferece um ponto na curva de probabilidade. Se tivermos mais alguns pontos podemos esboçar a curva. O PERT requer que, para cada tarefa, sejam feitas não uma, mas três estimativas de duração, definidas de maneira bastante precisa:

- **A estimativa otimista (o)** – Definida como o menor prazo possível em que a atividade pode ser executada se tudo correr da melhor maneira possível. Algo que deve ocorrer em 1% dos casos.

- **A estimativa pessimista (p)** – Definida como o maior prazo razoável em que a atividade pode ser executada, se tudo que for previsto para dar errado, se concretize. Um prazo como este deve cobrir 99% dos casos.

- **A estimativa mais provável (m)** – Definida como a moda da distribuição.

Digamos que, na tarefa representada pela figura abaixo, temos as estimativas "o=2", "m=5,75" e "p=16".

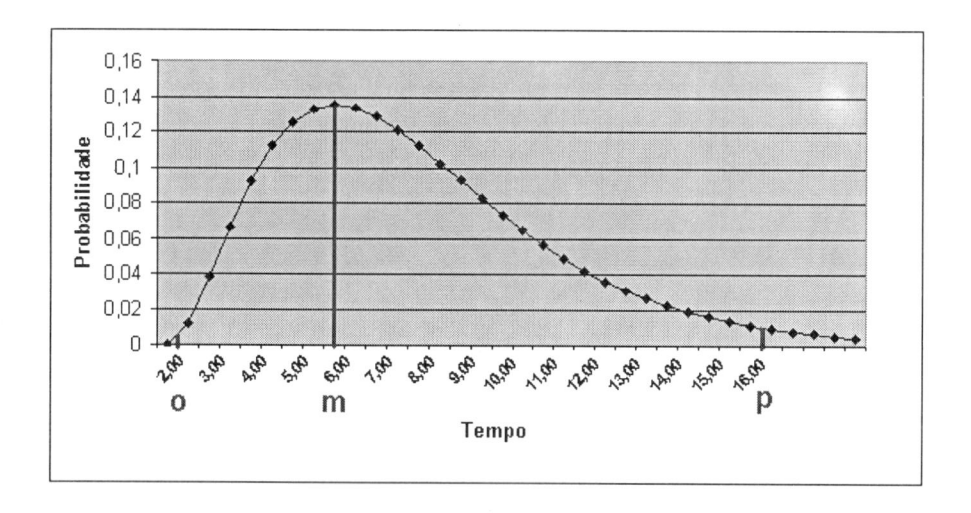

Nesse ponto, PERT faz uma suposição não sustentada por nenhuma teoria. O modelo afirma que a distribuição de probabilidade é do tipo beta (semelhante à gama) e que entre a estimativa pessimista e a otimista temos 6 desvios padrão.

$$s = (p - o) / 6$$

Com base nisto, ele tenta calcular uma estimativa da média da distribuição com a fórmula:

$$X_{bar} = (o + 4m + p) / 6$$

Em nosso exemplo, a estimativa recomendada por PERT seria, aproximadamente, de 6,8 dias.

$$X_{bar} = (2 + 4 * 5,75 + 16) / 6 = 6,8$$

Lembremos que a média de uma distribuição oferece 50% de chance de sucesso. Se utilizássemos o dimensionamento sugerido por PERT para todas as tarefas, teríamos 50% de chance de terminar o projeto no prazo.

Tal planejamento seria inadmissível. Podemos corrigir isso criando uma reserva no final do projeto. Para dimensionar esta reserva precisamos primeiro identificar as tarefas do caminho crítico e calcular o desvio padrão de cada uma delas. Se o caminho crítico tiver um número razoável de tarefas (recomenda-se pelo menos 30), a estatística garante que podemos calcular o desvio padrão do projeto inteiro como sendo a raiz quadrada da soma dos quadrados dos desvios padrão de cada tarefa no caminho crítico. Recomenda-se que a reserva seja de três vezes o valor do desvio padrão. Vejamos um exemplo simplificado (com menos de 30 atividades):

Tarefa	o	m	p	Xbar	s	s2
1	2	7,5	12,5	7,42	1,8	3,1
2	3	7,5	12,5	7,58	1,6	2,5
3	5	9	15	9,33	1,7	2,8
4	7	15	25	15,33	3,0	9,0
5	4	9	15	9,17	1,8	3,4
6	6	15	25	15,17	3,2	10,0
7	3	9	15	9,00	2,0	4,0

O tamanho total do projeto, se a equipe tivesse liberdade para definir o prazo, seria de 120 dias, que é o somatório das estimativas pessimistas. PERT utilizaria o somatório de $X_{bar,}$ que resultaria em 73 dias. Com este prazo, a probabilidade de sucesso é de 50%, gerando a necessidade de uma reserva. Para calcular a reserva, primeiro calculamos o somatório de s^2 (34,7) e tiramos sua raiz quadrada para obter cerca de 5,9 dias. Este é o desvio padrão esperado do projeto. Multiplicando este valor por 3, teríamos uma reserva de aproximadamente 18 dias. O tamanho total do projeto PERT seria 91 dias, ou seja, 29 dias a menos do que o CPM pessimista.

Uma questão a ser levantada aqui é: considerando que PERT é mais curto que um CPM pessimista, qual é a estimativa utilizada normalmente nos cronogramas CPM? O PMBOK responde a esta pergunta com a moda. Ele afirma que a equipe naturalmente informa a data mais provável de término de cada tarefa. Embora o gráfico que mostrava este ponto tenha sido retirado da versão mais recente do PMBOK, esta premissa está subjacente à boa parte da ortodoxia de gerenciamento de projetos. Apesar disso, acreditamos que ela está errada.

Pelo formato da curva (assimétrica), a data mais provável fica sempre à esquerda da média (probabilidade = 50%).Isto significa que, se a ortodoxia estiver certa, em um cronograma CPM típico cada atividade tem menos que 50% de chance de terminar no prazo. Mas se isto fosse verdade, mais de 50% dos projetos terminariam atrasados e muitos com atrasos grandes, na "cauda" da curva, mesmo quando não ocorressem incidentes imprevisíveis. Lembre-se que a curva representa a variação normal da atividade, se um fator externo vier a atrapalhar.

Isto também seria contrário à psicologia da maioria dos técnicos. Técnicos experientes não gostam de errar. Pensar que eles oferecem espontaneamente datas com menos de 50% de chance de sucesso é desconhecer a natureza humana.

Segundo o ponto de vista da corrente que defendo, na maioria dos projetos CPM utilizamos datas pessimistas, ajustadas pelas restrições do cliente. A equipe até gostaria de dar datas folgadas, mas sofre pressões para reduzi-las. Estas pressões raramente chegam a datas com apenas 50% de chance de sucesso, mas reduzem consideravelmente as chances de entrega no prazo acordado.

Por outro lado, se o desvio padrão for pequeno, não importa muito que técnica se utilize. Nesses casos, as estimativas otimistas, pessimistas, mais prováveis e médias, são tão próximas umas das outras que os cronogramas serão virtualmente idênticos. É por isso que projetos de escopo concreto e atividades '"procedimentais"' são gerenciáveis de forma eficiente usando CPM. Projetos de atividades criativas, porém, geram cronogramas enormemente diferentes dependendo da técnica utilizada.

Desvio padrão grande

PERT= (o + 4m + p) / 6

Faixa CPM

Desvio padrão pequeno

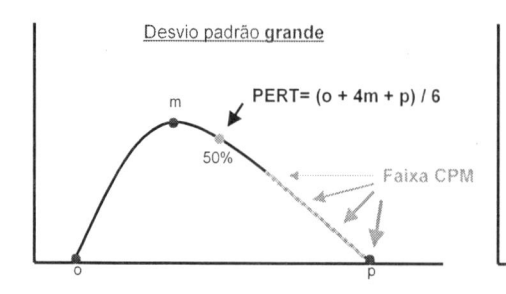

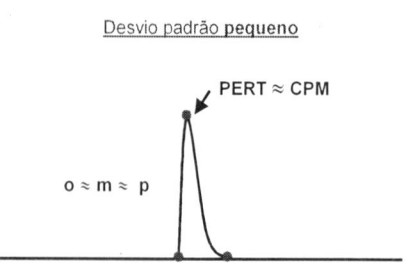

PERT ≈ CPM

o ≈ m ≈ p

PERT é, sem dúvida, uma evolução se comparado ao CPM teórico puro. Um lado positivo de PERT é nos forçar ao questionamento das estimativas. Para que três estimativas sejam oferecidas e justificadas, uma atenção considerável tem que ser dada ao assunto. Além disso, o reconhecimento da característica probabilística da duração real é um passo importante na compreensão de como os projetos funcionam.

Infelizmente, essa compreensão não foi muito longe. Muitos autores, demonstrando uma ignorância completa do fenômeno, descrevem a fórmula PERT como uma forma de tornar a estimativa mais precisa. Sabemos que o que ela realmente faz é gerar uma estimativa com aproximadamente 50% de chance de sucesso. Isso está longe de ser mais preciso do que a estimativa CPM. Pelo menos no sentido que estes autores dão. A maioria deles omite completamente que a reserva de prazo e custo é uma necessidade em PERT e não uma mera precaução.

Graças a este desconhecimento, projetos PERT acabam sendo administrados da mesma maneira que projetos CPM. O gerente de projetos espera que todas as tarefas sejam terminadas nas datas programadas e certamente haverá uma avaliação negativa para aqueles que não conseguirem. Mas com estimativas em 50%, metade das tarefas certamente terminará fora do prazo, e isto não pode ser evitado pela equipe. As pessoas não gostam de ser punidas por aquilo que não controlam. Assim, inevitavelmente, no próximo projeto as três estimativas serão super infladas de modo que o resultado da fórmula PERT acabará tendo o mesmo valor que a estimativa pessimista CPM.

Outro problema do método é a sua suposição de que entre a estimativa pessimista e a otimista temos exatamente 6 desvios padrão. As funções beta e gama têm uma infinidade de formatos e o ponto a 1% pode estar a uma distância indefinida do ponto 99%. Parece-nos que este é o tipo de simplificação que as pessoas recorriam na década de 50, quando computadores pessoais não existiam e engenheiros ainda utilizavam réguas de cálculo.

Por outro lado, os estimadores não podem ter certeza de que suas estimativas são realmente os pontos 1%, moda e 99%. Este é o tipo de auto-ilusão que os especialistas adoram, mas que não faz sentido na prática. É mais provável que as estimativas pessimistas estejam em torno de 90% pois, como já vimos, o formato da curva de probabilidade faz com que estimativas a 99% sejam exageradamente grandes e dificilmente aceitas pelos *stakeholders*. As outras estimativas sofrerão distorções menores, mas que também podem ser significativas.

PERT também errava o alvo ao focar a avaliação de riscos no caminho crítico. Adiaremos a explicação deste erro para a próxima sessão, pois ela necessita de algumas análises que não foram feitas quando PERT foi criado.

Acreditamos que todas estas falhas, principalmente a ignorância sobre as bases teóricas do método, levaram ao descrédito de PERT, a ponto de ele ter sido totalmente absorvido pelo CPM. Pouco, ou nada, das boas idéias que criaram PERT pode ser percebido quando o chamado "método PERT/CPM" é referenciado.

9.6.3 Introdução a *Critical Chain*

Critical Chain (Corrente Crítica) foi criada por Eliahu Goldratt em 1997 como uma aplicação de sua "Teoria das Restrições" à gerência de projetos.

Se observarmos como o caminho crítico é definido, veremos que ele leva em conta apenas as dependências explícitas entre as tarefas, isto é, ele utiliza as datas previstas antes do *resource leveling* para definir a data final do projeto. Basta que o mesmo recurso seja utilizado por atividades dentro e fora do caminho crítico para que o prazo final do projeto mude radicalmente.

Analise o projeto abaixo. O caminho crítico é definido pelas 4 primeiras tarefas. As tarefas NC1 e NC2 são consideradas não críticas.

Id	Nome da tarefa	D1	D2	D3	D4	D5	D6	D7	D8	D9	D10	D11
1	CP 1				A							
2	CP 2						B					
3	CP 3							C				
4	CP 4										C	
5	NC 1					A						
6	NC 2						C					

No entanto, depois de levarmos em conta a disponibilidade de recursos, um cenário bem diferente se apresenta. Primeiro, vemos que não é possível terminar o projeto no prazo dado pelo caminho crítico. Além disso, vemos claramente que as tarefas NC1 e NC2 não podem atrasar sem que todo o projeto atrase. Por outro lado, as tarefas CP2 e CP3, que pertencem ao caminho crítico, podem ter algum atraso sem que o projeto seja prejudicado.

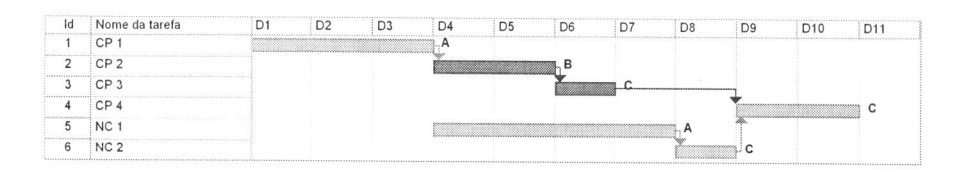

Id	Nome da tarefa	D1	D2	D3	D4	D5	D6	D7	D8	D9	D10	D11
1	CP 1				A							
2	CP 2						B					
3	CP 3							C				
4	CP 4											C
5	NC 1								A			
6	NC 2									C		

Qualquer bom gerente de projetos pode ver esses efeitos no cronograma e gerenciar o projeto de acordo. Mas, no corpo de conhecimento tradicional, não havia um nome específico para a seqüência CP1, NC1, NC2, CP4. Não podemos chamá-la de caminho crítico e, no entanto, elas são as verdadeiras atividades críticas. Goldratt deu um nome para este tipo de seqüência de atividades: a corrente crítica.

A corrente crítica é definida como a mais longa cadeia de atividades que considera as dependências explícitas entre tarefas e dependências implícitas de recursos.

Goldratt propôs mais do que um nome para o fenômeno. Identificar a corrente crítica do projeto é apenas o primeiro passo de sua abordagem. O próximo passo é proteger a corrente crítica de atrasos. Já vimos os motivos por que a segurança adicionada a cada tarefa é sistematicamente desperdiçada.

A "síndrome do estudante" e o não aproveitamento dos adiantamentos são duas dessas causas. O conflito aqui é: como adicionar segurança ao projeto sem que ela seja desperdiçada?

Já sabemos a resposta. Ela foi sugerida pelo modelo PERT na metade do século passado. Basta remover a segurança das tarefas individuais e colocá-la no final do projeto. Analise a figura abaixo. A data com que nos comprometeremos com o cliente será a soma das áreas claras, que representam os prazos razoáveis para as atividades, com as áreas escuras que representam a segurança adicionada ao projeto. Na parte de cima vemos um cronograma CPM e, na parte inferior, vemos um cronograma utilizando estimativas com 50% de chance.

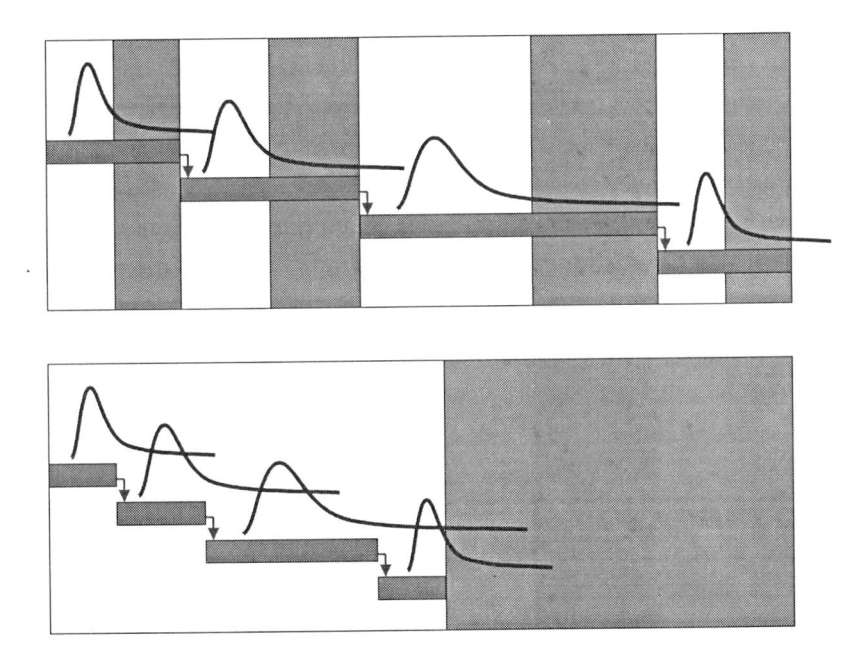

O comprimento total do projeto é rigorosamente o mesmo nas duas opções. No entanto, os prazos internos ao projeto da segunda opção serão radicalmente reduzidos. A "síndrome do estudante" terá um efeito mínimo se os prazos dados para a equipe forem apertados desde o início. A probabilidade de uma tarefa terminar mais cedo do que foi planejado é pequena e, portanto, não haverá o desperdício associado.

Apesar de utilizarmos rigorosamente a mesma quantidade de tempo de segurança, a probabilidade da segunda opção efetivamente terminar no prazo fatal é muito maior. De fato, como já vimos em PERT, se planejarmos a segurança desta forma, a matemática de probabilidade garantirá a possibilidade de oferecermos um prazo total menor que o original e, ainda assim, com maior chance de entregar o projeto no prazo. Para aqueles que não confiam muito em modelos matemáticos, devemos dizer que, além desse argumento teórico, nossa própria experiência prática com o método confirma esta hipótese.

Em *critical chain*, a segurança alocada ao projeto, em substituição à segurança alocada às tarefas, é conhecida como pulmão ou *buffer* do projeto. Ele protege o projeto como um todo de atrasos. O método de criação do *buffer* de projeto corrige um dos problemas da reserva PERT, porque leva em conta a corrente crítica real do projeto e não o caminho crítico teórico.

Critical chain não faz qualquer pressuposto quanto à quantidade de desvios padrão entre estimativas. Pede-se à equipe fornecer duas estimativas: uma com 50% de chance de sucesso, equivalente a X_{bar}, calculada na fórmula PERT, e outra com 90% de chance de sucesso, equivalente às estimativas pessimistas de CPM. Estas estimativas, é claro, sofrem das mesmas imprecisões de sempre. Mas *critical chain* remove a ilusão de que elas são mais do que isso. A estimativa pessimista, por exemplo, carrega explicitamente a informação de que, em 10% dos casos, o pessimismo é insuficiente e a tarefa atrasa. Não se exige precisão de 99% porque ela não ocorre na prática.

Existem várias maneiras de definir o tamanho do *buffer* de projeto. Aqui utilizaremos a sugerida por Lawrence Leach, que é semelhante a que mostramos para o modelo PERT. Para facilitar a compreensão, inicialmente admitamos que a corrente crítica coincida com o caminho crítico.

As estimativas em 90% seriam provavelmente idênticas às estimativas pessimistas de nosso exemplo com PERT. As estimativas 50%, como são tomadas diretamente, não seriam idênticas às estimativas X_{bar} de PERT, mas seriam muito próximas.

Para calcular o tamanho do *buffer*, Leach sugere que utilizemos a metade da diferença entre as duas estimativas e apliquemos o mesmo método de calcular a raiz quadrada da soma dos quadrados.

Tarefa	50%	90%	R/2	(R/2)2
1	7	12,5	2,8	7,6
2	8	12,5	2,3	5,1
3	9	15	3,0	9,0
4	12	25	6,5	42,3
5	9	15	3,0	9,0
6	15	25	5,0	25,0
7	9	15	3,0	9,0

Nesse exemplo o tamanho total do projeto seria de 100 dias. Esse total é a soma dos 69 dias calculados pela soma das estimativas "50%" com os 31 dias de *buffer*, calculados como três vezes a raiz quadrada da soma dos $(R/2)^2$. Esses resultados seriam razoavelmente próximos àqueles que calculamos com o modelo PERT.

Nos casos práticos porém, a corrente crítica seria diferente do caminho crítico e nosso projeto mudaria, por exemplo, para a forma abaixo:

Tarefa	50%	p	R/2	(R/2)2
1	7	12,5	2,8	7,6
2	8	12,5	2,3	5,1
5	9	15	3,0	9,0
6	12	25	6,5	42,3
7	9	15	3,0	9,0
NC1	9	18	4,5	20,3
NC2	6	12	3,0	9,0
NC3	5	12	3,5	12,3
NC4	10	20	5,0	25,0

Se estivéssemos usando CPM, o tamanho do projeto do projeto pularia de 120 dias para 142 dias após o nivelamento de recursos. Com PERT puro estaríamos usando uma reserva calculada para um conjunto diferente de tarefas. Com *critical chain* basta seguir o mesmo procedimento do exemplo anterior.

O somatório das estimativas "50%" da corrente crítica seria de 75 dias. Com este prazo teríamos apenas 50% de chance de terminar o projeto dentro do esperado. Para calcular o *buffer* do projeto, calculamos o somatório de $(R/2)^2$, que é de 139,4, e tiramos sua raiz quadrada para obter cerca de 12 dias; multiplicando por 3 nós temos um *buffer* de 36 dias. A duração total do projeto seria de 111 dias, ou seja, 31 dias a menos do que se utilizássemos CPM com nivelamento de recursos.

Este é um resultado impressionante. Teríamos um projeto 1/4 menor, ainda assim com mais probabilidade de terminar no prazo do que se utilizássemos o planejamento tradicional. Isto é diferencial competitivo!

No entanto, nossa última afirmação não seria totalmente verdadeira. A proteção oferecida pelo *buffer* de projeto não é suficiente para garantir que o projeto termine no prazo. Este é outro problema ignorado por PERT. Existe uma série de tarefas fora da corrente crítica que tiveram sua segurança igualmente suprimida. Desta maneira, a probabilidade de que um destes caminhos convergentes atrase é muito alta. Se isto acontecer, a tarefa da corrente crítica que for subseqüente ao caminho convergente irá ser atrasada e, por conseqüência, o projeto todo também atrasará.

A solução deste problema é aplicar o mesmo princípio do *buffer* de projeto para esses caminhos convergentes. Esses *buffers* ou "pulmões de convergência" protegem a corrente crítica de atrasos fora dela, da mesma forma que o *buffer* de projeto protege a própria corrente crítica. Eles podem ser calculados da mesma maneira que já mostramos, uma vez que são aplicações do mesmo conceito. É este cronograma com *buffers* de convergência que ofereceria todo o diferencial completivo que prometemos acima.

Os *softwares* de gerenciamento de projetos tradicionais ainda não suportam adequadamente os conceitos de corrente crítica. No entanto, podemos criar pseudo-atividades que representem a existência destes *buffers*.

A figura abaixo representa um exemplo de como nosso projeto poderia parecer depois da segurança ser retirada de suas atividades e após a criação dos *buffers* adequados.

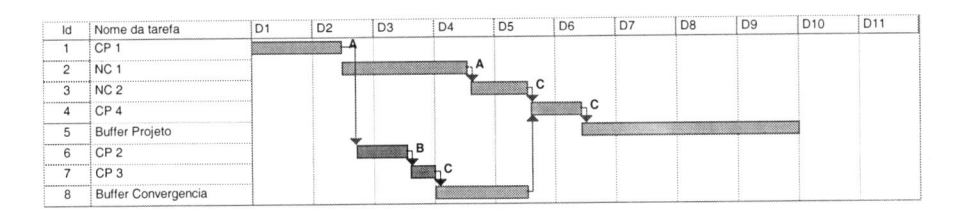

Id	Nome da tarefa	D1	D2	D3	D4	D5	D6	D7	D8	D9	D10	D11
1	CP 1											
2	NC 1											
3	NC 2											
4	CP 4											
5	Buffer Projeto											
6	CP 2											
7	CP 3											
8	Buffer Convergencia											

Estas adaptações são ligeiramente desconfortáveis, pois exigem que os *buffers* sejam controlados manualmente. Para aqueles que adotarem seriamente a filosofia *critical chain* e desejarem suporte de uma ferramenta adequada, existem alternativas de produtos no mercado, fora dos grandes fornecedores. O primeiro e o mais conhecido destes *softwares* é o ProChain Project Scheduling, da ProChain. Ele é, na verdade, uma extensão do MS Project, o que gera a desvantagem de exigir a compra do *software* da Microsoft. Por outro lado, esse aspecto facilita o aprendizado para aqueles que já conhecem o MS Project e permite que os recursos disponíveis para ele sejam utilizáveis com o ProChain.

Um ponto que se deve ressaltar na utilização de *critical chain* é a atenção à formação e à psicologia dos *stakeholders*. A equipe deve se sentir segura de que não será punida por falhar em cumprir durações com 50% de chance. Se a gerência proceder a qualquer tipo de punição, além de demonstrar que não compreendeu o modelo, terá que enfrentar inflação de estimativas por parte da equipe nos futuros projetos. Por outro lado, o *sponsor* ou o cliente pode se sentir tentado a remover ou diminuir radicalmente o *buffer* de projeto. Se isto acontecer, o método falhará e os projetos fracassarão. Eles devem compreender que a alternativa, — o uso dos métodos tradicionais —trabalha com prazos muito maiores e alta probabilidade de fracasso.

Critical chain tem muitas sutilezas e exige uma grande mudança na mentalidade da organização. A descrição adequada de todo o conhecimento e de todas as técnicas necessárias para implementação e uso da filosofia de corrente crítica extrapola o escopo deste trabalho. O leitor é fortemente aconselhado a buscar uma bibliografia específica e/ou uma consultoria especializada antes de tentar utilizá-la. No entanto, a experiência demonstra que os resultados dessa técnica podem ser tão expressivos, que todo o investimento e a mudança cultural necessária são totalmente recompensados.

9.7 Multitarefa e Múltiplos Projetos

O mundo seria muito simples se tivéssemos que nos preocupar com um problema de cada vez. Mas o mundo está longe de ser simples e temos sempre uma pilha de trabalho em cima da mesa. A maneira mais freqüente de lidar com esta pilha de trabalho é tentar executá-los simultaneamente. Na verdade, dividimos nosso tempo entre as múltiplas atividades, alternando entre elas, por exemplo, trabalhando em um projeto pela manhã e em outro à tarde. Este modo de operação é chamado de multitarefa. Aparentemente, esta é uma maneira eficiente de trabalhar, porque além de nos manter ocupados por todo o tempo, permite que todas as pendências sejam resolvidas simultaneamente, mesmo que pouco a pouco. Esta imagem de eficiência é enganosa.

Observe a figura abaixo. Imagine que uma das tarefas de um projeto que você gerencie seja executada por um recurso compartilhado por vários projetos. Se este recurso não tiver outras tarefas para fazer, ele gastará uma determinada quantidade de horas corridas na tarefa e nosso projeto poderá continuar. Este seria o caso da figura "a". Porém, se ele receber duas outras tarefas, mais ou menos do mesmo tamanho que a nossa, e engajar no modo multitarefa, o tempo de entrega irá aumentar drasticamente. Isso é ilustrado pela figura "b".

a) | Nosso Projeto |

b) | Nosso Projeto | Projeto B | Projeto C | Nosso Projeto |

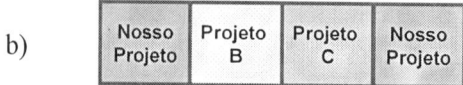

A figura "b" não mostra todo o potencial do problema. As pessoas não conseguem "chavear", instantaneamente, de uma atividade para outra sem perdas. Entre uma tarefa e outra existe um tempo improdutivo que o recurso leva para se preparar para a nova tarefa. Se for uma tarefa física, ele terá que localizar e preparar suas ferramentas e o material trabalhado. Em uma tarefa intelectual ele terá, por exemplo, que localizar documentos relevantes.

Além disso, a produtividade nunca é a mesma de quando a tarefa foi interrompida. Atividades intelectuais freqüentemente interrompidas podem durar para sempre, pois é necessário um tempo para a mente se acomodar à tarefa. Além disso, é comum o profissional ter que voltar um pouco atrás no trabalho, refazendo ou revisando o que já está pronto.

Esses efeitos, em conjunto, são ilustrados pela figura "c".

c) | Nosso Projeto | Projeto B | Projeto C | Nosso Projeto |

Isso não conta toda a história. Até agora pressupomos que o recurso daria igual prioridade a todas as tarefas e que elas teriam aproximadamente a mesma duração da nossa. Esses pressupostos não espelham a realidade. Em primeiro lugar, as pessoas têm a tendência a priorizar as tarefas que elas consideram mais agradáveis. Em segundo lugar, as tarefas podem aparecer em diversos tamanhos e complexidades. Tarefas maiores tenderão a consumir pedaços maiores de tempo. Em terceiro lugar, o recurso pode entender que uma determinada tarefa é prioritária. A prioridade, neste caso, não é necessariamente a importância da tarefa para a organização. Uma tarefa pode receber prioridade porque o cliente é mais "chato", rude ou poderoso em relação ao recurso. Esses efeitos são ilustrados na figura "d".

d) | Nosso Projeto | Projeto B | Projeto C | Nosso Projeto |

Isso ainda não é tudo. Nós ilustramos esses fenômenos dentro do que seria o limite do razoável: apenas três tarefas simultâneas, com mais ou menos a mesma prioridade e tamanho. Se uma tarefa realmente grande, agradável e prioritária aparecer, levará muito mais tempo para ser concluída. E isso ainda não é o pior. Se o número de tarefas aumentar, todos estes efeitos são ampliados a ponto de nossa tarefa poder ser totalmente esquecida pelo recurso. Não estamos falando de tarefas demorando o dobro ou o triplo do tempo planejado, estamos falando de tarefas demorando até dezenas de vezes o tempo planejado. É um efeito devastador!

Nem todo uso de multitarefa, porém, é negativo. Vimos que existem atividades dependentes de esforço e atividades dependentes de tempo. Quando lidamos com atividades dependentes de esforço, o uso de multitarefa sempre leva aos fenômenos que acabamos de analisar. No entanto, atividades dependentes de tempo param por si mesmas. Que o recurso gaste tempo em esperas é inerente a esse tipo de atividade. Podemos usar esse tempo em espera para outras atividades produtivas sem que isto afete o tempo total da tarefa original. No entanto, mesmo este tipo de multitarefa não é isento de riscos. O recurso pode não estar disponível quando o tempo de espera acabar, o que causará atrasos.

Quando lidamos com um único projeto, o uso de técnicas de nivelamento de recursos pode nos ajudar a nos livrar dos efeitos negativos da multitarefa com relativa facilidade. No entanto, quando lidamos com múltiplos projetos o problema se complica.

Vamos analisar o possível impacto da multitarefa em múltiplos projetos através de um exemplo: imagine que um determinado tipo de projeto seja executado pela organização, através de uma seqüência de tarefas, sobre a responsabilidade de departamentos diferentes. Este não é um caso raro. Determinadas encomendas, por exemplo, geram projetos que passam pela engenharia, que deverá especificar o produto, depois vão para a fabricação, sob responsabilidade da manufatura, passam para a logística de entrega do produto e finalmente chegam à montagem final no cliente. Na maioria das empresas, cada departamento se importa apenas com sua parte do processo, sem se preocupar com o projeto como um todo.

Imagine que vários projetos cheguem simultaneamente em uma empresa desse tipo. Os responsáveis por cada projeto devem negociar, individualmente, com cada departamento. Estes procurarão atender, da melhor maneira possível, às demandas conflitantes. Digamos, a título de simplificação, que existem apenas dois projetos e a capacidade atual de cada departamento é suficiente para atender somente um de cada vez. O resultado das negociações poderá ser algo como o cronograma abaixo. Os departamentos tentam atender simultaneamente os dois projetos através de multitarefa.

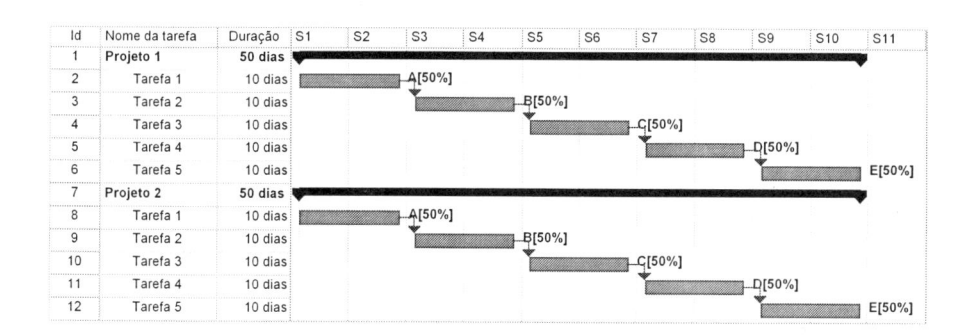

Id	Nome da tarefa	Duração	S1	S2	S3	S4	S5	S6	S7	S8	S9	S10	S11
1	Projeto 1	50 dias											
2	Tarefa 1	10 dias			A[50%]								
3	Tarefa 2	10 dias					B[50%]						
4	Tarefa 3	10 dias							C[50%]				
5	Tarefa 4	10 dias									D[50%]		
6	Tarefa 5	10 dias											E[50%]
7	Projeto 2	50 dias											
8	Tarefa 1	10 dias			A[50%]								
9	Tarefa 2	10 dias					B[50%]						
10	Tarefa 3	10 dias							C[50%]				
11	Tarefa 4	10 dias									D[50%]		
12	Tarefa 5	10 dias											E[50%]

Os dois projetos são atendidos de maneira simultânea. De manhã, o departamento trabalha para um projeto e, à tarde, para outro. Observem que este cronograma não leva em consideração os efeitos de perda de produtividade que já analisamos. Imaginamos uma multitarefa perfeita. Apesar disso, cada projeto levaria o dobro do tempo se tivesse dedicação total da empresa. Isso parece inevitável, certo? A organização só tem capacidade para atender a um projeto de cada vez e aceitou duas encomendas.

Vejamos o problema por outro ângulo: digamos que alguém tenha a idéia de unir os dois projetos e fazer um nivelamento de recursos. O que aconteceria se o interesse da empresa, como um todo, dirigisse o planejamento, em vez dos interesses individuais de cada projeto? A resposta é mostrada abaixo. Fazemos com que um dos projetos comece um pouco depois e, em conseqüência, eliminamos a multitarefa. O resultado é que ambos terminam muito antes dos prazos do planejamento anterior.

O primeiro projeto termina na metade do tempo e o segundo termina apenas um pouco depois. Isso sem contar com os efeitos negativos da multitarefa sobre a performance. Como em uma das histórias de Malba Tahan: aquele que cedeu acabou sendo grandemente beneficiado.

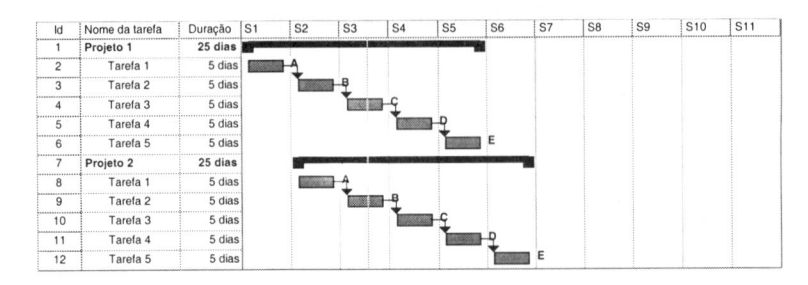

Id	Nome da tarefa	Duração	S1	S2	S3	S4	S5	S6	S7	S8	S9	S10	S11
1	Projeto 1	25 dias											
2	Tarefa 1	5 dias	A										
3	Tarefa 2	5 dias		B									
4	Tarefa 3	5 dias			C								
5	Tarefa 4	5 dias				D							
6	Tarefa 5	5 dias					E						
7	Projeto 2	25 dias											
8	Tarefa 1	5 dias		A									
9	Tarefa 2	5 dias			B								
10	Tarefa 3	5 dias				C							
11	Tarefa 4	5 dias					D						
12	Tarefa 5	5 dias						E					

O que torna o ambiente de múltiplos projetos peculiar em suas dificuldades é essa falta da visão do todo. A competição pelos recursos e o prejuízo geral se tornam difíceis de evitar. Para o trabalhador individual, o ambiente de múltiplos projetos significa responder a diferentes gerentes de projetos e ter que lidar com os desejos de cada um de modo a mantê-los satisfeitos. Para os gerentes de projetos, é um ambiente competitivo e caótico, onde outros projetos tentam roubar parcelas maiores de recursos chaves. Para os gerentes de departamentos significa ter que negociar com múltiplos interesses enquanto usa o que sobra de seus recursos para tocar o dia-a-dia da empresa.

Apenas os acionistas vêem o ambiente de múltiplos projetos como aquilo que ele deveria ser: uma maneira de utilizar os recursos da empresa de modo a atender seus maiores interesses. O problema é que eles têm essa visão, mas não sabem como fazer para que o resto da empresa siga na direção correta.

Algumas abordagens genéricas têm sido sugeridas para o ambientes de múltiplos projetos. Vamos analisar três delas, propostas por Newbold:

- **Planejar todos os projetos em conjunto** – Nesta técnica, todos os projetos são planejados juntos, como se fossem um único projeto. Foi isso que fizemos na segunda parte de nosso exemplo. Essa técnica permite um nivelamento de recursos geral para a empresa e a manutenção do foco nos interesses da organização. Porém, em ambientes complexos, com projetos começando e terminando em datas diferentes e por iniciativa de grupos diferentes, os problemas práticos desta técnica rapidamente se tornam insuperáveis.

- **Projetos sucessivos** – Nesta técnica, cada projeto é planejado individualmente e, posteriormente, inserido dentro de um cronograma composto pelos projetos já existentes. O novo projeto procurará se acomodar da melhor maneira possível e problemas de super alocação são resolvidos caso a caso. Esse método suporta melhor ambientes complexos, porém necessita que todas as informações sobre planejamento e andamento de projetos estejam atualizadas em um ponto central. Além disso, os projetos novos tendem a receber uma prioridade menor que os mais antigos, não por seus méritos, mas simplesmente por uma questão de inércia. Mudanças requeridas pelos novos projetos podem ter um efeito em cascata e alterar o planejamento de toda organização.

- **Recurso estratégico** – Esta técnica é semelhante à anterior e funciona da mesma forma, mas restringe o controle central apenas aos recursos escassos. Os recursos que têm excesso de capacidade não são inseridos no planejamento centralizado. A organização deve identificar os recursos estratégicos e planejar sua utilização pelos projetos. Os outros recursos são alocados por negociação caso a caso. Este método é muito mais simples que os outros dois e resolve boa parte dos problemas. Ainda existirão conflitos de alocação para recursos não estratégicos, mas estes, por definição, toleram um certo desperdício. No entanto, sua simplicidade é apenas relativa, se comparada com os outros dois. Esta técnica ainda exige um considerável planejamento central.

Existe uma necessidade clara de técnicas de priorização de projetos, de modo que a alocação de recursos atenda aos interesses da organização. Todos os três métodos apresentados podem ter aplicação em realidades específicas. Os três têm o mérito de manter o foco no todo e não em otimizações locais. No entanto, nenhum deles nos parece ser capaz de ter aplicabilidade geral nas complexas e ágeis organizações de nosso tempo.

Adiaremos nossa sugestão de solução para o capítulo de Recursos Humanos, porque não se trata de uma técnica de confecção de cronogramas, mas apenas de uma política de gerenciamento de recursos.

Por enquanto, basta observar que tudo que puder ser feito para minimizar os efeitos negativos da multitarefa e evitar otimizações de interesses locais é um passo no caminho certo.

10 Recursos Humanos

O gerenciamento de recursos humanos inclui os processos que têm como missão tornar mais efetiva a utilização das pessoas envolvidas no projeto. Muitos projetos fracassam por falhas na escolha da equipe, ou por baixo envolvimento dos *stakeholders*. Seres humanos podem ser o elo mais fraco ou mais forte do projeto, mas é certo que o fator humano terá uma influência decisiva para o sucesso ou o fracasso.

10.1 Plano de Gerenciamento de Pessoal

As regras e procedimentos que controlam os recursos humanos do projeto devem ser incluídos como parte do plano do projeto.

Esta parte do plano define, entre outras coisas:

- Como a responsabilidade pelo projeto é compartilhada?
- Como os recursos humanos serão alocados ao projeto? Serão utilizados funcionários, terceiros ou ambos? Eles precisam trabalhar juntos ou é possível a alocação remota?
- Quando os recursos serão alocados e desalocados do projeto?
- Como os recursos humanos serão desalocados do projeto?
- Que atividades devem ser executadas para que as pessoas tenham o melhor rendimento no melhor ambiente possível?
- Como as pessoas serão treinadas?
- Como garantir o cumprimento das legislações relevantes?
- Como garantir a segurança física da equipe durante o projeto?

As regras do jogo que influenciam as pessoas estão neste plano. Um conselho, normalmente útil, é explicitamente registrar que os responsáveis pelas atividades são co-responsáveis com o gerente de projetos na garantia de que os profissionais necessários estejam disponíveis a tempo. Também devem ser descritos os mecanismos de apoio a este processo.

10.2 Planejamento de Recursos Humanos

O planejamento de recursos humanos envolve as atividades de identificar e documentar as responsabilidades e papéis de profissionais e grupos no projeto. O benefício máximo para o projeto pode ser obtido quando o planejamento de recursos humanos é feito nas fases iniciais. De pouco adianta informar a um gerente de departamento que sua área tem um papel fundamental na fase do projeto que começa amanhã. As pessoas devem ser envolvidas o mais cedo possível. É tarefa do gerente de projetos mantê-las envolvidas.

O planejamento de recursos humanos deve ser parte integrante do plano de projeto e estar extremamente relacionado com o planejamento de comunicação. Ele deve responder três perguntas simples: quem faz o quê? Quando as pessoas devem se envolver? Quem se reporta a quem no projeto?

10.2.1 Definição de Responsabilidades e Papéis

A pergunta "quem faz o quê?" é a mais importante no planejamento de recursos humanos. Aqui existem duas premissas para o sucesso:

- Os recursos necessários para cada atividade do projeto devem estar disponíveis quando necessário. Não antes ou depois. A quantidade deve ser a absolutamente necessária. Nem mais e nem menos.

- Cada atividade dever ter uma pessoa como responsável. Esta única pessoa deve:
    - Tomar providências para garantir que a atividade tenha sucesso.
    - Tomar decisões que afetem positivamente a probabilidade de sucesso da atividade.
    - Responder pelo fracasso ou problemas da atividade.

A primeira premissa é a base do planejamento de recursos. Nas fazes iniciais do planejamento, não é necessário que o gerente de projetos tenha detalhes de todos os recursos do projeto, incluindo nomes específicos. No entanto, ele deve:

- Garantir que os tipos de recursos planejados (mesmo que não identificados individualmente) poderão ser requeridos por ele quando se tornarem necessários. Por exemplo: pode ser suficiente a garantia formal de um chefe de departamento de que liberará alguém para uma determinada fase do projeto, mesmo se ele não fornecer um nome específico.

- Garantir que os recursos específicos para as próximas atividades estarão disponíveis e cientes de suas tarefas, ou seja, sabendo que papéis irão desempenhar no projeto.

Se a primeira premissa define os papéis ("quem executa o quê?"), a segunda define as responsabilidades ("quem decide e responde pelo quê?") e é condição necessária para o sucesso da primeira.

A restrição de que uma única pessoa seja responsável é importante. Este é um conselho a ser seguido sempre que possível.

A maneira mais efetiva de afundar uma atividade é deixar um comitê responsável por ela. De fato, se você não quiser que um determinado projeto tenha sucesso, mas não quer arcar com a responsabilidade de ir frontalmente contra ele, determine que um comitê seja responsável pela sua execução. Quando o projeto fracassa, por pura paralisia, sempre se pode dizer que uma tentativa foi feita e, como um comitê era o responsável, ninguém é individualmente prejudicado. Comitês servem para analisar problemas por diversos ângulos e tomar decisões pontuais. Nisso são excelentes. Como órgão executivo, simplesmente não funcionam.

Uma possível exceção à regra de responsabilidade pessoal é a de terceirização de parte do projeto. Neste caso, a responsabilidade é tomada contratualmente por toda a organização do fornecedor.

O planejamento de recursos, que define e controla os trabalhadores e equipamentos necessários, é parte integrante do planejamento de atividades. De fato, os *softwares* de controle de projetos permitem que os recursos sejam armazenados como parte do registro da atividade. Eles fornecem inclusive histogramas de utilização de recursos. Falaremos deles no item seguinte.

A definição de responsabilidades, porém, deve ser parte do plano do projeto. A ferramenta mais utilizada para esta definição é chamada de matriz de responsabilidade. A matriz de responsabilidade liga a WBS a pessoas (preferencialmente) ou grupos. A ligação pode ser feita em qualquer nível da WBS. Se uma pessoa é designada como responsável por um nível superior, ela se torna automaticamente responsável por todo o ramo da árvore que está abaixo deste nível. Em níveis inferiores, a responsabilidade pode ser delegada, mas, como em qualquer delegação, o responsável superior pode se livrar dos detalhes sobre a atividade, embora não possa se livrar da responsabilidade sobre ela.

Além da responsabilidade direta, outros tipos de relacionamento com as atividades podem ser registrados, tais como o de aprovador ou simples colaborador. O importante é que as pessoas saibam o que se espera delas.

É comum colocar o cargo ao lado do nome da pessoa. Isso serve para guiar o Gerente de projetos caso haja mudanças na estrutura da empresa durante o projeto (o que pode incluir a substituição do próprio gerente do projeto). O exemplo abaixo mostra uma matriz possível montada a partir da WBS.

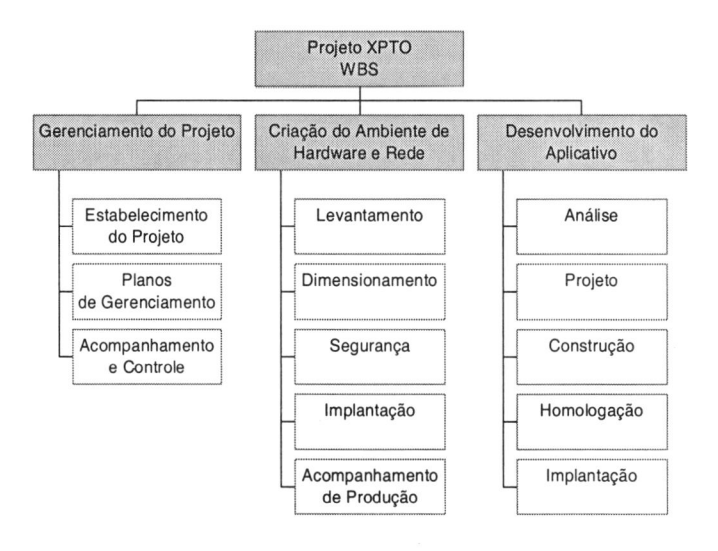

```
                        Projeto XPTO
                           WBS
        ┌──────────────────┼──────────────────┐
Gerenciamento do Projeto   Criação do Ambiente de   Desenvolvimento do
                           Hardware e Rede          Aplicativo
        │                      │                      │
  Estabelecimento          Levantamento             Análise
  do Projeto
        │                      │                      │
  Planos                   Dimensionamento          Projeto
  de Gerenciamento
        │                      │                      │
  Acompanhamento           Segurança                Construção
  e Controle
                               │                      │
                           Implantação              Homologação
                               │                      │
                           Acompanhamento           Implantação
                           de Produção
```

Pessoa \ Atividade	Gerenciamento do Projeto	Acompanhamento e Controle	Criação do Ambiente	Segurança	Desenvolvimento do Aplicativo
João - Gerente do projeto	R	R			
Maria - Gerente dos usuários	P	A			
José - Ger. de produção		P	R		P
Pedro - Coord. de segurança				R	
Tiago - Ger. de sistemas		P	P		R

R – Responsável   A – Aprova   P – Participa

10.2.2 Alocação e Liberação de Pessoal

No item anterior, verificamos como as responsabilidades são registradas na matriz de responsabilidades. Vimos que os papéis de execução são registrados no próprio *software* de projetos. Mencionamos também que não é prático tentarmos individualizar os papéis muito cedo no projeto.

Nesta seção, veremos como o gerente de projetos e os responsáveis pelas atividades controlam a forma como os recursos humanos serão alistados e liberados do projeto. Existem alguns mecanismos para auxiliar o gerente de projetos nesta tarefa: um mecanismo prevê a utilização de histogramas de utilização de recursos. Os *softwares* de projetos podem ler as informações registradas por atividade e fornecer uma visão por recurso. Esta visão toma forma de histogramas que fornecem a informação de quando um recurso será necessário. A próxima figura contém histogramas exemplos tirados de nosso projeto simplificado. Analisá-la pode demonstrar alguns casos interessantes.

O primeiro recurso, o analista de suporte, começa junto com o projeto. Isso significa que ele já deve ter sido designado antes do projeto começar. Se ele não for alocado a tempo, o projeto já começará atrasado. Uma das características do mau gerenciamento de projetos é a de permitir que ocorram buracos na alocação de recursos dentro do caminho crítico do projeto.

Analisando um pouco mais este recurso, vemos que ele fica sem tarefas durante a terceira semana do projeto. Este é um tempo proporcionalmente curto em comparação ao tamanho do projeto. Nestes casos, o gerente de projetos pode analisar a alternativa de não liberar o recurso durante a semana ociosa. Com isto ele evita que haja atrasos no retorno do recurso à atividade na semana seguinte. É claro que esta alternativa irá depender de negociação com o responsável pelo recurso e do custo que esta semana adicional pode causar ao projeto, mas estes problemas devem ser pesados contra os riscos da liberação temporária do recurso.

O segundo recurso começa após o projeto já ter se iniciado. O risco de falhas na ativação neste tipo de recurso é maior. Isso porque, na alocação da equipe inicial, o problema tinha toda a atenção do gerente de projetos mas, nas alocações que ocorrem no meio do projeto, o gerente de projetos está com sua atenção dispersa entre os diversos aspectos da administração do projeto. Os histogramas são um meio de alertar o gerente de projetos para estas mudanças no *status* de alocação.

Novamente aqui, a alocação do recurso é irregular durante o projeto. Após a terceira semana ele não tem qualquer atividade. Porém, deve retornar ao projeto na última semana. Neste caso não há muita opção. Não se pode exigir que um recurso fique a maior parte do tempo do projeto parado, enquanto aguarda que seja necessário novamente. O gerente de projetos deve liberá-lo e fazer acordos para garantir que ele esteja novamente disponível quando necessário.

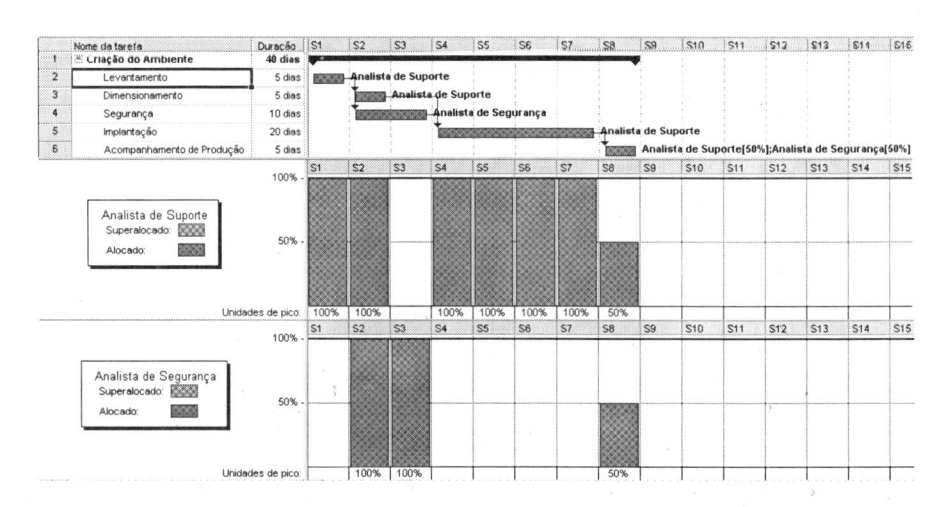

Na verdade, este caso é apenas um exemplo de uma situação bastante comum. Freqüentemente o gerente de projetos não tem funcionários diretos. Todos os recursos para o projeto devem ser obtidos com outras áreas ou com terceiros. Não basta o gerente de projetos enviar, no início do projeto, uma requisição de recursos para o responsável e esperar que eles apareçam nos prazos determinados. É quase certo que, ao longo do tempo, os compromissos com o projeto sejam esquecidos. Para evitar isto, o gerente de projetos pode enviar notificações sobre a previsão de uso dos recursos. Podem ser usadas notificações com uma antecedência prefixada (por exemplo uma semana antes do recurso ser necessário), com antecedência ajustada pela dificuldade de obtenção do recurso (por exemplo especialistas ocupados podem receber avisos com mais antecedência), ou mesmo um sistema com múltiplas notificações (por exemplo três alertas com antecedência de um mês, uma semana e dois dias).

Estas notificações podem ser formais (como um sistema de autorização de trabalho) ou tão informais quanto um telefonema. No entanto, o gerente de projetos deve manter registros de controle sobre estas atividades.

Tanto quanto a alocação, a adequada liberação dos recursos deve ter a atenção do gerente de projetos. Recursos cobrados por hora podem ser uma despesa alta se não forem liberados.

Um aspecto constantemente esquecido pelo gerente de projetos é que, em muitos casos, o emprego dos membros da equipe é vinculado à existência de projetos. Isso é especialmente verdadeiro em organizações de projetos. Se um membro da equipe vê a data de fim de sua alocação se aproximar sem que ninguém converse com ele sobre o futuro, certamente pensará o pior. Ele sabe que, se não houver um novo projeto, ele pode ser dispensado. A fuga de recursos nas fases finais de um projeto pode ocorrer se as pessoas começarem a procurar outros empregos de maneira preventiva.

A única maneira de evitar este problema é a comunicação. A menos que você esteja realmente planejando a demissão de toda a equipe, esclarecer seus planos e perspectivas de forma honesta vai ajudar a mantê-los.

10.2.3 Aquisição de Pessoal

Nos itens anteriores, nós vimos como um gerente de projetos deve definir os papéis necessários para o projeto e controlar a alocação e liberação destes recursos. Neste item nós esclareceremos o processo que vai da identificação de um papel até a individualização do recurso que o executará.

O primeiro passo é detalhar as necessidades do projeto. No cronograma pode estar especificado que será necessário um determinado perfil genérico, por exemplo, um programador. Mas isto é insuficiente. É preciso definir o conhecimento requerido para o programador e também seu nível de experiência. Essa definição pode dar origem ou não a um documento formal de perfil de pessoal, mas ela deve estar clara na mente do gerente do projeto.

Uma vez definidos os perfis, o gerente do projeto pode lançar mão de três vias para aquisição de pessoal:

- **Pré-alocações** – Em alguns casos uma equipe pode ter sido pré-alocada para o projeto. Este é o caso quando o projeto é fruto de uma concorrência e a especificação do time de projeto era parte da proposta. Também acontece que alguns gerentes de projetos são também gerentes funcionais e têm a sua disposição um time de profissionais alocáveis ao projeto.

- **Negociações** – O gerente de projetos pode ter que negociar com gerentes funcionais ou outros gerentes de projetos os recursos necessários para o projeto. Habilidades de negociação, um bom patrono e um projeto com boa visibilidade valem ouro nestes casos.

- **Terceirização** – O processo de terceirização pode ser utilizado para obter os recursos desejados. Isso é necessário quando a organização não dispõe de uma equipe com os perfis necessários ao projeto. Mesmo quando estes recursos existem, eles podem já estar comprometidos com outros projetos. É altamente recomendável para um gerente de projetos que tenha que terceirizar sua equipe formalizar em detalhes o perfil de cada recurso necessário.

10.2.4 Organograma do Projeto

O organograma do projeto é um gráfico que mostra os relacionamentos de reporte no projeto. Em projetos maiores, em que o trabalho de gerenciamento do projeto é dividido, ele pode ser altamente complexo. Em projetos menores, a estrutura hierárquica pode ser tão simples e conhecida que dispense a criação do diagrama.

Um uso interessante do organograma é incluir além da linha de reporte abaixo do gerente de projetos os relacionamentos entre os diversos "*stakeholders*. Por exemplo: ele pode definir, entre os clientes, qual tem a decisão final em relação ao escopo, ou incluir um registro de quem é o *sponsor* do projeto logo acima do gerente de projetos.

10.3 Alocação de Recursos no MS Project®

A maioria dos conceitos sobre planejamento e criação de cronogramas é facilmente traduzida durante a utilização de ferramentas de *software* como o MS Project®. Cada atividade é uma linha no gráfico de Gantt. Uma hierarquia de atividades semelhante à WBS pode ser criada pelo uso de tarefas de sumário. As dependências entre tarefas são registradas por *links* entre elas. Após o planejamento, a ferramenta tem uma opção de *menu* que permite o salvamento da linha de base do projeto.

No entanto, no caso da alocação de recursos, o usuário deve conhecer um pouco do funcionamento interno da ferramenta, de modo a utilizá-la corretamente. Os algoritmos embutidos fazem suposições com base em determinadas configurações e ajustam parâmetros de prazo, esforço e unidades de recurso, automaticamente. É freqüente que o gerente de projetos tente fazer uma alteração no planejamento e receba uma mudança no cronograma que não espera ou compreende. De modo a prover informação para resolver este problema, vamos sair um pouco da linha deste trabalho e mergulhar no maravilhoso mundo do MS Project®.

Quando uma tarefa é inserida no MS Project® e tem sua duração especificada, a ferramenta não aloca automaticamente nenhum recurso. Se inserirmos uma tarefa de 80 horas, isso refletir-se-á em uma duração de 10 dias. Se olharmos o registro de trabalho, ele estará zerado. Se não há recursos, não há trabalho.

No momento em que inserirmos a primeira lista de recursos na tarefa, o MS Project® calculará o trabalho. Se, por exemplo, informamos que dois recursos estão alocados para nossa tarefa e que ambos terão uma dedicação de 50%, então a ferramenta alocará um total de 80Hh (homens-hora) de trabalho. Até este ponto não importa que configuração esteja definida para a tarefa, o MS Project® agirá sempre da mesma maneira.

No entanto, o gerenciamento de projetos é uma atividade dinâmica. É muito comum que precisemos modificar o planejamento inicial de uma atividade. Poderemos descobrir que a atividade precisa de 100Hh de esforço e não de 80Hh. Ou poderemos querer aumentar a quantidade de recursos pretendendo diminuir o prazo. Várias alterações são possíveis. No entanto, a maneira da ferramenta reagir às alterações pode variar radicalmente. Cada tarefa pode ser individualmente configurada para diferentes reações.

A reação do MS Project® é governada por uma equação bastante simples:

Duração Total = Trabalho Total / $\sum$ Unidades de Recursos

Em nosso exemplo, a duração total é de 80hs, e o trabalho total é de 80Hh, sendo executado pelo total de 1 homem (50% do recurso A mais 50% do recurso B). A conta confere perfeitamente e o MS Project® vai garantir que ela continue batendo, não

Em nosso exemplo, a duração total é de 80hs, e o trabalho total é de 80Hh, sendo executado pelo total de 1 homem (50% do recurso A mais 50% do recurso B). A conta confere perfeitamente e o MS Project® vai garantir que ela continue batendo, não importando o que o usuário faça.

A primeira configuração importante é um pequeno campo chamado de "controlada pelo empenho". Quando este campo está desabilitado, qualquer recurso adicional que a tarefa receba gera um aumento do trabalho total. O MS Project® vai entender que o gerente de projetos inicialmente sub dimensionou o esforço e está adicionando recursos para corrigir isto. O prazo da tarefa permanece inalterado.

Quando o campo "controlada pelo empenho" está ligado, porém, o MS Project® entende o exato oposto. Este é o modo conhecido como trabalho por mutirão, em que os recursos adicionais diminuem o esforço individual. O esforço em homens-hora no campo trabalho permanece inalterado e a ferramenta entende que outras dimensões na tarefa devem ser alteradas. Qual delas depende de uma outra configuração que veremos a seguir?

Se analisarmos a equação, veremos que tem 3 variáveis e o gerente de projetos pode mudar apenas uma de cada vez. A ferramenta tem que decidir o que fazer com as outras duas para que a equação permaneça equilibrada. O que ela faz é definir que uma delas deve permanecer fixa, e modificar a que sobra. Essa é a segunda configuração importante, definida no campo "tipo de tarefa".

O campo "tipo de tarefa" pode ter 3 valores possíveis: unidades fixas, duração fixa e trabalho fixo.

O que acontece se mudamos de idéia com relação a nossa tarefa exemplo e resolvemos que os recursos ficarão alocados integralmente à tarefa? Estamos modificando o somatório de unidade de recursos passando de 1 homem (50% de A e 50% de B) para 2 homens (100% de A e 100% de B). O MS Project® tem que reagir para equilibrar a equação. Se definirmos que a tarefa é do tipo "trabalho fixo", então a ferramenta modificará a única dimensão que sobra, a duração. Seguindo a equação teremos:

Duração Total = 80Hh / 2H = 40h

Por outro lado, se tivermos definido que a tarefa é do tipo "duração fixa", a ferramenta modificará o trabalho total.

Trabalho Total = 80 h * 2H = 160Hh

Se a configuração estiver em "unidades fixas", o MS Project® também alterará o trabalho.

Vejamos uma outra possibilidade: digamos que não fizemos o exercício anterior. Em vez disso voltamos ao planejamento original e a dimensão que desejamos alterar é a duração da atividade. A duração passa a ser 40hs. Se definirmos que a tarefa é do tipo "trabalho fixo", a ferramenta terá que modificar a dimensão restante, unidade. Seguindo a equação teremos:

$$\sum \text{(Unidades de Recursos)} = 80\text{Hh} / 40\text{h} = 2\text{H}$$

O MS Project® perceberá que tem que dobrar as unidades de cada recurso, passando a alocação de cada um deles de 50% para 100%.

Se estamos lidando com "unidades fixas", a ferramenta ajustará o trabalho total da atividade.

$$\text{Trabalho Total} = 40\text{ h} * 1\text{H} = 40\text{Hh}$$

Se a tarefa estiver com "duração fixa", ela seguirá, neste caso, o mesmo comportamento de "unidades fixas".

Falta analisar como as duas configurações trabalham juntas. No caso de "trabalho fixo" a mudança do parâmetro "controlada pelo empenho" é desabilitada. Isso parece lógico porque se já decidimos que o trabalho total é fixo em qualquer alteração de recursos, ele também será fixo na adição de novos recursos. Mas ainda podemos ter combinações de tarefas "controladas pelo empenho", tanto com "unidades fixas" quanto com "duração fixa".

No caso de "unidades fixas", se aos recursos originais adicionarmos um recurso C com 100% de alocação, a duração da tarefa será alterada.

$$\text{Duração Total} = 80\text{Hh} / (50\% \text{ A} + 50\% \text{ B} + 100\% \text{ C}) = 80\text{Hh} / 2\text{H} = 40\text{h}$$

Nenhuma novidade até aqui. Mas guardamos a situação mais interessante para o final. Se a tarefa for do tipo "duração fixa" e já fixamos o trabalho total, então a única coisa que o MS Project® pode fazer é alterar a própria unidade de alocação. Se o trabalho permanece fixo em 80Hh e a duração permanece fixa em 80hs, a equação nos informa que:

$$\sum \text{(Unidades dos Recursos)} = 80\text{Hh} / 80\text{h} = 1\text{H}$$

Nós inserimos um recurso adicional e agora o MS Project® tem 3 recursos reais para dividir uma unidade de recursos. O que a ferramenta pode fazer? A resposta é que passamos a ter 33% de alocação de A, 33% de alocação de B e 33% de alocação de C. Obviamente o gerente de projetos, que acabou de informar que queria que o recurso C ficasse 100% alocado à tarefa, ficaria extremamente confuso com o resultado. Provavelmente, ele ficaria olhando para a tela amaldiçoando o *software*. No entanto, a raiva é inútil. Uma vez que entenda como o MS Project® funciona, você pode convencê-lo a fazer exatamente o que quer, bastando apenas configurar essas duas opções.

Uma informação útil aqui é que o comportamento padrão do MS Project® é o de tarefas com "unidades fixas" e "controladas pelo empenho", e esta configuração é justamente a mais adequada e comportada para a maioria das situações. Além disso, é importante saber que a alteração das configurações deve ser feita antes do replanejamento. Uma vez que o MS Project® fizer algo estranho porque a tarefa estava configurada para "duração fixa", de nada adiantará mudá-la para "unidades fixas", porque ele não recalculará absolutamente nada. Nestas horas é que damos valor àquela cópia de segurança, em disquete, que fizemos do planejamento original. Se é que não esquecemos de fazê-la.

10.4 Recursos Compartilhados

Voltaremos agora ao problema da utilização de recursos compartilhados em um ambiente de múltiplos projetos. Vamos recordar algumas de nossas conclusões relacionadas ao assunto:

- O uso de multitarefa em atividades dependentes de esforço sempre leva a desperdícios de tempo. A maneira mais eficiente de lidar com uma pilha de trabalhos deste tipo é dedicar sua atenção total a cada trabalho e só iniciar o próximo quando o anterior estiver encerrado.

- Mesmo sem os efeitos negativos da multitarefa, quando um recurso é compartilhado entre múltiplos projetos, a duração real das atividades não será igual ao esforço estimado convertido para horas ou dias corridos. Isso porque, se duas ou mais tarefas forem simultaneamente enviadas para o recurso, somente uma delas poderá ser iniciada imediatamente.

- Se os recursos compartilhados forem administrados por negociação individual com cada projeto, o resultado provável é o uso de multitarefa e a priorização inadequada das atividades, gerando problemas graves de atrasos.

- As técnicas de administração de recursos compartilhados através de planejamento centralizado são trabalhosas, altamente dependentes da qualidade do registro de informações e inadequadas para a maioria dos ambientes complexos.

Precisamos de um processo que priorize os projetos mais importantes, mantenha foco nos interesses globais da organização e diminua os prazos de entrega dos projetos, sem que um controle central excessivo seja utilizado. Parece uma missão impossível!

Primeiramente, precisamos compreender melhor o fenômeno com que estamos lidando. Existem diversos níveis e tipos de compartilhamento de recursos, e por isso devemos estabelecer exatamente qual é o problema que nos preocupa.

A rigor, qualquer recurso que não esteja 100% comprometido ao projeto pode ser definido como compartilhado. Mas esta definição é abrangente demais. Digamos que determinadas tarefas esporádicas ao longo do projeto exigem um recurso que não pertence à equipe dedicada. Já vimos que, utilizando as técnicas de alocação e liberação de pessoal descritas neste capítulo, podemos gerenciar a participação destes recursos com um mínimo de dificuldades. Desta maneira, eles se dedicam 100% às suas tarefas, embora não tenham dedicação exclusiva ao projeto como um todo.

Em outros casos, haverá recursos que não poderão ter dedicação integral, mesmo na tarefa. Digamos, por exemplo, que precisamos de um funcionário do cliente para atividades de validação de *deliverables* e produtos intermediários. Se essas tarefas exigirem um tempo considerável, o cliente talvez não possa autorizar a dedicação exclusiva do funcionário. É comum que o funcionário seja liberado para trabalhar no projeto, por exemplo, pela manhã e, à tarde, em suas atividades normais. Como conseqüência, o tempo das tarefas aumentará e sofreremos alguns dos efeitos nocivos da multitarefa. No entanto, esse nível de compartilhamento pode ser planejado com antecedência e seus efeitos sobre o cronograma, previstos. De qualquer forma, o cliente se recusará a ceder o recurso em tempo integral e só nos resta a resignação com esta solução conciliatória.

Este tipo de compartilhamento, porém, exige um cuidado adicional. Temos que garantir que o recurso efetivamente dedicará ao projeto o tempo combinado. Preferencialmente, devemos tentar remover o recurso de seu local normal de trabalho e/ou enviar um membro da equipe do projeto para acompanhar a execução da tarefa nos horários combinados. É claro que é prudente ter bastante flexibilidade no controle da dedicação de um recurso do cliente. Devemos apenas tentar que, na média, ele ofereça ao projeto a dedicação combinada. O que definitivamente não funciona é enviar o trabalho do projeto ao recurso e voltar para cobrar os resultados na data marcada. O projeto entrará como mais uma das tarefas em cima da mesa e, sem nenhuma cobrança constante, acabará tendo prioridade cada vez menor.

Esses recursos não dedicam 100% do tempo ao projeto ou às suas tarefas. Mas as técnicas de negociação caso a caso, juntamente com um bom acompanhamento da execução das tarefas, parecem ser suficientes para resolver ou, pelo menos, controlar o impacto do problema. Ainda não localizamos nosso problema.

Precisamos nos perguntar: que tipo de recurso compartilhado gera todos os efeitos desastrosos que analisamos, como atrasos de dezenas de vezes o tempo planejado que ameaçam projetos e organizações inteiras? A resposta pode depender do tipo de organização e até variar de projeto para projeto. Veremos, mais tarde, que identificar estes recursos não é difícil. Bata procurar por seus efeitos. A título de exemplo, podemos identificar o caso mais comum. Trata-se de departamentos que fornecem serviços para a organização. Essas áreas oferecem, por definição, serviços compartilhados. Elas recebem solicitações de toda a empresa, têm sempre uma pilha de pendências e negociam caso a caso diretamente com os solicitadores. São o ambiente perfeito para o aparecimento de multitarefa, prioridades equivocadas e atendimentos absurdamente demorados.

Para esses casos é que precisamos de ferramentas especiais, além das técnicas de negociação e do planejamento central. A solução é muito mais simples do que se pode imaginar pela extensão do problema. Trata-se da mera aplicação de bom senso e algum conhecimento sobre certos fenômenos probabilísticos. No entanto, a implementação da solução exige mudanças de mentalidade gerencial que não são, de modo algum, triviais.

Para ilustrar a solução usaremos um problema retirado de um caso real, em um de nossos clientes. A área de Tecnologia da Informação deste cliente era composta por profissionais selecionados por critérios rígidos, que recebiam treinamentos freqüentes. Consultoria, *software* e *hardware* eram disponíveis de maneira abundante, bem acima da média do mercado. A quantidade de profissionais, tanto efetivos quanto terceiros, era superior ao normal no mercado. Ressaltamos esses pontos para deixar claro que os problemas que descreveremos não eram decorrentes de incompetência técnica ou falta de recursos.

A despeito de todo o enorme investimento que a organização provia para a Tecnologia da Informação, os projetos sistematicamente atrasavam. De fato, eles eram planejados, com freqüência, com o dobro do prazo que seria comum em outras empresas e, apesar disso, atrasos que dobravam ou triplicavam a duração planejada dos projetos eram bastante comuns. A insatisfação das áreas clientes era notória e como, por política da empresa, eles poderiam contratar serviços diretamente de terceiros, muitos projetos saíam completamente do controle da Tecnologia da Informação. É claro que não se chega a uma situação como esta em decorrência de um único problema. Várias premissas incorretas estavam embutidas no estilo e na cultura administrativa da empresa, mas as falhas na utilização de recursos compartilhados, como veremos, contribuía enormemente para a situação. Por isto mesmo gerariam o maior impacto positivo se solucionadas.

10.4.1 Identifique a Restrição do Sistema

Nosso método é uma aplicação dos princípios da teoria das restrições de Goltratt e começa com a identificação do problema. Em nosso caso, precisamos descobrir o que está causando os atrasos. Para isto não é necessário nenhum ferramental matemático ou técnica complexa de análise. Basta que façamos algumas perguntas aos gerentes de projetos:

- *Em que tipo de tarefas os projetos começam a atrasar?*

- *Que tipo de atividade demora desproporcionalmente em relação ao esforço estimado para sua execução?*

- *Existe alguém ou algum setor que precisa ser cobrado e pressionado para que o trabalho seja feito?*

Se existir um problema de "gargalo" no processo, estas perguntas, ou outras semelhantes, apontarão direto para departamentos que prestam serviços compartilhados. Na maioria dos casos, apenas um, ou no máximo dois gargalos serão identificados. As pessoas reclamarão de uma infinidade de problemas, mas o gargalo verdadeiro deverá estar presente na maioria das respostas. No caso do tipo de projetos que tivemos contato em nosso exemplo, a resposta seria praticamente unânime: o problema está na "infra-estrutura".

A infra-estrutura, no caso, era um pequeno departamento, com quatro profissionais liderados por um coordenador sem qualquer capacidade gerencial ou conhecimento administrativo. Todos os gerentes de projetos tinham que negociar com ele. E sua postura era, assumidamente, criar dificuldades para qualquer projeto que aparecesse.

A área era fundamental para qualquer projeto da organização, mas ela era basicamente avaliada pela capacidade de manter o ambiente estável. Evidentemente qualquer projeto gera mudanças no ambiente e esta perturbação tem alta probabilidade de diminuir a estabilidade do sistema. Isso é inevitável e foge do controle da área mas, como dissemos, ela era avaliada pela sua capacidade de manter a estabilidade. Deste modo, qualquer dificuldade artificial que diminuísse o ritmo dos projetos era internamente vista como benéfica.

Além disso, os quatro profissionais deveriam servir não só aos projetos, mas também às solicitações decorrentes das atividades de rotina da empresa. Como resultado, o nível de utilização destes recursos era altíssimo, praticamente sem horas ociosas. Isso era bem avaliado pela gerência como sendo um uso eficiente do orçamento da área.

A conseqüência desse estado de coisas era que, toda vez que os projetos precisavam de serviços da infra-estrutura, eles simplesmente paravam. Problemas que poderiam ser resolvidos em uma hora se arrastavam por semanas. Como a participação deste departamento ocorria várias vezes ao longo dos projetos, isto tinha o efeito de gerar adiamentos absurdos nos prazos finais.

10.4.2 Explore a Restrição do Sistema

A identificação do gargalo é apenas o primeiro passo de nossa solução. Se fosse possível criar um cronograma centralizado das atividades da infra-estrutura, o problema estaria resolvido. Porém, o tipo de serviço deste departamento não se presta ao planejamento detalhado. As atividades variam muito em esforço e duração, dependendo dos problemas encontrados no caminho. Situações inesperadas podem fazer, e normalmente fazem, com que os projetos necessitem de serviços que não estavam planejados. Para qualquer um que conheça esse tipo de trabalho parecerá claro que um planejamento central das atividades em todos os projetos é completamente inviável.

Sabendo que a infra-estrutura é o gargalo que impede que os projetos tenham melhor performance e que a organização atenda de maneira adequada aos seus clientes, parece lógico que o próximo passo seja evitar desperdícios no uso do gargalo.

Devemos remover qualquer obstáculo para o melhor aproveitamento do gargalo. Em nosso caso, os obstáculos principais estão ligados à política de administração da área. A gerência deve entender a participação da área no sucesso ou fracasso dos projetos e mudar o modo como ela é avaliada. Deve-se buscar um ponto de equilíbrio entre estabilidade e mudança, de modo a atender aos interesses amplos da empresa. Nenhuma dificuldade artificial deve ser criada para os projetos.

A mentalidade do coordenador de minimizar os riscos era outro obstáculo. Qualquer solicitação que pudesse gerar um mínimo de risco à estabilidade da estrutura era negada por princípio, sem avaliar os benefícios para a empresa em correr esses riscos. Qualquer situação que violasse as regras estritas estabelecidas para o atendimento era rejeitada sem qualquer análise ou exceção. Somente depois de várias negociações, o gerente de projetos conseguia o apoio necessário, quando a atividade já estava atrasada.

A mentalidade de otimização local, risco mínimo e cumprimento estrito de regras genéricas tem que ser substituída pelo atendimento dos interesses do todo. Tal mudança de mentalidade, infelizmente, com freqüência passa pela substituição da pessoa na liderança do departamento. O coordenador em questão era o exemplo do resultado de anos de condicionamento, em uma realidade em que o mau comportamento era premiado e o bom punido. Esse fato, aliado as suas limitações de capacidade gerencial, conhecimento e postura pessoal, tornaria a mudança de cultura quase impossível e, sem dúvida, extremamente demorada. A organização deve, em cada caso, fazer uma avaliação profunda da viabilidade da mudança. Um requisito é absolutamente necessário, embora não suficiente: a pessoa deve compreender e concordar com a nova política.

É o líder do departamento "gargalo" que deve orientar a equipe na postura de atendimento aos projetos. Ele deve organizar os trabalhos de modo a evitar o uso incorreto de multitarefa. É ele quem deve liderar a implementação dos próximos passos da solução. Não se consegue nada disto se a pessoa é obrigada a tomar um caminho que não gosta nem acredita.

10.4.3 Subordine tudo à exploração da restrição

Identificamos o "gargalo" e removemos as causas de desperdício, acabamos com os atrasos desnecessários. Mas isso não é suficiente. Fica claro em nossa descrição do problema que a área tem excesso de trabalho. Precisamos de uma maneira de utilizá-la de forma eficiente para a organização.

Este é um problema de otimização de uso de recurso com capacidade limitada. Não podemos atender rapidamente a todas as solicitações. Somos obrigados a priorizá-las.

É fácil perceber que cada projeto deve receber uma classificação de prioridade. Mas quem define a prioridade? Essa é uma questão chave. Certamente, não podem ser os funcionários ou o coordenador do departamento "gargalo". Isso é o que ocorre normalmente quando não existe uma prioridade clara. Como cada projeto possivelmente atende a um cliente diferente, o cliente também não parece ser a melhor opção para definir prioridades. Cada um definirá o seu próprio projeto como o mais importante. O mesmo problema ocorre com os gerentes de projetos.

Não existe uma resposta correta. Os interesses dos acionistas deveriam definir a prioridade dos projetos. Os níveis gerenciais próximos ao topo da pirâmide são mais sensíveis a esses interesses, mas eles podem não avaliar corretamente os projetos. Em alguns casos, se os projetos forem pequenos, talvez nem mesmo tenham interesse em fazê-lo. Níveis gerenciais mais baixos compreendem melhor os projetos e dão mais atenção a eles, mas podem ser influenciados por critérios da política interna da empresa, alheios aos interesses dos acionistas. Por estes fatos, o processo específico deve ser adaptado para cada organização. Aqui, sugerimos um processo genérico.

Os projetos devem nascer classificados como de prioridade "normal". Isso deve garantir que suas tarefas sejam executadas antes das tarefas cotidianas de prioridade mais baixa. Em nosso exemplo, a infra-estrutura deve atender às solicitações dos projetos com *status* "normal" na ordem exata em que chegarem. Atividades que não pertencerem a projetos, mas que sejam mais urgentes, podem ser executadas antes das atividades de projetos normais; caso contrário, as pendências referentes a projetos devem ser atendidas primeiro.

Se algum projeto, por um motivo de negócio, ou porque está atrasado, ou mesmo porque foi planejado com prazos muito apertados, necessitar de um atendimento prioritário, isso deve ser reconhecido primeiro pelo gerente de projetos, que deve então negociar a mudança de *status* do projeto para prioridade "alta".

Se alguma atividade de um projeto com prioridade "alta" for encaminhada para o gargalo, ela deve se tornar a primeira da fila de execução. Se já existirem outras tarefas de projetos de alta prioridade, as mais antigas são executadas em primeiro lugar.

Não é preciso que se crie muitos níveis de prioridade. Desde que a prioridade "alta" só seja usada quando necessário, será suficiente para gerenciar o gargalo. Múltiplos níveis de prioridade podem gerar discussões complexas sobre quem é mais importante. Se a organização preferir criar um esquema de vários níveis, deve haver regras definindo um percentual máximo de projetos para os níveis superiores. Por exemplo, em uma escala que vai de 1(normal) até 5(vital), podemos definir que somente 5% dos projetos podem ser de nível 5.

Organizada de modo a atender a esta política, a infra-estrutura poderia diminuir radicalmente os tempos de atendimento para os projetos prioritários. Os projetos normais também se beneficiariam por um fluxo mais estável e confiável de atendimento. Nenhuma atividade receberia prioridade por critérios que não fossem os interesses do negócio.

10.4.4 Eleve a Capacidade da Restrição

Nos passos anteriores nós garantimos o uso da capacidade atual do gargalo da melhor maneira possível. Em muitos casos, isso pode ser suficiente para gerar um nível de serviço adequado para a empresa.

Em outros, evitar desperdícios e utilizar o gargalo de maneira a privilegiar os projetos mais importantes pode não ser suficiente. Esses passos são absolutamente necessários mas, mesmo depois deles, o gargalo pode continuar a afetar a performance de toda a organização. Nesse ponto devemos nos perguntar: é interesse da organização que este gargalo exista? Talvez isto não faça sentido do ponto de vista do negócio. Neste caso, será o momento de aumentar a capacidade do recurso compartilhado em atender aos projetos.

Em nosso exemplo, houve pelo menos uma vez em que o oposto foi feito. Uma das quatro pessoas da equipe era um técnico excepcionalmente bom e com uma postura de atendimento igualmente boa. No entanto, seu custo estava acima da média do mercado. De modo a reduzir o custo, ele foi substituído por um profissional mais barato. Neste tipo de serviço, a velocidade e qualidade do atendimento variam ordens de grandeza entre um ótimo profissional e um profissional mediano. Se fosse medido em produtividade, a empresa certamente teria uma perda enorme com a troca.

Este tipo de departamento deve garantir que seu quadro contenha os melhores profissionais disponíveis. Performances medíocres não são admissíveis quando os interesses de toda a organização estão em jogo. Um movimento correto seria pesquisar a existência de profissionais fracos na equipe e substituí-los, mesmo que gerando um pequeno aumento de custo.

Em alguns casos podemos aumentar a produtividade sem aumentar os custos. Veremos, no capítulo de qualidade, técnicas de como fazer isso. Basicamente, trata-se de identificar as causas mais freqüentes de problemas e gerar ações que melhorem o processo de atendimento. Se, por exemplo, identificarmos que um determinado tipo de atendimento gasta muito tempo da equipe, podemos analisar maneiras de prestar o mesmo serviço de modo mais rápido, talvez pela racionalização do procedimento ou pelo uso de ferramentas melhores.

Uma outra maneira de aumentar a capacidade disponível é transferir parte do serviço para outras áreas da empresa. Sempre existe alguma redundância dentro das organizações, além do que em outros departamentos podem existir recursos ociosos que seriam úteis para absorver parte das responsabilidades da área gargalo.

Finalmente, chegamos ao ponto mais sensível: aumentar a capacidade da área através de investimentos em recursos extras. Nessa decisão, teremos novamente que combater o erro conceitual universal nas organizações: a otimização local.

Para compreender o problema podemos lançar mão da "teoria das filas". A fila, neste contexto, é o acúmulo de solicitações de trabalho aguardando para serem atendidas pelos recursos da área gargalo. Uma fila é caracterizada por algumas grandezas. Duas das mais importantes são: o ritmo de chegada das solicitações (l) e a taxa de atendimento médio de cada recurso (m). É possível demonstrar que a taxa de utilização média (r) dos recursos é dada pela fórmula:

$$\rho = \frac{\lambda}{M\mu}$$

Onde M é a quantidade de atendentes.

Por exemplo, se temos 4 recursos, cada um com a capacidade de atender, em média, a 5 chamados por dia, e a área recebe 15 chamados por dia, teremos 75% de taxa de utilização. Nesse caso, cada recurso do departamento ficaria, em média, um quarto do tempo ocioso por falta de serviço.

Segundo a teoria das filas, o comportamento da quantidade média de elementos na fila iserá previsível, uma vez que se conheça a taxa de utilização dos recursos. O gráfico abaixo mostra o modelo de uma fila teórica conhecida como M/M/1. Nossa fila real teria valores diferentes, mas o comportamento geral seria o mesmo.

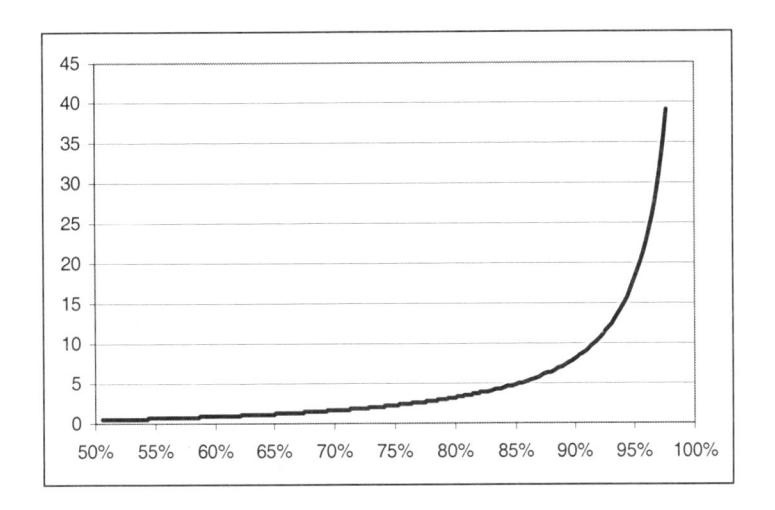

Se o ritmo de chegada das solicitações for maior do que a taxa de atendimento total do sistema, ou seja, se r for maior do que 1, nossa fila teórica irá aumentar infinitamente. No mundo real, será criada uma demanda que poderá ser reprimida ou atendida por um outro meio. Em nosso exemplo, os clientes poderiam desistir de seus projetos ou tentar a terceirização sem a participação da Tecnologia da Informação. Porém, não é necessário que as solicitações superem o atendimento para que os problemas comecem a acontecer.

Na figura, podemos ver claramente que, conforme o índice de utilização aumenta, a quantidade de itens na fila aumenta exponencialmente. Quando temos taxas de utilização próximas a 50%, a fila é muito pequena e assim o tempo total entre uma solicitação e seu atendimento é baixo. Praticamente igual ao tempo real de execução da tarefa sem contar o tempo na fila. Por outro lado, conforme as taxas de ocupação sobem acima de 80%, rapidamente grandes filas são geradas. Em certo ponto, o tempo de espera na fila começa a ser muito maior do que o tempo de atendimento. Podemos ver este fenômeno em nosso cotidiano, quando temos que fazer um pagamento em um banco muito cheio. Para diminuir este problema, em sistemas industriais é comum a substituição de certos equipamentos quando a taxa média de utilização atinge 90%.

Sabemos que a taxa de utilização dos recursos da infra-estrutura era altíssima. Talvez, até maior do que o 100% teórico, uma vez que horas extras eram comumente utilizadas. Como vimos, isso era bem visto pela gerência. Essa é a mentalidade de otimização local. A suposta economia gerada pela manutenção dos recursos com uma alta taxa de utilização gerava filas enormes de trabalho pendente que, por sua vez, geravam atrasos e custos extras em toda a organização. Se olharmos para os gastos da empresa como um todo, e não para os gastos locais de um departamento, veremos que a remoção do gargalo, pelo aumento de capacidade da área, é muito mais econômica.

Quanto precisaríamos adicionar em capacidade? A mesma teoria das filas nos fornece a direção da resposta. Observem que, não importando qual é o tamanho atual da fila, se dobrarmos a quantidade de recursos (M), e não existir nenhuma demanda reprimida, a taxa de ocupação cairá abaixo de 50% e teremos níveis de serviço espetaculares. Isso, provavelmente, seria um desperdício, mas nos fornece um teto para o investimento.

Em nosso caso, como existe demanda reprimida, poderíamos adicionar recursos um a um, monitorando o tamanho das filas e a taxa de utilização, até que esta se estabilize abaixo de 80%.

Uma vez que todos estes passos fossem seguidos, os projetos teriam um aumento significativo de performance. No entanto, rapidamente o nível de exigência dos clientes se adaptaria ao novo nível de serviço e novas restrições de capacidade poderiam surgir em outros pontos da empresa. Assim, o passo final do nosso método é: não deixe a inércia se transformar em uma restrição. Busque um processo de melhoria contínua, em que o sistema é permanentemente questionado em busca de oportunidades de melhoria.

10.5 Desenvolvimento da Equipe

Desenvolvimento da equipe é um processo com dois objetivos:

- Melhorar a habilidade e o conhecimento individual dos *stakeholders* em sua contribuição ao projeto.

- Melhorar a habilidade e o conhecimento da equipe no trabalho em conjunto.

O primeiro objetivo reconhece que uma equipe bem qualificada é essencial para o projeto. De fato, uma boa equipe freqüentemente é a diferença entre o fracasso e o sucesso. Este desenvolvimento individual pode ter uma dimensão gerencial, principalmente para os membros mais seniores, ou técnica, para a maioria.

Por outro lado, a experiência comprova que o trabalho em equipe é fundamental. De nada vale um técnico excelente que cause distúrbios e não apóie seus colegas. O segundo objetivo reconhece que o desenvolvimento como equipe é crítico para o projeto. Algumas técnicas recomendadas são listadas a seguir.

10.5.1 Treinamento Técnico

O treinamento técnico é a atividade mais comum de desenvolvimento de equipe. É também a mais inócua. Embora o treinamento formal seja necessário, particularmente para os membros menos experientes, em muitos casos não gera os aumentos esperados de produtividade.

Membros mais experientes podem se beneficiar da participação em congressos e seminários, trazendo para o projeto as novidades em termos de tecnologia, bem como experiências de outras organizações.

10.5.2 *Mentoring*

Mentoring, ou treinamento durante a execução da tarefa, parece ser um bom meio de aprimorar a capacidade técnica da equipe. O *mentoring* parece mais efetivo quando as questões mais simples já foram endereçadas por meio do estudo individual ou por um treinamento básico. O especialista pode então acompanhar a equipe na execução de tarefas reais, ajudando na solução de problemas práticos e adaptando o conhecimento teórico à realidade do projeto.

10.5.3 Atividades de Construção de Equipe

A melhor maneira de construir o espírito de equipe é envolver os membros no processo de planejamento e nas decisões tomadas durante o projeto.

Algumas vezes um processo mais dirigido é necessário. Técnicas de *coaching* podem resolver o problema de recursos tecnicamente valiosos, mas que têm dificuldades de relacionamento.

Algumas empresas fornecem cursos de melhoria de relacionamento pessoal. Os resultados desse tipo de ação são duvidosos.

10.5.4 Habilidades de Gerenciamento

Cursos de liderança, motivação, etc podem fornecer informações interessantes a serem incorporadas ao repertório da equipe.

Particularmente, cursos de técnicas de negociação podem fornecer ferramentas poderosas para os membros mais expostos a conflitos com outros *stakeholders*.

10.5.5 Sistemas de Recompensa e Reconhecimento

Sistemas de Recompensa e Reconhecimento são ações gerenciais que reforçam comportamentos por meio de algum tipo de recompensa. Esta recompensa pode ter várias formas: financeira, material, uma promoção, uma viagem, reconhecimento público etc. A bibliografia recomenda, normalmente, que os sistemas façam uma ligação clara, explícita e alcançável entre performance e recompensa.

As técnicas de avaliação formal e individual de performance parecem estar entranhadas na cultura de nossas organizações e utilizadas quase universalmente. Na prática, os sistemas de recompensa acabam reforçando apenas o comportamento de obter a recompensa. É muito freqüente que os sistemas de medição sejam enganados por um funcionário esperto. Além disso, mesmo sem manipulações, os próprios indicadores podem levar à otimização local em prejuízo dos objetivos globais. W. Edwards Deming estudou e combateu os sistemas de recompensa individuais. Para ele, esses sistemas retiravam a motivação intrínseca que as pessoas sentem ao realizar suas tarefas. Outros pesquisadores, como Coens e Jenkins, demonstraram as conseqüências danosas e as falhas nos pressupostos dos sistemas de avaliação.

Bons sistemas de recompensa são aqueles oferecidos a toda a equipe, amarrados aos resultados globais do projeto. Esse tipo de sistema reforça o espírito de equipe.

Recompensas individuais (como promoções de carreira) podem ser dadas após uma análise profunda da contribuição individual para o sucesso do projeto e da organização, mas não devem ser automáticas e calculadas sobre indicadores simplistas.

10.5.6 Colocação Física

A colocação de todos ou quase todos os membros do projeto na mesma localidade física melhora a habilidade de trabalhar como uma equipe. Isso é algo que a tecnologia de tele presença ainda não conseguiu substituir.

10.6 Motivação – Teorias X, Y e além

Muito se tem pesquisado, escrito e discutido sobre estímulos à motivação pessoal. Há muito tempo se sabe que as velhas técnicas comportamentalistas de motivação baseadas em recompensas se comprovaram ineficientes. Vamos analisar as principais alternativas que foram propostas ao longo dos anos e propor uma solução que parece ser a mais adequada para projetos.

As idéias de Frederick Hezberg estão entre as mais conhecidas e fornecem uma base para a interpretação de outras teorias. Ele acreditava que as atitudes das empresas com relação a seus empregados podiam ser classificadas em dois conjuntos de fatores:

- **Fatores higiênicos** – Incluíam o salário, o *status* e a segurança oferecidos pelo emprego. Esses fatores não geram motivação, embora sua ausência possa gerar desmotivação.

- **Fatores motivacionais** – O reconhecimento, a responsabilidade, o grau de interesse da tarefa e a possibilidade de atingir objetivos mais elevados poderiam gerar motivação.

No início da década de 60, Douglas McGregor publicava o seu *The Human Side of Enterprise*. Esta obra teve uma influência profunda na maneira de analisar o comportamento de pessoas nas organizações. McGregor afirmava que todas as tentativas de motivar pessoas poderiam ser classificadas de acordo com os pressupostos subjacentes em que elas se baseavam. Ele identificou dois grupos de pressupostos opostos, ou teorias, que suportavam essas tentativas e as chamou de Teoria X e Teoria Y.

- A **Teoria X** assume que as pessoas não gostam do trabalho e precisam ser coagidas, controladas e dirigidas para os objetivos da organização. Além disso, a maioria das pessoas prefere ser tratada desta maneira, uma vez que assim podem evitar responsabilidade sobre suas ações.

- A **Teoria Y** enfatiza o interesse intrínseco que um profissional normal tem pelo seu trabalho, seu desejo de ser auto dirigido e buscar responsabilidades, e sua capacidade de ser criativo na resolução dos problemas do negócio.

McGregor foi influenciado pela hierarquia de necessidades do psicólogo Abraham Maslow. Maslow acreditava que existem cinco conjuntos de objetivos que podem ser chamados de necessidades básicas do ser humano. Quando um nível de necessidades está satisfeito, o ser humano busca satisfação do próximo nível.

- **Necessidades fisiológicas** – como comer e dormir.
- **Segurança** – proteção contra perigos e privação.
- **Amor** – dar e receber afeto ou ter um certo sentimento de pertencer.
- **Estima** – o desejo de se destacar, de ter uma reputação e reconhecimento de seus pares.
- **Auto-realização** – o desejo de se auto-aprimorar e exercer criatividade.

Uma vez que a maioria dos empregos ajudava ou satisfazia as três primeiras necessidades, Maslow sugeria que as empresas deveriam dirigir seu foco para as duas últimas. Assim, McGregor definia a Teoria Y, mais compatível com as idéias de Maslow, como sendo a mais desejável e aconselhava os gerentes a segui-la, o que pressupunha que uma escolha era inevitável. Como a Teoria X já havia se mostrado falha, restava aos gerentes seguir a Teoria Y.

Uma visão, chamada de Teoria da Contingência, questionou a necessidade e a possibilidade de uma solução única, aplicável a todos os casos. Esta é, em nossa opinião, a teoria que mais parece funcionar no ambiente de gerenciamento de projetos. A idéia básica é que não existe uma única maneira correta de motivar pessoas em geral. O que devemos buscar é a técnica mais adequada para ambos, o grupo de pessoas e a tarefa em questão.

Um estudo de Morse e Lorsch, publicado na Harvard Business Review de maio de 1970, analisou a eficiência das Teorias X e Y em diferentes grupos de pessoas e empresas. Eles analisaram dois laboratórios de pesquisa e duas empresas de manufatura. Os pares de empresas analisadas eram muito semelhantes em vários aspectos, menos no estilo de administração de pessoas.

Morse e Lorsch descobriram que um dos laboratórios de pesquisa tinha uma estrutura altamente informal, com poucos controles, ciclos de tempo de avaliação bem amplos e baixa evidência de hierarquia. Essas características levavam ao uso natural da Teoria X e, efetivamente, tanto o nível de motivação dos cientistas, quanto a eficiência dos projetos de pesquisa pareciam ser muito superiores em comparação com o laboratório onde os controles eram relativamente maiores. Ponto para a Teoria X!

Os resultados do estudo para as empresas de manufatura, porém, mostrou um quadro diferente. Uma das empresas de manufatura possuía níveis hierárquicos bem definidos, alto nível de formalismo e de padronização de procedimentos, avaliações e controles freqüentes e baixa autonomia de ação individual. A Teoria X prevê que esse tipo de ambiente sempre resulta em empregados desmotivados e baixa eficiência generalizada, mas isso não espelhava a realidade. Os empregados pareciam muito mais satisfeitos com seu trabalho e a empresa demonstrava resultados melhores do que sua gêmea mais informal.

Os pesquisadores acreditavam que o resultado de sua pesquisa só poderia ser explicado por uma maior adequação do estilo gerencial com a natureza específica das tarefas e dos empregados das empresas. Os pesquisadores dos laboratórios precisavam de liberdade para preservar sua capacidade criativa. Os operários, por outro lado, se sentiam mais seguros conhecendo os procedimentos que levariam automaticamente aos melhores resultados. Do ponto de vista da eficiência, os procedimentos formais se adaptavam ao tipo de indústria do estudo, porque ela possuía um processo simples e altamente estável. Por outro lado, ninguém pode criar um procedimento formal que substitua a criatividade de um bom cientista.

A experiência comprova que um indivíduo tem uma forte necessidade de se sentir adaptado ao meio em que está, e este fator parece ser o mais forte motivador à disposição das empresas. Pessoas que tem seus fatores higiênicos atendidos e que se sentem competentes e adaptadas à cultura do grupo se tornam satisfeitas e contentes. Não importa o quanto você elogie um funcionário ou lhe ofereça prêmios, se ele não se sentir competente e adaptado naquilo que faz, nunca ficará completamente motivado.

Para gerar esta motivação, nossa sugestão é que as organizações coloquem seus esforços em duas frentes:

- **Melhoria de processos** – O modo de trabalho deve ser adequado ao tipo de atividade, de maneira que as pessoas sintam que fazem parte de um sistema, e não que lutam contra um. Conhecimento sobre teoria dos sistemas, variação, teoria das restrições etc deve ser utilizado para aperfeiçoar a organização e sua administração.

- **Política de Recursos Humanos** – A empresa deve buscar pessoas que não só possuam capacidade técnica, mas que tenham, por sua personalidade e características pessoas, maior possibilidade de contribuir para o sucesso da organização. Na maioria dos casos, profissionais compatíveis com os valores e cultura da empresa. Não só o processo de recrutamento deve ter esse foco, mas a administração deve continuamente buscar e substituir aqueles que, claramente, não conseguem se adaptar.

10.7 Gerenciamento da Equipe

O gerenciamento da equipe envolve o acompanhamento da equipe, o oferecimento de *feedback*, a resolução de problemas e o gerenciamento das mudanças necessárias. Na verdade, ele envolve principalmente colocar em prática tudo o que foi dito até aqui.

Quando o gerente de projetos tem autoridade sobre a avaliação da equipe, este processo é relativamente fácil; no entanto, quando eles se reportam para um gerente funcional (seja em uma organização funcional ou numa matricial) este processo pode se tornar extremamente delicado e até frustrante.

Raramente é boa política para um gerente ficar trancado em sua sala, mas para um gerente de projetos este hábito é mortal. Conversar com a equipe ajuda a avaliar a performance e as atitudes de cada membro.

Lembre-se de que, tão importante quanto se esforçar pela premiação e promoção daqueles que tem boa capacidade e atitude, é procurar expelir da equipe aqueles que forem incompetentes e/ou possuírem atitudes inadequadas.

11 Comunicação

Informação é uma arma extremamente importante para o gerente de projetos. Na verdade, todo processo de planejamento e controle do projeto envolve comunicação de informações. Ele deve ser a aranha no centro da teia de informação do projeto. Afinal, ele é o responsável pelo projeto e se não tiver acesso a todas as informações necessárias de forma atualizada, certamente tomará decisões erradas ou, o que talvez seja até pior, não conseguirá tomar decisões.

Existem dois tipos principais de comunicação com as quais o gerente de projetos deve se preocupar:

- **Interna** – Ocorre entre o gerente de projetos e as equipes ou entre as equipes.

- **Externa** – Comunicação da equipe do projeto com os outros *stakeholders*, principalmente os clientes e a alta gerência.

11.1 Plano de Gerenciamento de Comunicação

O plano de gerenciamento de comunicação cobre a definição de regras sobre:

- Quais são as necessidades de comunicação de cada *stakeholder*.

- Como os vários tipos de informação serão coletadas e atualizadas no decorrer do projeto.

- Os fluxos formais de informação, documentando quem deve gerar que informações para quem.

- A estrutura das informações que serão distribuídas. Padrões de documentação (por exemplo o formato de atas de reunião), que, se aplicáveis, devem ser documentados.

- O procedimento de quando cada tipo de informação deve ser produzida e divulgada. Podem-se definir tanto periodicidades quanto eventos geradores.

- Os métodos e tecnologia de acesso e distribuição da informação.

11.2 Comunicação Interna

De uma forma geral, toda equipe de projeto tem algumas necessidades básicas de informação:

- **Responsabilidade** – Cada equipe deve saber que parte do projeto está sob sua responsabilidade.

- **Coordenação** – Cada equipe deve ter conhecimento do trabalho no resto do projeto, de modo que o trabalho se desenvolva de forma conjunta e coordenada.

- **Decisões** – As decisões tomadas devem ser informadas a todas as equipes afetadas, sobretudo decisões que alterem o escopo ou que definam especificações técnicas.

- **Questões, pendências e riscos** – Tudo que pode afetar o projeto deve ser divulgado.

Por outro lado, as equipes devem manter o gerente de projetos atualizado em relação a:

- *Status* – O progresso do trabalho de cada equipe deve ser comunicado, de forma que o acompanhamento do projeto seja possível.

- **Questões, pendências e riscos** – O gerente de projetos só pode tomar ações corretivas sobre aquilo lhe foi informado.

11.3 Matriz de Comunicação

O modo como a informação formal será distribuída para os *stakeholders* deve ser claramente definido. Talvez a maneira mais simples de garantir isso seja através da criação de uma "matriz de comunicação".

A matriz descreve, para cada informação significativa, quem será o gerador e o receptor da informação, com que freqüência ela deve ser gerada e qual formato e meio deve possuir.

O exemplo abaixo se refere a um pequeno projeto com um nível médio de formalização.

Informação	Responsável	Alvo	Freqüência	Formato
Relatório de Acompanhamento	Gerente do Projeto	Sponsor	Semanal	Relatório Word c/ template "RELPROJ.DOT" anexo a e-mail
Produtos acabados em versão final	Gerente do Projeto	Sponsor	Nas milestones	Reunião para apresentação
Mudanças no status de riscos	Gerente do Projeto	Sponsor	Na mudança de status	Telefone, e-mail ou pessoalmente
Histórico do Projeto	Gerente do Projeto	Sponsor	Sempre que alterado	Web Site de Projeto
Informações de Acompanhamento	Responsável pelo Work Package	Gerente do Projeto	Ao término de Work Package ou, no mínimo, Semanal	Telefone, e-mail ou pessoalmente
Mudanças Importantes no Status do Projeto, incluindo Riscos	Equipe do Projeto	Gerente do Projeto	Na mudança de status	Telefone, e-mail ou pessoalmente
Informações de Acompanhamento	Equipe do Projeto	Responsável pelo Work Package	Ao término do Work Package ou no mínimo semanal	Telefone, e-mail ou pessoalmente

11.4 A Sala de Guerra

Freqüentemente os projetos envolvem equipes trabalhando em locais diversos. O projeto, nestes casos, carece de um local físico que o caracterize. Para solucionar este problema, podem ser criadas "salas de guerra" onde os membros do projeto tenham livre acesso e possam compartilhar informações.

Na "sala de guerra" podem estar, em permanente exibição, documentos e informações atualizadas sobre:

- Planejamento e *status* do projeto.
- Decisões importantes.
- Questões, pendências e riscos.

Ao visitar a "sala de guerra", o membro da equipe pode não somente tirar suas dúvidas, mas também entrar em contato com o que está acontecendo no resto do projeto e prever ou resolver questões e problemas.

Atualmente, "salas de guerra" virtuais na forma de *website*" para o projeto vêm sendo bastante utilizadas. Embora não possam substituir a sensação de envolvimento provida por uma sala real, elas são uma excelente solução quando o time ou os *stakeholders* estão geograficamente dispersos.

11.5 Reuniões de *kick off*

O momento exato de início de um projeto nem sempre pode seridentificado. Sendo assim, é aconselhável que o gerente de projetos providencie uma espécie de cerimônia para celebrar o nascimento de um novo projeto e proclamar a todos a sua existência.

Essas cerimônias são comumente chamadas de reuniões de *kick-off*, ou "pontapé inicial". Sua importância não deve ser subestimada. Elas fornecem a energia inicial ao projeto e ajudam no envolvimento dos *stakeholders*. Normalmente se reconhecem dois tipos de reuniões *kick-off*:

- ***Kick-off* interno** – Este é um tipo de reunião em família entre o gerente do projeto e os principais membros da equipe. Não há uma regra fixa de quem deve ser chamado para essa reunião. Podem ser incluídos, por exemplo, os gerentes funcionais que fornecerão a equipe. O objetivo principal é a equalização do conhecimento a respeito do projeto e o estabelecimento de um entrosamento inicial.

- **Kick-off externo** – Essa reunião envolve os clientes e/ou a alta gerência e tem um caráter mais formal. As linhas gerais do plano de projeto devem ser discutidas. O objetivo aqui é aumentar a definição do escopo do projeto e do modo como ele será desenvolvido.

Não é necessário que todos os envolvidos compareçam à reunião. Nós já vimos outras técnicas que permitem uma ação mais abrangente de comunicação. No entanto, o gerente de projetos deve fazer um esforço especial para que aqueles que contribuem para as atividades mais críticas compareçam. Outras pessoas, que tenham uma participação relativamente menor, podem receber cópias das atas de reunião ou um pequeno texto informando o que se espera de sua participação.

11.6 Gerenciamento de *Stakeholders*

Gerenciar os *stakeholders* trata basicamente de administrar as expectativas deles. Em vista disso precisamos de duas coisas: saber quais são estas expectativas e mantê-los informados a respeito. Esta é uma atividade que o gerente do projeto dificilmente pode delegar.

A matriz de comunicação, elaborada após consultas com os *stakeholders* registra suas principais necessidades de informação. Se bem feita e corretamente seguida, será uma arma poderosa para evitar mal entendidos e desalinhamento entre os diversos participantes do projeto. Mas isto não é suficiente. Nos projetos, devemos sempre esperar o inesperado, o não planejado, que possibilite uma maneira de registrar e comunicar os principais fatos e decisões tomadas.

O histórico do projeto é um documento que registra esses importantes fatos sobre o projeto. É recomendável que ele tenha duas seções: o registro ou "*log*" do projeto e um controle de questões pendentes. A distribuição das informações no histórico do projeto deve ser planejada na matriz de comunicação.

Qualquer fato ou decisão significativa deve ser registrado no registro do projeto. Esta seção pode conter, por exemplo, os seguintes dados:

- **Registrado por** – O membro do projeto que registrou o fato.
- **Data de registro** – A data em que o fato foi registrado.
- **Descrição** – A descrição do fato ou decisão.

A seção "questões pendentes" registra questões que precisam ser endereçadas, para garantir o sucesso do projeto. No entanto, normalmente, não parece razoável modificar o cronograma para incluir estas ações de solução. Esta seção pode conter, por exemplo, os seguintes dados:

- **Responsável** – O membro do projeto responsável por resolver o problema.
- **Data de registro** – A data em que a questão foi registrada.
- **Data alvo** – A data marcada para que a questão seja resolvida sem prejudicar o projeto.
- **Data da solução** – A data em que a questão foi efetivamente resolvida.
- **Descrição** – A descrição da questão.
- **Solução** – A descrição da solução.

12 Riscos

A incerteza é uma certeza na vida de um gerente de projetos. Vimos, na definição de projeto, que cada um é único. Cada um reserva suas surpresas apenas para o seu gerente.

Gerenciamento de riscos é uma das maneiras pelas quais a incerteza é sistematicamente gerenciada para que a probabilidade de sucesso do projeto aumente. Praticamente tudo o que o gerente de projetos faz pode ser classificado nesta definição, mas gerenciamento de riscos é um conjunto de atividades em que o gerente de projetos conscientemente busca identificar e lidar com riscos.

O tipo de incerteza que lidamos no gerenciamento de riscos é a que Deming chama de causa especial de variação, ou seja, algo que pode afetar o desempenho do sistema de modo a que ele fuja da variação normal de um sistema sob controle. Por definição, um risco é algo que esperamos que não aconteça. Ele não faz parte do desempenho normal do sistema.

Quando lidamos com o outro tipo de variação, a variação de causa comum, estamos trabalhando com variações dentro de limites de controle. Quando projetos sistematicamente terminam atrasados, não devemos buscar causas especiais, ou seja, não devemos culpar o azar e os riscos. As alternativas são melhorar o processo de desenvolvimento do projeto ou aumentar as nossas estimativas de prazo.

O oposto ocorre quando lidamos com causas especiais de variação. Se aumentarmos nossas estimativas de prazos, ou mudarmos nosso processo em resposta a um acontecimento único, teremos estimativas e processos piores. A maneira correta de lidar com uma causa especial de variação é evitar que ela ocorra ou, se isso não for possível, limitar seu impacto. Em resumo, temos que gerenciar os riscos. Um risco sempre envolve duas características:

- **Incerteza** – O fato real que caracteriza o risco pode ou não acontecer. A incerteza é medida em termos de probabilidade, ou seja, chances em termos de porcentagens maiores do que 0% e menores que 100%. Não existe risco com 100% de chance de ocorrer. Isto não seria um risco, mas uma condição do projeto.

- **Impacto** – Se o risco se tornar realidade, conseqüências indesejadas ocorrerão.

O PMBOK sugere que eventos incertos que podem gerar conseqüências positivas também sejam monitorados. A idéia é a de ativamente buscar oportunidades de ganho. Esta é uma idéia bastante interessante! Sem um esforço ativo neste sentido, o gerente de projetos, focado em solucionar problemas, certamente deixará boas oportunidades escaparem. No entanto, o foco deste capítulo será os riscos negativos: são poucos os gerentes de projetos que fazem qualquer gerência de riscos. Quero estressar a importância destas técnicas para o sucesso do projeto, de maneira que me parece mais fácil começar gerenciando os riscos negativos. Mais tarde, quando esta cultura estiver implantada, podemos usar as mesmas técnicas para gerenciar os riscos positivos. Além disso, os primeiros são mais comuns e normalmente têm um impacto muito maior do que o causado pela perda de uma oportunidade.

12.1 Plano de Gerenciamento de Riscos

O plano de gerenciamento de riscos é parte do plano de projeto e descreve como os riscos são identificados, analisados, respondidos, monitorados e controlados. Ele não contém detalhes sobre riscos específicos. Isso é tarefa do plano de resposta a riscos. Como os outros planos de gerenciamento, o plano de gerenciamento de riscos estabelece as regras do jogo. Alguns itens que podem fazer parte do plano de gerenciamento de riscos:

- **Metodologia** – Define quais são as técnicas, ferramentas e fontes de dados que serão usados no planejamento, incluindo o formato dos relatórios de acompanhamento.

- **Papéis e responsabilidades** – Torna explícita a participação de cada *stakeholder* no controle de riscos. Responsabilidades específicas podem ser registradas na matriz de responsabilidade do projeto. Também é correto definir responsabilidades genéricas, por tipo de *stakeholder*.

- **Orçamento** – Muitas técnicas de resposta a riscos envolvem gastos. Os limites destes gastos devem ser estabelecidos.

- **Tempo** – A época e a freqüência com que as atividades de gerenciamento de risco serão executadas devem ser estabelecidas para garantir que mudanças no perfil de risco sejam detectadas.

- **Limites** – Critérios para medir os graus de risco devem ser estabelecidos. A utilização de matrizes de probabilidade/impacto é um exemplo desses critérios.

O plano de gerenciamento de riscos guia todo o processo de elaboração do plano de resposta a riscos. Na verdade, no PMBOK versão 3, este último documento foi renomeado como "registro de riscos", e este nome será usado em todas as suas etapas. Neste capítulo nós mantemos a nomenclatura antiga, para definir com clareza a fase do processo de elaboração do "registro de risco" que está sendo trabalhada.

12.2 Identificação de Riscos

O primeiro passo para a proteção contra riscos é a identificação. Riscos desconhecidos não podem ser gerenciados. Cada projeto, sendo único, tem riscos específicos, mas projetos semelhantes devem ter riscos semelhantes. As técnicas de identificação de riscos devem ajudar a identificar tanto os riscos específicos quanto aqueles comuns a vários projetos.

O produto do processo de identificação de riscos é simplesmente uma lista de riscos identificados. É aconselhável que esta lista já esteja classificada por tipo de risco.

Após a identificação dos riscos, criamos uma "lista de riscos do projeto", que é o documento de entrada para os processos seguintes de gerenciamento de risco.

Existem três tipos de risco:

1) **Riscos conhecidos** – São aqueles que são descobertos após uma análise cuidadosa das circunstâncias específicas do projeto, das características do produto ou do plano do projeto. São riscos específicos ao projeto, devido à sua característica única.

2) **Riscos previsíveis** – São aqueles que podem ser extrapolados a partir da experiência com projetos semelhantes. São riscos genéricos.

3) **Riscos Imprevisíveis** – O curinga do baralho: não importa o quão minuciosa seja a análise dos riscos envolvidos, sempre pode ocorrer um desastre que ninguém poderia imaginar.

Para identificar estes riscos existem algumas ferramentas. Citamos três:

- **Conversas com os *stakeholders*** – Sessões de *brainstorming*, ou mesmo simples entrevistas com todos os grupos envolvidos no projeto podem ser utilizadas para detectar riscos. Simplesmente, pergunte o que pode dar errado e as pessoas terão prazer em serem altamente criativas. Técnicos especialistas são particularmente bons em apontar "monstros esperando no armário". Deixe que falem e anote o que for compreensível. Essa ferramenta vai lhe oferecer os riscos conhecidos.

- **Uso de registros históricos** – Se existiram projetos semelhantes deve haver considerável quantidade de informação gerada pelos sobreviventes. Os erros passados podem ser repetidos. O que quase aconteceu da última vez pode acontecer realmente dessa vez. Alguns tipos de projetos têm, inclusive, registros estatísticos da ocorrência de problemas. Existem tabelas que fornecem a probabilidade de um incêndio durante uma obra. Dados menos estruturados, como a confiabilidade de um tipo de fornecedor, podem ser obtidos das histórias de terror sobre projetos passados. Esta ferramenta vai lhe oferecer alguns riscos previsíveis.

- **Uso de *checklists* ou *risk profiles*** – Uma *checklist* de riscos é uma lista de perguntas, normalmente agrupadas por categorias, que endereçam as áreas de incerteza tradicionais para o tipo de projeto. Esta ferramenta também vai lhe oferecer alguns riscos previsíveis.

12.2.1 *Checklists* de Riscos

Checklists de riscos são desenvolvidas com base em informações históricas e conhecimento acumulado em projetos similares. Uma grande vantagem destas listas é a facilidade de utilização. Elas rapidamente guiam o gerente de projetos para um questionamento sobre as possibilidades de erro em seu projeto.

Muitas *checklists* padronizadas estão publicadas ou disponíveis na *Internet*. *Checklists* são ferramentas utilizadas para descobrir riscos previsíveis. Existem vários níveis em que os riscos são genéricos, e uma diversidade de riscos inerentes à natureza de todos os projetos. O risco de alterações do escopo, por exemplo, é possível em qualquer projeto, uma vez que todo projeto tem um escopo. Listas com este nível de generalização têm uso limitado. Outros riscos são inerentes à atividade relacionada ao projeto. Projetos de desenvolvimento de sistemas de informação têm riscos ligados à tecnologia, por exemplo, enquanto outros são inerentes à organização que hospeda o projeto.

Quanto mais específica for a lista, e mais adaptada próxima da realidade do projeto, mais útil ela será. Idealmente, o desenvolvimento das *checklists* deve ser parte de um processo contínuo. Ao final de um projeto, o que foi aprendido é incorporado à *checklist*.

As perguntas das *checklists* são normalmente organizadas em categorias ou fontes de risco. Podem existir perguntas referentes ao time do projeto, ao cliente, a tecnologia envolvida, ao produto, ao gerente do projetos etc.

Abaixo está um pequeno exemplo de *checklist* de riscos.

Fontes de Risco	Perguntas sobre riscos
Ambiente	Faltam ferramentas necessárias para a gerência do projeto?
Ambiente	Faltam ferramentas necessárias para o desenvolvimento do produto?
Cliente	Trata-se de um cliente desconhecido?
Cliente	O cliente parece resistente à formalização?
Cliente	O cliente parece não engajado no projeto?
Cliente	O cliente parece não aceitar as regras acordadas para o projeto?
Equipe	Falta experiência à coordenação?
Equipe	Falta experiência à equipe?
Equipe	A equipe é desconhecida?
Equipe	Existem membros trabalhando part-time no projeto?
Equipe	O turnover da equipe pode ser um problema?

O gerente de projetos deve analisar cada pergunta e definir os riscos existentes e relevantes ao projeto, registrando-os para as próximas etapas do gerenciamento de riscos.

12.3 Análise Qualitativa de Riscos

A análise qualitativa de riscos é o processo de avaliar as duas características básicas dos riscos: probabilidade e impacto. O processo prioriza os riscos identificados de acordo com seu efeito potencial nos objetivos do projeto. Para cada risco deve ser estimada a probabilidade de que ele se torne realidade. Esta probabilidade normalmente é expressa em percentagens, mas pode também ser descrita qualitativamente (muito alta, alta, moderada, baixa e muito baixa, por exemplo). Pode ser estabelecida uma escala de conversão. Por exemplo: uma probabilidade muito alta pode equivaler a 75% de chance de ocorrência.

O impacto também pode ser definido por uma escala ordinal (muito alto, alto, moderado, baixo e muito baixo) ou numérica cardinal. Neste último caso, não há necessidade de que a escala seja linear. Pode-se usar uma escala não linear (0.05, 1, 2, 4, 8, por exemplo) de modo a realçar os riscos de alto impacto. Algumas vezes, utilizam-se valores financeiros para quantificar o impacto. Nesses casos, os riscos são medidos em moeda corrente. No entanto, há dificuldade de se definir valores em moeda para riscos de natureza intangível, como a insatisfação do cliente ou a perda de capital intelectual.

Devemos ressaltar que o impacto deve ser determinado em relação ao projeto como um todo. Um atraso de 5 dias em uma tarefa do caminho crítico representa um impacto totalmente diferente de um atraso de 10 dias em uma tarefa com folga de 15 dias.

A medida do risco é chamada de exposição. Quanto maior a probabilidade associada ao risco, maior a exposição. E quanto mais alto for o impacto, mais alta será a exposição.

É freqüente que o cálculo da exposição seja simplesmente a multiplicação da probabilidade pelo impacto. Se um evento tem 20% de chance de ocorrer e pode gerar um custo de $50.000, então a exposição é de $10.000. Na verdade, esta é uma boa técnica quando o impacto é medido em termos financeiros. No entanto, é recomendado o uso de técnicas mais sofisticadas para a derivação da exposição ao risco. Uma ferramenta de avaliação é a matriz de probabilidade/impacto. Ela contém valores de exposição associados a combinações de pares de probabilidade e impacto. Por exemplo:

Exposição	Impacto				
Probabilidade	Muito baixo	Baixo	Médio	Alto	Muito alto
75%	0,05	0,09	0,18	0,36	0,72
50%	0,04	0,07	0,14	0,28	0,56
30%	0,03	0,05	0,10	0,20	0,40
15%	0,02	0,03	0,06	0,12	0,24
05%	0,01	0,01	0,02	0,04	0,08

As áreas mais escuras e com maior valor de impacto necessitariam de um tratamento de risco mais intenso do que as mais claras.

Uma ferramenta comum na análise qualitativa é a matriz de riscos. Ela sumariza as informações quanto aos riscos. Um exemplo:

ID	Descrição		Probab.	Impacto
1	Se	Descrição do evento que geraria impacto	30%	Alto
	Então	Conseqüências do evento		

Uma vez que os riscos tenham sido analisados, eles são classificados por exposição, da mais alta para a mais baixa. É improvável que a equipe de projeto possa dar conta de uma lista muito grande de riscos. É mais provável que a lista inteira passe a ser ignorada. Assim, é preferível uma lista menor, mas controlada de maneira ativa pela equipe. Para isto, o gerente de projetos pode ignorar os riscos de pequena exposição.

12.3.1 Teoria da Utilidade

Cada pessoa reage de maneira diferente diante do risco. Aquilo que uma pessoa considera aceitável pode ser absurdamente arriscado para outra. A teoria da utilidade tenta criar um modelo de como as pessoas reagem diante do risco. No âmbito da gerência de projetos, esta teoria poderia ser usada para definir regras de modo a padronizar a análise de riscos, independente de quem execute a análise.

Para entender como a utilidade funciona, imagine que você recebeu um bilhete, com um prêmio de $2000, em uma loteria da festa de fim de ano da empresa. Você pode sair do jogo agora e embolsar os $2000, mas para tornar a brincadeira mais divertida, o organizador da festa propõe um jogo adicional. Se você concordar, o presidente da empresa irá jogar uma moeda. Se o resultado for "cara" você ganha $5000, mas se for "coroa" você perde tudo.

Vamos calcular o valor esperado das duas opções. Se você não continuar jogando, você tem 100% de chance de ganhar $2.000; assim, o valor esperado desta alternativa é $2.000. Mas se continuar jogando tem 50% de chance de ganhar $5.000 e 50% de chance de não ganhar nada. O valor esperado desta opção é $2.500. Desta maneira nossa árvore de decisão nos aconselha a continuar jogando. A grande maioria das pessoas irá parar.

A teoria da utilidade tenta explicar este fenômeno associando um valor, chamado de "utilidade", a cada valor monetário envolvido em escolhas. A utilidade sempre cresce quando os valores crescem, mas não necessariamente na mesma proporção. Imagine que a curva a seguir modela o nosso comportamento na festa.

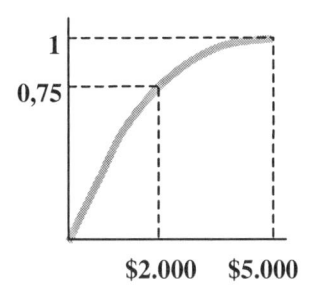

Se calcularmos o valor esperado da utilidade, e não da quantia, chegamos a 0.75 para a opção de aceitar os $2.000 e uma utilidade de 0.5 (50% * 1 + 50% * 0) para a opção de continuar jogando. Isto parece fazer sentido. O dinheiro certo que nos tira da miséria parece ter mais valor do que aquele duvidoso que pode nos tornar ricos.

Segundo a teoria da utilidade, existem três posturas genéricas com relação ao risco. Estas posturas poderiam ser modeladas por uma das três curvas abaixo:

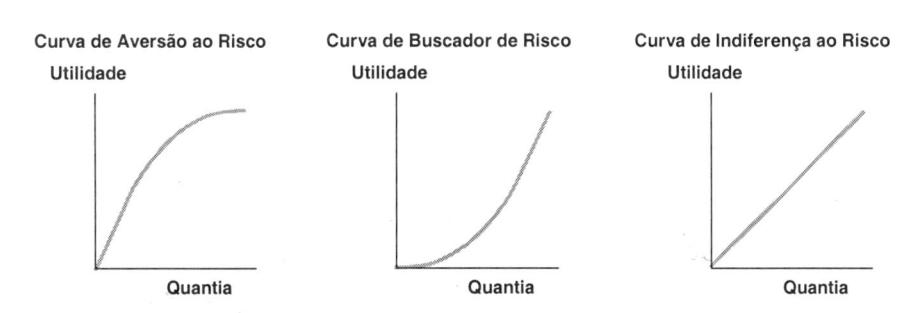

Seguir a curva de indiferença significa obedecer à árvore de decisão. O buscador de risco é o viciado em adrenalina que gosta de apostar valores maiores. A maioria dos executivos, assim como a maioria das pessoas, são do tipo com aversão aos riscos. Se a organização definir uma curva de utilidade padrão, isto poderia, em teoria, ser utilizado como balizador das decisões de risco.

Parece que tudo se encaixa muito bem, mas muitos economistas criticam os pressupostos da teoria da utilidade. Na base da teoria está a crença de que as atitudes com relação ao risco dependem apenas da diferença que isto pode fazer no seu nível de riqueza. O fato de as pessoas serem avessas ao risco seria derivado apenas da concavidade da curva, e seu comportamento seria conseqüência desta concavidade e do grau de inclinação da curva num determinado nível inicial de riqueza.

O exemplo apresentado parece justificar esta afirmativa, mas foi escolhido por esse mesmo motivo. Se analisarmos outras situações, a teoria não se mostra tão perfeita.

Um dos problemas se refere à aposta de pequenos valores. Quando estamos lidando com pequenas quantias, em comparação com o nível de riqueza do indivíduo, a concavidade da curva tem uma influência desprezível e as pessoas deveriam adotar uma atitude neutra em relação ao risco. Mas a prática mostra que as pessoas não são neutras em relação ao risco, nem mesmo em pequenas apostas.

Se este problema não parece suficiente para descartar uma teoria tão elegante, saiba que o modelo parece induzir à recusa de verdadeiras barganhas.

Por exemplo, imagine que você se recusa a apostar $10 contra uma chance de 50% de ganhar $11 ou perder tudo. O valor esperado da aposta é $10.5, o que faz dela uma proposta mais do que justa, se seguirmos uma tendência neutra ao risco. Mesmo assim, recusar esta aposta parece bastante razoável e a maioria das pessoas com uma atitude saudável com relação a risco a rejeitaria. Até aqui não temos problemas com a teoria da utilidade.

O problema surge se a mesma pessoa que recusou esta aposta se vir diante de uma outra um pouco maior, digamos, de $100. Se partirmos do princípio de que a teoria está correta, ela rejeitaria, com certeza, um prêmio de $110, o que seria proporcional à primeira aposta. Mas estamos em uma parte superior da curva onde ela está quase paralela ao eixo x e cada quantia adicional que oferecemos passa a valer cada vez menos.

Se oferecêssemos um prêmio de $1000 contra 50% de chance de perder $100, e a pessoa recusasse, já não pareceria prudência, mas uma certa covardia. Porém, apenas baseado na aposta original e na teoria da utilidade, seríamos forçados a prever que ela recusaria apostas de $100 contra uma possibilidade de 50% de perder tudo ou ganhar, não só $1000, mas $10.000, $1.000.000.000 ou mesmo quantias maiores. Você recusaria?

O absurdo da situação é evidente. Se criássemos um procedimento burocrático baseado no modelo da teoria da utilidade poderíamos gerar uma barreira insustentável para boas decisões com relação ao risco. O modelo, como sempre, poderia sugerir, mas não poderia tomar a decisão.

Alguns economistas propuseram alternativas para essa teoria, e prevêem que, eventualmente, uma delas irá substituí-la na criação de modelos de risco. Duas idéias propostas por Rabin e Thaler parecem promissoras, embora ainda não totalmente amadurecidas. O conceito de aversão à perda define que as pessoas sentem mais intensamente a perda do que o ganho de uma quantia de mesmo tamanho. Não importando o nível de riqueza de uma pessoa, perder $10 significa mais do que ganhar $10. Esse conceito dá conta da característica de aversão ao risco sem cair em problemas com apostas pequenas. A contabilidade mental é um conceito complementar. Segundo ela, as pessoas julgam riscos financeiros de maneira isolada, não levando realmente em conta seu nível de riqueza ou outros riscos.

Seja qual for o modelo que sucederá a teoria da utilidade, se isso realmente acontecer, ele certamente terá suas próprias falhas e dificilmente será um substituto para um gerente de projetos com bom senso.

12.4 Desenvolvimento de Resposta a Riscos

Após a identificação e a análise qualitativa dos riscos, deve-se proceder com o desenvolvimento de um plano que estabeleça como esses riscos serão tratados pelo projeto. Existem algumas estratégias genéricas para tratá-los:

- **Ignorar** – Riscos ignorados saem da lista de riscos e da mente da equipe. Não há nada de absurdamente errado em ignorar um risco. A realidade é cheia de riscos altamente improváveis. Se tentarmos planejar reações a todos eles, chegaremos a uma paranóia passível de internação. No entanto, devemos estar cientes de que no caso de eventos associados a riscos ignorados realmente ocorrerem, os danos provavelmente serão maximizados. Só tomaremos consciência do problema quando ele já estiver bufando em nosso pescoço. Teremos um tempo mínimo para pensarmos em como reagir e logo passaremos à ação. É bastante provável que essa ação consuma bastante tempo e recursos.

- **Aceitar** – Também chamada de aceitação passiva. Os riscos aceitos são monitorados. A equipe pode detectar os primeiros indícios de que o risco irá se tornar um problema real. Mas não há um plano prévio de resposta definida. Caso ocorram os indícios, a equipe deverá planejar a reação e executá-la. Aceitar o risco é melhor que ignorá-lo, porque permite um planejamento mínimo e uma reação antes que o problema cresça.

- **Monitorar** – Monitorar o risco é, sutilmente, diferente de aceitá-lo. Tanto que muitos autores não separam essa estratégia da aceitação, chamando-a de "aceitação ativa". A diferença é que o plano de resposta específico é elaborado antes dos primeiros indícios. Dessa forma a equipe pode reagir imediatamente ao primeiro sinal do problema.

Os recursos necessários podem estar previamente autorizados e disponíveis. Uma desvantagem é o tempo e esforço que são gastos neste planejamento prévio.

- **Mitigar/Evitar** – Mitigar é diminuir a probabilidade e/ou o impacto associados ao risco. A idéia é transformar um risco de alta exposição em um risco de baixa exposição. Tanto o planejamento quanto a ação real de resposta ao risco são executados antes dos primeiros indícios. O princípio por trás da mitigação é o de que, no caso de certos problemas, é muito melhor tomar uma ação preventiva do que remediar o problema depois de sua ocorrência. Mitigar riscos freqüentemente é uma estratégica cara, e seus custos devem ser pesados com relação à exposição do risco.

    Mitigar um risco pode envolver alterações no planejamento do projeto no sentido de tomar um curso de ação que irá reduzir o problema. Um exemplo clássico é o desenvolvimento de um protótipo antes de aumentar a escala do projeto. Outras táticas de mitigação envolvem o uso de sistemas redundantes, simplificação de processos, testes preliminares e o uso de fornecedores de alta qualidade. Algumas vezes, o processo de mitigação pode eliminar a possibilidade do risco. Por exemplo: o cliente pode concordar em retirar um item problemático do escopo do projeto, ou o projeto pode ser transferido para uma área física em que o risco não ocorra (não há risco de terremoto em larga escala no Brasil, por exemplo). Nesses casos a estratégia é chamada de "evitar o risco".

- **Transferir** – Transferir o risco é um tipo especial de mitigação. A idéia é permitir que o problema ocorra se o risco se materializar, mas fazer com que este problema pertença à outra pessoa. O evento de risco ainda existe, mas a exposição não. O uso de seguros é o exemplo clássico de transferência de riscos. A terceirização com preço fechado de parte do projeto também é um tipo de transferência.

O gráfico a seguir ilustra as principais estratégias:

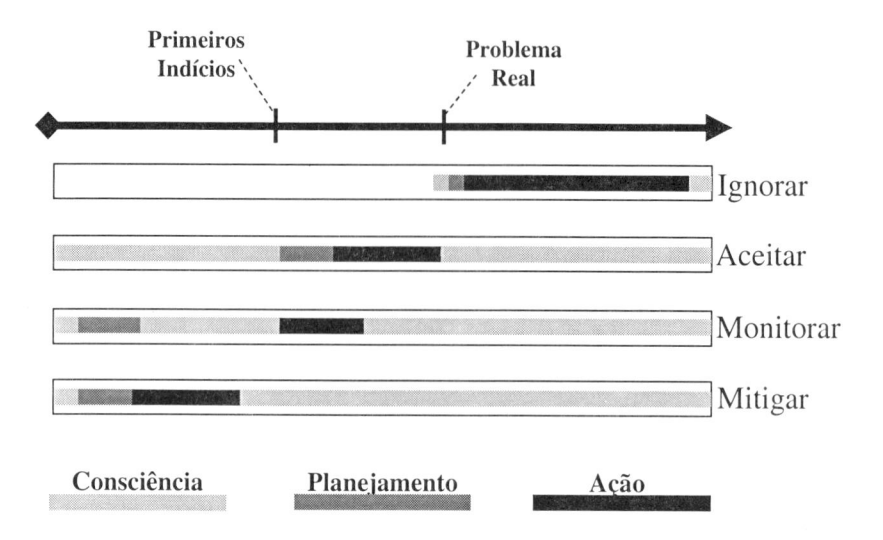

```
                Primeiros              Problema
                Indícios                 Real
    ◆━━━━━━━━━━━━━┿━━━━━━━━━━━┿━━━━━━━━━━━━━▶
    [                              ▓▓▓▓       ] Ignorar
    [          ▓▓▓▓▓▓▓▓                       ] Aceitar
    [   ▒    ▓▓▓▓▓                            ] Monitorar
    [  ▓▓▓▓                                   ] Mitigar

    Consciência    Planejamento      Ação
```

A matriz de riscos que vimos na análise de riscos pode ser ampliada para conter informações de resposta aos mesmos.

- **Responsável** – Responsáveis pelo risco são aqueles que devem ser envolvidos no desenvolvimento da resposta ao mesmo, seja ela reativa ou pró ativa.

- **Indicador** – Algumas vezes, é possível apontar os efeitos preliminares que indicam que o risco está se tornando realidade. Por exemplo: o atraso em um pagamento é um indicador do risco de não pagamento. Alguns tipos de convocações do sindicato são indicadores do risco de greve. A idéia é não esperar até o último minuto para reagir ao risco.

- **Estratégia** – Além da estratégia genérica para o risco (aceitar, mitigar etc) esse campo define como esta estratégia será implementada para aquele risco em particular. Se a estratégia for muito complexa, uma referência para outro documento pode ser registrada aqui.

ID	Responsável	Descrição		Probab.	Impacto	Exposição
1	Nome do responsável por implantar a ação de resposta ao risco	Se	Descrição do evento que geraria impacto	30%	Alto	Alta
		Então	Conseqüências do evento			
		Indicador	Descrição os primeiros indícios do problema			
		Estratégia	Descrição da estratégia genérica e dos detalhes planejados.			

Esta é a forma final do documento que o PMBOK chama de "registro de riscos".

12.4.1 Planos de Contingência Genéricos

Não importa quão paranóico um gerente de projetos seja; a maioria dos riscos são sempre ignorados. A realidade é caótica demais para ser antecipada. Se o plano de riscos for bem feito, a probabilidade individual dos riscos ignorados é pequena. Mas, mesmo eventos muito improváveis às vezes acontecem.

Para esses casos, podem ser desenvolvidos planos de contingência genéricos. O caso mais comum é simplesmente alocar uma folga de orçamento para emergências. No entanto, planos mais elaborados podem ser definidos. Estes planos podem envolver o uso de opções alternativas para a continuação das atividades. Por exemplo, um local alternativo, com equipamentos alugados, pode ser utilizado no caso de um desastre na sede do projeto.

12.4.2 Riscos em Terceirizações

A terceirização a custo fechado, de parte ou de todo o projeto é, como já colocamos, uma tática eficaz de transferência de riscos, embora seja freqüentemente mal utilizada.

Muitas empresas tomam a terceirização a custo fechado como uma carta branca para permitir alterações de escopo e mau gerenciamento geral do projeto. Se houver cláusulas contratuais especificando corretamente o escopo, o fornecedor poderá reivindicar aumento dos valores envolvidos. Mesmo que estas cláusulas não existam, o fornecedor pode chegar à conclusão de que a perda de um cliente ou mesmo o risco de um processo tem um impacto menor do que os custos da sua permanência no projeto.

Outro problema potencial, e muito freqüente, é o caso do fornecedor escolhido pelo menor preço, sem levar em conta a sua capacidade real. As estimativas envolvidas na proposta podem ter sido muito otimistas. Caso alguns riscos se materializem, o fornecedor pode não ter capacidade de custear o projeto e o cliente acabará tendo que arcar com as conseqüências.

12.5 Controle e Monitoração de Riscos

Controle e monitoração de riscos é o processo de acompanhar os *status* de cada risco identificado, identificar novos riscos, garantir a execução dos planos de ação e avaliar a sua efetividade na redução dos riscos.

Este é um processo contínuo durante toda a vida do projeto. Durante o planejamento, nós temos uma visão dos riscos do projeto que pode, e provavelmente irá, mudar muito à medida que o tempo passa. É recomendável que ocorram avaliações formais periódicas quanto ao planejamento de risco, principalmente nas mudanças de fase de ciclo de vida. Mas controle de risco é algo que o gerente de projetos deve ter sempre em mente.

A matriz de riscos é a melhor amiga do gerente de projetos nessa tarefa. Ele deve revisá-la com freqüência similar com que revisa o cronograma.

Todas as informações que fluem para o gerente de projetos oferecem indícios sobre os riscos. Isso é particularmente verdadeiro com relação ao cronograma. Atrasos são fortes indicativos de que os problemas antecipados se materializaram ou que riscos novos estão surgindo.

É de fundamental importância que o gerente questione ativamente a equipe sobre possíveis problemas e riscos. Poucas pessoas gostam de ser mensageiras de más notícias, mas igualmente poucas esconderão um problema se forem diretamente questionadas a respeito.

No caso de identificarmos que um risco está se tornando realidade, é de fundamental importância que um responsável específico esteja designado para o plano de ação. Esse responsável pode, às vezes, ser o próprio gerente de projetos. Este é, com freqüência, o primeiro reflexo. Bons gerentes de projetos são orientados para a ação. Se há algum problema, eles se envolvem pessoalmente na resolução. Mas bons gerentes também sabem quando delegar. Não há sentido em focar em um único problema e deixar o resto do projeto sem atenção.

Por vezes, os planos de ação originais acabam não sendo os melhores. À medida que o conhecimento sobre o projeto evolui, o gerente de projetos deve providenciar que os planos de ação sejam revisados. Planos que já estejam em andamento devem ser monitorados para verificar se efetivamente estão administrando o risco de maneira adequada.

Uma prática bastante recomendada é a de registrar os eventos, problemas e respostas relacionados a risco. A criação de um banco de dados pode ajudar a organização a melhorar seus instrumentos de gerenciamento de riscos, incluindo as *checklists*.

12.6 Análise Quantitativa de Riscos

A idéia básica da análise quantitativa de riscos é a de determinar as conseqüências de cada risco para os objetivos do projeto, analisando numericamente as probabilidades de risco. Técnicas de análise de decisão e simulação são recomendadas pelo PMBOK®. Como exemplo, destacam-se as **árvores de decisão** e a **análise de Monte Carlo**.

Uma árvore de decisão, como vimos, é um diagrama em que cada alternativa é representada por uma bifurcação na árvore. Custos, recompensas e probabilidades podem ser vinculadas a cada alternativa. Os valores mais prováveis de cada caminho da árvore podem ser calculados com base nas operações básicas de probabilidade. Deve-se, em princípio, escolher o caminho com o melhor valor associado.

As análises de simulação, como a de Monte Carlo, começam pela associação de funções de probabilidades a cada evento em estudo. Números aleatórios são gerados tentando simular os eventos reais. O resultado final de cada simulação é armazenado para análise. Se um número suficiente de simulações for gerado, informações estatísticas como valor médio e desvio padrão podem ser calculadas, espelhando o comportamento, em termos de distribuição de probabilidade do projeto como um todo.

Por exemplo: digamos que, antes do projeto começar, queremos determinar como nosso cronograma deve se comportar durante o seu andamento. Se utilizamos o modelo PERT, temos os três valores de estimativa que nos permitem definir o formato da curva de distribuição de cada tarefa individual. Usamos números aleatórios para criar valores para cada tarefa de acordo com estas curvas. O tempo total do projeto é calculado somando os tempos individuais simulados. Se repetirmos esse processo um grande número de vezes, poderemos traçar a curva de probabilidade da duração do projeto como um todo.

Usado desta forma, Monte Carlo é uma sofisticação das estimativas de geração de reserva para PERT. A vantagem deste método em comparação com aquele, muito mais simples, que já vimos, é que a simulação de Monte Carlo leva em conta os caminhos convergentes para o caminho crítico. Essa utilização está restrita para PERT, porque CPM considera os prazos como determinísticos e *critical chain* resolve o problema por seus próprios mecanismos.

Em sua forma básica, Monte Carlo não é realmente uma ferramenta de análise de risco. Ela levará em conta apenas as formas de variação de causa comum do projeto. Riscos são causas especiais de variação.

Alguns autores têm proposto expansões do modelo de modo a simular a introdução de riscos. Cada risco identificado é associado a uma função de probabilidade e colocado de forma a causar possíveis impactos no cronograma ou nos custos. Esses modelos podem ser extremamente complexos. De fato, para a maioria dos projetos, esse procedimento não é só complicado, mas completamente acadêmico. As probabilidades das estimativas e riscos individuais dificilmente podem ser definidas com uma precisão razoável. Desta maneira elas são fruto de pouca evidência e muita opinião. O resultado da análise nos dirá mais sobre os preconceitos da equipe do que sobre o projeto em si.

Se essas ferramentas estiverem disponíveis, elas podem contribuir para alguns *insights* do gerente de projetos. Elas também podem ser utilizadas na análise de risco financeiro junto a potenciais investidores do projeto. Também em projetos extremamente complexos e de alto custo, como a exploração de um campo de petróleo, a ferramenta será importante em todo o processo de decisão, a cada fase do projeto. Caso contrário, certamente há maneiras mais efetivas de investir recursos preciosos, como o tempo do gerente do projeto, principalmente se ele já tem experiência suficiente para intuir o comportamento do tipo de projeto que tem pela frente.

Por outro lado, uma das aplicações mais interessantes da análise de Monte Carlo é no treinamento de futuros gerentes de projetos. Podemos simular a resposta de projetos fictícios a decisões de planejamento dos estudantes. Esta é uma maneira barata de aprender por tentativa e erro, sem gastar os recursos das organizações com projetos fracassados.

12.7 Dimensionamento de Contingência

Em face de toda incerteza que enfrenta, o gerente de projetos certamente procurará criar um "colchão" de reserva que absorva problemas durante o projeto. Embora as duas estejam relacionadas, o gerente deve dimensionar separadamente as reservas de prazo e de custo. Para ambos os casos, a seguinte fórmula genérica se aplica:

Contingência Total = Variação Comum + Viés & Riscos

Já vimos os modos de dimensionamento da contingência para variação de causa comum. Eles dependem do tipo de filosofia de planejamento de cronograma:

- **CPM** – Não existe previsão de contingência, pois utiliza estimativas pessimistas.

- **PERT** – Utiliza o desvio padrão de cada tarefa no caminho crítico, calculado como 1/6 da diferença entre as estimativas pessimista e otimista. O desvio padrão do projeto é a raiz quadrada da soma dos quadrados dos desvios padrão das tarefas. A contingência é normalmente dimensionada em duas ou três vezes o desvio padrão do projeto.

- *Critical chain* – Calcula a diferença entre as duas estimativas de cada tarefa na corrente crítica. A contingência alocada ao *buffer* de projeto é a raiz quadrada da soma dos quadrados das diferenças entre estimativas. Os *buffers* de convergência são calculados da mesma maneira.

Esses métodos funcionam de maneira idêntica tanto para o cálculo de prazo quanto para o de custos. Essa parte da contingência deve ser suficiente para dar conta da variação natural da execução do projeto. No entanto, ela não leva em conta fatores que fogemm do caráter aleatório desta variação. Esses fatores são as causas de viés, que sempre influenciam negativamente o projeto e os riscos, ou seja, as causas especiais de variação externas ao sistema. Exemplos destes fatores são:

- **Omissões** – Mesmo os planos mais detalhados acabam omitindo tarefas necessárias para o projeto. Isso é particularmente verdadeiro nos projetos de escopo abstrato, onde o aprendizado durante o projeto tem um papel importante. Em alguns casos, o uso de *checklists* ou *templates* pode evitar que omissões importantes ocorram. Omissões freqüentemente são responsáveis por aumentos de 5% a 15% no custo do projeto. O impacto no prazo é reduzido, principalmente se as omissões não afetam a corrente crítica.

- **Erros de execução** – Como veremos no capítulo de qualidade, o custo de erros pode ser bastante alto. Quanto mais cedo o erro for percebido e corrigido, menor será o impacto no projeto. Erros podem gerar um impacto de 5% a 25% no prazo e de 5% a 50% no custo. Se não houver um esforço de controle de qualidade no projeto, estas faixas podem se mostrar conservadoras em seus limites máximos.

- **Falhas de dimensionamento** – Já vimos que as estimativas de esforço sofrem causas comuns de variação que são absorvidas pelo *buffer* de variação comum. No entanto, algumas vezes os profissionais cometem erros de avaliação da complexidade da tarefa. Nestes casos, as premissas que eles USAram estavam erradas, o que gera um viés no tempo real de execução. Essas falhas podem gerar impactos de 5% a 50%, tanto no prazo quanto no custo. Não há muito a fazer para evitar esse problema, exceto proceder estimativas com o maior cuidado possível.

- **Nível de esforço** – O nível de esforço, evidentemente, não causa atrasos no projeto. No entanto, atrasos que ocorram por outras causas prolongarão o nível de esforço. O impacto sobre o custo será proporcional ao atraso e ao custo diário de se manter o projeto. Tudo que puder evitar atrasos irá prevenir esse custo adicional.

- **Riscos** – Riscos são causas especiais de variação, e podem gerar um impacto de 0% a 30%, tanto no prazo quanto no custo. Todas as técnicas de administração de risco que vimos neste capítulo tentam minimizar esse impacto.

Analisando todas estas causas de atrasos ou aumento de custos, poderíamos pensar que uma reserva de contingência de 50%, adicionada à contingência de causa comum, seria uma política até conservadora. No entanto, a maioria dos clientes e *sponsors* jamais aceitariam uma contingência deste tamanho.

O fato é que, se a causa de variação comum está fora do controle do gerente de projetos, a variação especial e o viés não estão. Os resultados reais serão tremendamente afetados pela competência do gerente de projetos e da equipe.

Em qualquer caso, recomenda-se que o tamanho total da contingência de prazo não seja menor do que 25% da duração da corrente crítica e que o tamanho total da contingência de custo não seja menor do que 10% a 25%, dependendo do perfil de risco do projeto, do orçamento estipulado a partir de estimativas médias.

13 Aquisição e Terceirização

13.1 Plano de Gerenciamento de Aquisição e Terceirização

O plano de gerenciamento de aquisição e terceirização se preocupa com o processo de obter bens e serviços de fornecedores fora da organização patrocinadora, para atingir os objetivos do projeto. Freqüentemente, se convenciona em chamar os bens e serviços simplesmente de "produtos adquiridos". O plano determina, entre outras coisas:

- Que tipos de contratos serão utilizados.
- Como será o processo de aquisição dos produtos.
- Como o projeto irá interagir com o departamento de compras da organização.
- Como os fornecedores serão escolhidos e gerenciados.

Normalmente, a organização já possui estas regras, e cabe ao gerente de projetos apenas conhecê-las e segui-las. No entanto, na ausência de regras prévias, o gerente de projetos deverá estabelecer seu próprio procedimento.

O plano de gerenciamento de aquisição também registra o que comprar e quando comprar, de modo a atender as necessidades do projeto.

13.2 Macro Processo de Aquisição e Terceirização

13.2.1 Planejamento de Compras e Aquisições

O gerente do projeto precisa identificar as necessidades do projeto que serão mais bem atendidas pelo uso de terceiros. Preferencialmente, esta tarefa deve ser feita durante o processo de planejamento, em paralelo com a definição do escopo do projeto.

Em primeiro lugar, pode ser feita uma análise *make-or-buy*, ou seja, para cada item do escopo, e até para o projeto inteiro, a empresa deve analisar os custos e benefícios de realizar a tarefa com recursos da organização ou adquiri-los externamente. Uma infinidade de detalhes associados ao custo de risco, custo de oportunidade, decisões estratégicas, política da empresa, disponibilidade de recursos, conhecimento técnico, experiência etc, devem entrar nesta análise. Sempre que a decisão contrariar a prática corrente na organização, os motivos devem ficar bem documentados. Depois deve ser selecionado o tipo de contrato que será utilizado na aquisição. Alguns dos tipos mais comuns são:

- **Contratos a preço fixo** – O preço é fechado baseado no escopo acordado. O risco corre por conta do fornecedor, que normalmente deve embutir este risco no valor do contrato. Existem algumas variações. Alguns contratos determinam o escopo de maneira muito vaga e deixam o risco totalmente por conta do fornecedor. Mais freqüentemente, o preço é fixo desde que o escopo, bem definido, se mantenha constante. Neste caso, o contrato deve estabelecer a maneira como será feita a correção dos valores envolvidos na mudança do escopo. Alguns contratos prevêem um bônus e/ou um ônus pré-determinados, caso a performance do fornecedor fique acima ou abaixo do esperado. Também pode ser prevista uma cláusula que proteja o fornecedor de problemas ocorridos por fatores exteriores ao seu controle ou por culpa do comprador.

- **Contratos por preço unitário** – O preço é fechado em um valor fixo por unidade. Mais comumente negocia-se um valor por hora trabalhada. Neste caso, o risco corre por conta do comprador e, na verdade, o vendedor tem interesse em que problemas ocorram e o projeto se prolongue. Apesar disso, este tipo de projeto pode ser usado quando o comprador tiver total controle sobre o trabalho do fornecedor, como em certos casos de terceirização de profissionais em que a equipe externa se integra à equipe interna, enquanto o controle do projeto permanece com a organização compradora.

Em outros casos existe uma determinada métrica de tamanho do escopo, com o valor sendo estabelecido por unidade desta métrica. É o caso de se estabelecer um valor por metro quadrado de uma construção. Neste caso, desde que a unidade de medida seja calculável sem ambigüidades, o risco é compartilhado pelas duas partes. Aumentos de escopo serão acusados pela métrica e cobrados ao comprador. Problemas na execução ficarão por conta do fornecedor.

- **Contratos de custo reembolsável** – Este tipo de contrato é raro no Brasil. O fornecedor não tem praticamente nenhum risco. Os fornecedores recebem os custos envolvidos na tarefa com um adicional que represente seu lucro. Este adicional pode ser fixo ou calculado de acordo com a performance de gerenciamento dos custos. Desta forma, o fornecedor terá algum incentivo para reduzir os custos totais do projeto.

Uma fórmula clássica para o cálculo do adicional é:

Adicional = Adicional/Alvo ± [(Custo/Real – Custo/Alvo) * Constante)]

A redação específica do contrato deve ser feitacom bastante cuidado e o formato escolhido deve ser aquele que mais adequado aos objetivos do projeto. O uso de uma forma padrão para todos os casos normalmente gera contratos inadequados.

13.2.2 Planejar Contratações

O processo de planejar contratações executa a preparação necessária para a solicitação e seleção de fornecedores. Ele documenta os requisitos do produto e define critérios para a avaliação dos fornecedores e suas propostas.

Os fornecedores devem ser instruídos sobre as necessidades do comprador antes de fazer propostas. A documentação deve ser detalhada o suficiente para que não existam mal entendidos sobre as características do produto ou serviço que está sendo comprado, mas um excesso de detalhamento pode ser prejudicial à capacidade do fornecedor de gerar soluções criativas e potencialmente superiores.

Adicionalmente podem ser documentados aspectos como o formato que a resposta deve ter ou cláusulas contratuais relevantes.

Com relação aos critérios de avaliação, nos contratos mais simples e em muitas licitações para o governo, o único critério é o menor preço. Os fornecedores devem cumprir com determinadas exigências mínimas para que, uma vez habilitados, disputem a licitação, que será vencida por aquele que oferecer o preço mais atraente. Este tipo de seleção só deve ser utilizado nos casos em que o produto fornecido é um *commodity*, sem muita diferença de qualidade entre os fornecedores.

Para produtos e serviços mais sofisticados, recomendam-se critérios mais amplos. Alguns dos critérios mais comuns são:

- **Compreensão do serviço** – Os fornecedores devem demonstrar, por suas propostas, que compreenderam o que foi solicitado a eles. Esse é um critério absolutamente indispensável.

- **Custo do fornecimento** – Tanto o custo do item fornecido como os custos derivados, como taxas de entrega ou contratos de manutenção, devem ser levados em conta.

- **Capacidade técnica** – O fornecedor deve demonstrar que possui capacidade e competência técnica para atender ao projeto, ou que é razoável se esperar que ele obtenha esta capacitação antes do fornecimento. Certificações públicas e atestados de capacidade técnica, fornecidos por ex-clientes, são utilizados nesse critério. É comum que esses documentos sejam forjados; o contratante deve estar preparado para fazer uma auditoria nas declarações do fornecedor.

- **Abordagem de gerenciamento** – O fornecedor deve explicar qual será a forma será usada para gerenciar o serviço prestado. Se for um sub projeto, por exemplo, ele deve demonstrar sua capacidade de gerenciamento de projetos.

- **Proposta** – O modo de fornecimento proposto pelo fornecedor deve ser factível e adequado às necessidades do contratante. Propostas pouco usuais não são necessariamente ruins, mas merecem uma análise mais profunda.

- **Capacidade financeira** – O porte e a saúde financeira do fornecedor devem ser adequadas ao tamanho e complexidade do produto fornecido. Pequenos fornecedores são levados à beira da falência por tentarem abocanhar mais do que podem. Não há aqui um conselho para se ater a grandes fornecedores. Isso nem sempre é uma boa política. Porém, deve-se analisar se o porte do fornecedor é compatível com as necessidades do projeto.

Recomenda-se, normalmente, sempre que possível definir critérios objetivos de escolha, em vez de subjetivos. No entanto, critérios subjetivos podem ser utilizados de forma complementar. Por exemplo, sondagens informais no mercado sobre a fama de um fornecedor podem evitar que se feche um contrato com notórios incompetentes que tenham uma bela apresentação.

É comum que os critérios objetivos sejam transformados em uma graduação e consolidados por uma fórmula ponderada. Toda a bela proposta do fornecedor é assim transformada em um único número e o avaliador precisa apenas de uma máquina de calcular para dar seu veredicto. A maioria dos fornecedores se torna especialista em manipular suas propostas de modo a obter maior pontuação. Um dos problemas destas fórmulas é que elas sempre omitem critérios importantes. A criação dos critérios de graduação e dos fatores de multiplicação sempre esconde decisões mais ou menos arbitrárias, embora o modelo final seja um exemplo aparente de racionalidade. É oportuno lembrar aqui nosso aviso: modelos não devem tomar decisões no lugar de pessoas.

13.2.3 Solicitar Respostas de Fornecedores

A solicitação é o processo de obter propostas ou orçamentos de fornecedores potenciais para as necessidades do projeto. É um processo em duas etapas.

Na **primeira fase**, que pode ser vista como de planejamento, são construídos documentos que informam aos fornecedores as necessidades do projeto, as condições em que essas necessidades deverão ser satisfeitas e os requisitos mínimos para que o fornecedor se habilite a apresentar uma proposta. Dependendo do tipo de empresa, esses documentos são chamados de RFPs (*request for proposal* ou solicitação de propostas), licitações, pedidos de orçamento etc. Usaremos o nome RFP como termo genérico. A **segunda fase** é a elaboração das propostas pelos fornecedores e seu envio para o cliente.

Um dos itens de um RFP é a chamada especificação de trabalho/produto ou SOW (*statement of work*) que descreve o item a ser adquirido em detalhe suficiente para permitir que o candidato avalie sua capacidade em fornecer. Esse "detalhe suficiente" pode variar, dependendo da natureza do item, necessidades específicas do comprador ou tipo de contrato.

Os RFPs devem ser cuidadosamente preparados de forma a propiciar uma resposta correta e acurada por parte dos fornecedores. Eles devem incluir, além da especificação do produto, qualquer informação relevante para o fornecimento. A emissão do RFP compõe a solicitação propriamente dita. Os critérios de seleção do fornecedor devem ser expostos aos candidatos como parte do RFP.

É comum a prática de marcar reuniões com os candidatos para esclarecer dúvidas. Essas reuniões também são uma boa oportunidade para que o contratante conheça o candidato a fornecedor. Elas devem ser feitas, preferencialmente, antes da apresentação das propostas.

A emissão dos RFPs pode ser pública para qualquer fornecedor que se habilite, ou pode depender de convite específico. Quando há convites específicos, na verdade já se realiza uma pré-seleção dos fornecedores que podem participar do processo. Ao utilizar apenas critérios objetivos, como no caso de muitas licitações governamentais, a pré-seleção protege a organização de fornecedores indesejáveis. Quando a empresa tem liberdade de descartar fornecedores por critérios discricionários, mesmo que eles apresentem o que seria, teoricamente, a melhor proposta objetiva, a necessidade de pré-seleção é menor.

13.2.4 Selecionar Fornecedores

Uma vez que as propostas foram apresentadas, descartam-se os candidatos que não atingiram os requisitos mínimos e passa-se à fase de seleção. Nos processos de licitação pública em que o vencedor e sua proposta são definidos pelos critérios acordados, o processo se encerra por aí.

No entanto, as organizações privadas não estão obrigadas a aceitar as proposta da forma como são apresentadas. É freqüente que dois ou mais candidatos apresentem boas propostas, embora existam pontos positivos e negativos importantes para cada escolha. A proposta ideal conteria, nesse caso, elementos de várias propostas. Pode acontecer de o menor preço oferecido simplesmente ser maior que o orçamento para o produto.

Para estes casos, é aberto o processo de negociação. Nessa situação, o contratante pode expor informações sobre os problemas da proposta e sugestões que, se incorporadas, podem garantir a vitória ao fornecedor. É considerado antiético "abrir" as propostas dos adversários uns para os outros; no entanto, itens específicos podem ser abordados com o devido cuidado. A negociação não deveria incluir somente o preço do fornecimento, embora este seja o item mais comumente discutido.

Após as negociações, novas propostas formais, com as alterações combinadas, devem ser emitidas. Depois da escolha final, um contrato deve ser assinado nos termos da proposta.

13.2.5 Administração de Contrato

Embora a terceirização transfira a execução de uma atividade para o fornecedor, ela não transmite inteiramente a responsabilidade pela execução. O gerenciamento da atividade deve ser integrado ao gerenciamento do projeto como um todo. Quase todas as técnicas e processos definidos no nível de projeto valem para a parte terceirizada, incluindo planejamento, execução, comunicação e controle.

O gerente de projetos deve supervisionar o trabalho do fornecedor para garantir que as práticas acordadas sejam cumpridas. O fornecedor deve informar qualquer mudança que afete os termos do contrato e prover relatórios de andamento de suas atividades.

Os pagamentos emitidos para o fornecedor devem estar vinculados ao cumprimento de suas obrigações, e a assinatura do gerente de projetos deve estar na lista de aprovações necessárias para a efetivação do pagamento.

13.3 Falhas comuns no Processo de Terceirização

A terceirização de projetos tem um histórico muito irregular de sucessos e fracassos. Na maioria dos casos, a culpa do fracasso pode ser rastreada até ações do contratante.

No processo de seleção, a atenção desproporcional ao preço é uma fonte de problemas. Freqüentemente o menor preço significa menor qualidade, mas isto é apenas parte do problema. Nem sempre a proposta mais barata corresponderá ao menor custo total. É bem conhecida a prática de empresas que colocam preços baixos durante o processo de seleção e aumentam os custos depois. No momento da seleção existe forte concorrência e o poder está com o contratante. No entanto, no decorrer do projeto, os custos para a troca de fornecedor passam a se tornar astronômicos. Nessa circunstância, os fornecedores passam a ter mais poder de negociação. Quando as inevitáveis mudanças de escopo ocorrem, ou falhas na definição de serviço no contrato são descobertas, o fornecedor pode pedir preços *premium* por seus serviços. Pensando ser o explorador que jogou um fornecedor contra o outro até atingir um preço mínimo, o contratante se vê na situação de explorado.

Muitos contratantes acreditam que esse processo é inevitável e que o preço final é proporcional ao inicial. Quanto mais desconto eles conseguem na proposta, tanto menor será o custo final. Na maioria dos casos, isso não é verdade.

Existem maneiras de definir contratos nos quais o fornecedor tenha interesses compatíveis com os do contratante. Propostas nesses termos têm, quase sempre, um preço inicial maior do que as propostas normais; no entanto, o preço final é invariavelmente menor.

Pode-se, por exemplo, definir o contrato por uma métrica objetiva do tamanho do escopo e oferecer prêmios e penalidades para o não cumprimento do contrato.

Muitas vezes, as penalidades constam em contrato, mas não são usadas pelo contratante. Isso é um grande erro. O hábito de não aplicar as multas nulifica o seu efeito inibidor. Se um fornecedor sub dimensiona uma proposta e acaba tendo prejuízo por causa disso, ele tem menos probabilidade de repetir a má prática em futuras proposta. Dadas garantias legítimas, bons fornecedores terão interesse de se comprometer com cláusulas de punição, porque isso acabará por aumentar o nível geral de preços das propostas. Ao mesmo tempo, o contratante terá mais garantias de que o custo final estará dentro do orçamento designado.

13.4 Desenvolvimento de Fornecedores

Algumas vezes, compramos produtos e serviços que são únicos, e temos baixa probabilidade de contratá-los novamente. No entanto, na maioria dos casos, temos que comprar os mesmos tipos de produtos e serviços repetidas vezes. Se encararmos cada compra como sendo única, estaremos perdendo uma oportunidade valiosa de melhorarmos nossos processos.

O desenvolvimento de fornecedores estabelece uma parceria com um número limitado de empresas, que passam a oferecer serviços personalizados a nossas necessidades. De uma forma geral, existem dois benefícios básicos no estabelecimento dessas parcerias:

- Passamos a lidar com fornecedores que conhecemos. Sabemos os limites de sua capacidade e confiabilidade. Temos mais confiança que eles não arriscarão um relacionamento de longo prazo violando segredos da empresa ou fornecendo um produto com problemas.

- O fornecedor passa a nos conhecer melhor. Ele pode reagir a sutilezas em nossas necessidades. Ele conhece nossos padrões e procedimentos e não tem dificuldades para segui-los.

O relacionamento é benéfico para ambos. Com um volume maior de negócios, o fornecedor pode ter economias de escala e repassá-las para o comprador. Por outro lado, ele não precisará entrar em guerras de preços com outros fornecedores de qualidade desconhecida.

A parceria não se limita ao mero fornecimento e pode incluir a troca de conhecimento e esforços conjuntos de aprimoramento. Turmas de treinamento com membros de ambas empresas são um meio interessante de integração. Além disso, sugestões de uma parte podem levar à evolução dos processos da outra.

Normalmente, se recomenda que o número de fornecedores para cada tipo de produto ou serviço seja reduzido, mas não único. Com dois fornecedores sempre teremos duas propostas para comparar. A experiência demonstra que a qualidade de serviço em fornecedores monopolistas cai com o tempo. É comum que o preço acabe aumentando também. Isolado do mercado, o cliente pode nem perceber o que está acontecendo.

14 Qualidade

14.1 Histórico

Antes da Revolução Industrial, cada artesão era responsável por seu produto. Os produtos manufaturados eram, de forma geral, caros, e os clientes analisavam suas encomendadas e discutiam os problemas antes do pagamento. A reputação do artesão e, conseqüentemente, sua clientela futura, dependiam de atender às necessidades dos clientes. É notável como esse sistema produziu manufaturados que eram verdadeiras obras de arte.

Com o progresso e a produção em massa, os produtos se tornaram acessíveis a um número muito maior de pessoas. Nesta época, as pessoas estavam tão maravilhadas com a possibilidade de finalmente possuir os bens, que não se incomodavam muito em julgar a qualidade do que compravam. Esta era durou pouco.

Durante a Segunda Guerra, já havia a preocupação de que os produtos funcionassem conforme o prometido. Imagine que você está em um campo de batalha e percebe que suas granadas não explodem; ou que você é o responsável por um paiol e percebe que algumas granadas têm a tendência de explodir quando não deveriam. As inspeções de qualidade no final da linha de produção já eram regra nessa época, mas isso não parecia ser suficiente.

Algumas estatísticas demonstram que, mesmo se você inspecionar 100% de sua produção, encontrará apenas 80% dos defeitos. O custo deste tipo de inspeção é alto, assim como o custo da correção dos problemas encontrados. Ainda assim, uma parte significativa dos seus produtos ainda chegará ao mercado com problemas.

Na década de 50, um Japão arrasado fabricava produtos especialmente baratos e de baixa qualidade. O socorro veio das mãos de um americano. **W. Edwards Deming** realizou uma série de visitas aos japoneses, realizando seminários para divulgação de suas idéias e causando uma impressão profunda.

Suas idéias eram de uma simplicidade zen: em vez de tentar melhorar as inspeções de qualidade, o que era custoso e ineficiente, entender o porquê dos defeitos aparecerem. Compreendendo e aprimorando o sistema podemos criar bons produtos, com menos desperdício, e logo na primeira tentativa. O resto, como dizem, é história!

Em 1980, a NBC transmitiu um documentário chamado "If Japan Can, Why Can't We?" O ponto alto deste programa foi uma entrevista com o Dr. Deming, que, após décadas orientando os japoneses, foi, pela primeira vez, realmente ouvido no Ocidente.

Após esse aparentemente inocente acontecimento, reinou o caos. Uma infinita série de metodologias e filosofias a respeito da qualidade gerou a felicidade das empresas de consultoria por todo o mundo. Mas os resultados foram muito variáveis. Existiram casos até tragicômicos. O mais famoso prêmio baseado na filosofia de qualidade total, como boa parte do mercado a entende, é o Malcolm Baldridge, do qual o nosso PNQ é uma cópia. O processo de premiação é extremamente rigoroso e a empresa agraciada no ano é colocada como um exemplo a ser seguido. Porém, os resultados práticos não se apresentaram. Um ano após o recebimento do prêmio, uma empresa chamada Wallace Company Inc. entrou em concordata. Isso arranhou um bocado a validade da filosofia do Baldridge. No entanto, sempre existirá a próxima moda garantindo o mercado para os consultores.

Qualidade é importante! O sucesso absoluto dos japoneses nas décadas de 1970 e 1980 prova isso, mas é preciso entender os princípios que podem gerar sucessos semelhantes.

14.2 Definições

Qualidade é genericamente definida como "a totalidade dos aspectos e características de um produto ou serviço em relação a sua habilidade de satisfazer necessidades declaradas ou implícitas". De uma maneira mais simples, ter qualidade é agradar ao cliente.

Normalmente, é reconhecido que a qualidade tem múltiplos aspectos. Discutiremos três destes aspectos: a qualidade do projeto, a qualidade de conformidade e a qualidade como valor agregado.

A qualidade de projeto é o que faz um Pentium® ser superior a um 286, ou um produto de luxo ser superior a um popular. Diferenças em relação ao tamanho, ao desempenho, à quantidade de recursos, à aparência etc, se devem a projetos diferentes. É uma crença geral acreditar que melhorias na qualidade do projeto geram custos maiores. No entanto, nem sempre isso é verdade, pelo menos não a longo prazo. Qualquer computador de mesa é melhor e mais barato do que um velho ENIAC à válvula.

A <u>qualidade de conformidade</u> determina o quanto um produto específico atende às especificações de um projeto. Imagine se você comprasse uma Ferrari e a maçaneta da porta saísse na sua mão. Não importa o quanto um projeto seja bom. Se os produtos efetivamente produzidos não seguirem de perto suas especificações, a qualidade será afetada.

Todo fabricante tem a intenção de fabricar seus produtos conforme prometido, mas isso não é tão simples quanto parece. Nossa conhecida variação não atinge apenas os gerentes de projetos. Ela se apresenta em inúmeras formas que vão desde as características da matéria-prima até diferenças nos processos de fabricação. Duas canetas ou duas Ferraris jamais serão exatamente iguais. O truque é fazer com que elas sejam equivalentes, pelo menos, naquilo que é importante para o consumidor. A variação não pode ser evitada mas, freqüentemente, pode ser conhecida e controlada.

Ao contrário da qualidade do projeto, aumentos na qualidade de conformidade tendem a diminuir os custos. Menos desperdício, processos mais eficientes e menos retrabalho são resultados possíveis, com uma redução dos custos muito significativa.

A <u>qualidade como valor</u> é um conceito vindo do *marketing*. Imagine que você pudesse transformar todas as características positivas do produto em um número. O cheiro do carro novo, seu desempenho, a quantidade de paqueras que você promoveria dentro dele, tudo isto convertido em um numero "B". Imagine que você fizesse a mesma coisa com as características negativas. O preço do carro, o custo em combustível, o prazo de entrega, o medo de ser seqüestrado, tudo transformado em um número "C". O valor do produto seria dado pela razão "B/C". Se os benefícios superarem os custos a venda é feita, caso contrário o consumidor procurará outra coisa para comprar.

Quando tornamos um produto mais barato ou reduzimos o prazo de entrega, provavelmente estaremos trabalhando para melhorar este aspecto da qualidade.

O valor é, talvez, o objetivo final de qualquer iniciativa de qualidade. Podemos fazer um produto simples, ou seja, de baixa qualidade de projeto, se ele for muito mais barato do que a concorrência. Lembre-se de que houve uma época em que mesmo a qualidade de conformidade era de importância secundária para o consumidor. Hoje, vemos produtos de origem chinesa que são extremamente baratos e vendem bastante, apesar de ter baixa conformidade.

De uma maneira geral, no entanto, os mercados amadurecidos esperam um produto de alto valor e que tenha boa qualidade de conformidade, tudo isto por um preço acessível. A qualidade de projeto exigida dependerá do nicho alvo do produto.

14.3 Deming & Juran

Nas palavras de Kauoru Ishikawa, o Dr. W. Edwards Deming "foi quem apresentou o controle de qualidade ao Japão. Ele também é um bom amigo do Japão, que conhece o Japão". Esta amizade começou com um seminário em 1950. Naqueles dias, Ishikawa nos conta que "os diretores ordenavam a seus subordinados que fizessem o melhor que pudessem ou que trabalhassem mais (...) apelando para o chamado ´espírito japonês´".

A mensagem de Deming era simples, mas poderosa: "todos fazerem o seu melhor não é a resposta. É necessário que as pessoas saibam o que fazer. Mudanças drásticas são requeridas. A responsabilidade pela mudança está com a gerência. O primeiro passo é aprender como mudar".

Para Deming, os gerentes deveriam colocar de lado suas preocupações com o hoje para que pudessem ter a certeza de que haveria um amanhã. Eles deveriam se comprometer com a melhoria contínua de produtos e serviços de modo a atender às necessidades dos clientes. Ele advogava que as linhas verticais entre departamentos e as horizontais entre supervisores e trabalhadores deveriam ser quebradas. A visão de sistema deveria substituir a visão de postos de trabalho especializados, com responsabilidades limitadas e bem definidas.

A ferramenta chave que ele sugeria para entender o sistema, separando as causas comuns e especiais de variação, era o "controle estatístico de processos". As regras da probabilidade poderiam determinar quando uma variação tinha um comportamento aleatório, significando causas inerentes ao sistema, ou se existiam variações devido a causas especiais.

Para isto, algumas variáveis, chamadas de "característicos da qualidade", deveriam ser coletadas pelos próprios operadores e "plotadas" em um gráfico especial. Estes "característicos de qualidade" eram representações mensuráveis dos requisitos dos clientes. A cada período de tempo, ou número de peças produzidas, o trabalhador deveria coletar uma amostragem do seu próprio trabalho, medir o "característico" e "plotar" um gráfico de controle como o abaixo:

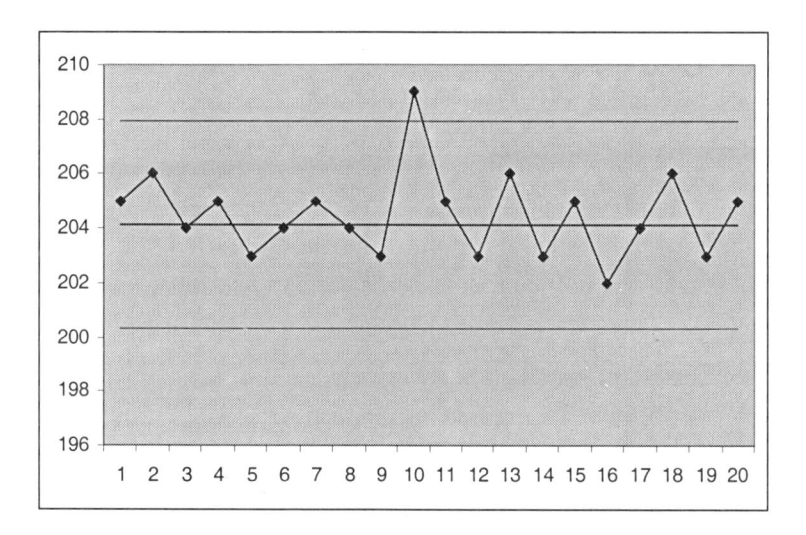

No gráfico estavam previamente desenhadas três linhas: a linha média, a linha de limite superior de controle e a linha de limite inferior de controle. A linha média continha, simplesmente, a média histórica daquela operação. Os limites de controle eram calculados somando-se ou diminuindo-se o equivalente a três desvios padrões ao valor da média. Estes valores eram calculados por especialistas, mas o trabalhador deveria ser capaz de entender o gráfico.

Sempre que uma medição ficasse entre os limites de controle e não houvesse nenhuma indicação de tendência, como, por exemplo, seis pontos consecutivos do mesmo lado da linha de média, significava que o processo estava sob controle. As variações eram normais e ele estava fazendo um bom trabalho. Mas se um dos pontos escapasse ao limite de controle, como no caso do ponto 10 de nosso gráfico, ele poderia parar imediatamente a operação, descobrir a causa da variação e corrigir o problema ou pedir ajuda. Essa reação imediata faz com que o problema seja encontrado mais facilmente, porque o operador pode se perguntar: "o que está diferente do normal? O que fiz de diferente? O que aconteceu quando estava operando aquela peça? O lote de matéria-prima foi trocado? Ouvi um barulho estranho?"

Ele se torna um orgulhoso responsável pela qualidade de seu trabalho. Ninguém vai avaliá-lo por uma meta fixa de valor. Ninguém vai apontar ameaçadoramente para ele quando surgir o primeiro problema. A culpa é sempre do sistema até que se prove o contrário.

Entretanto, esta remoção de causas especiais, sob responsabilidade do trabalhador, não é suficiente para a qualidade. O sistema permanecerá estável, mas ele pode não ser um bom sistema.

Digamos que as especificações do cliente indiquem que as peças tenham 205mm de diâmetro com uma tolerância de mais ou menos 1mm, ou seja, de 204mm até 206mm. Podemos ver que a média do gráfico está em torno de 204,2mm. Espera-se que ele produza peças variando de 200,3mm até 208mm. Claramente, contamos com a sorte para atingir as especificações do cliente. Nós falhamos em consegui-lo em 7 das 20 amostragens do gráfico.

Nosso sistema precisa de aprimoramento. Deming afirmava que, para mover a média para cima ou para baixo, e assim movimentar os limites de controle na mesma direção e distância, era necessário que a gerência promovesse um esforço integrado de várias áreas da empresa. Não adianta simplesmente apontar o dedo para o operador. Ele, provavelmente, já fez o que podia.

Se, além disso, a empresa desejar atuar sobre a faixa de variação, tornando-a mais estreita e, assim, tornando o processo mais confiável, o esforço será ainda maior. Os benefícios potenciais também serão maiores. O gráfico abaixo mostra um sistema em que a média é de 205mm, a mesma desejada pelo cliente. A variação máxima está entre 203,4mm e 206,6mm. Nas vinte amostragens, todas as peças seriam aprovadas pelo cliente.

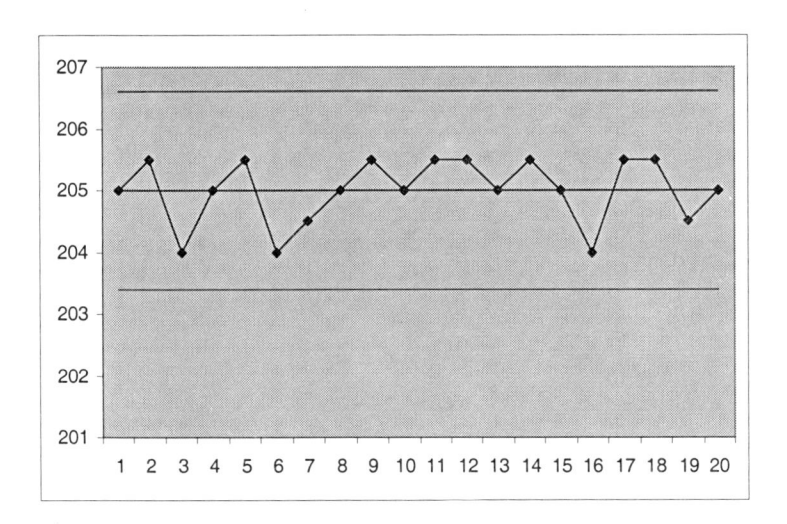

Outra ferramenta ensinada por Deming é o ciclo PDSA de melhoria contínua. Estas são as iniciais de *Plan-Do-Study-Act* (planejar, fazer, estudar e agir). O ciclo começa com uma compreensão inicial do sistema. Baseado nesta compreensão, alguém tem uma idéia de como melhorar o sistema. Ele não deve tentar implementar esta idéia imediatamente, mas planejar cuidadosamente suas ações. Isto é feito na fase *Plan*. Depois, na fase *Do*, ele deve executar o seu planejamento, implantando a mudança, de preferência em escala piloto. Em seguida devemos entender este novo sistema, ou seja, o sistema resultante da modificação que implantamos, compará-lo com o sistema original e descobrir o que aprendemos com isso. Que melhoras ocorreram? O que deu errado? Existiram efeitos colaterais? Tudo isto é feito na fase *Study*. A seguir devemos tomar a decisão gerencial de adotar a mudança ou descartá-la. Esta é a fase *Act*.

Mesmo que a mudança seja descartada, nossa compreensão sobre o sistema aumentou. Isto pode gerar uma nova idéia de melhoria. Por outro lado, mesmo que a idéia seja um sucesso, isto só deve nos estimular a usar nossa nova compreensão para incrementar ainda mais o novo sistema. E assim o ciclo recomeça.

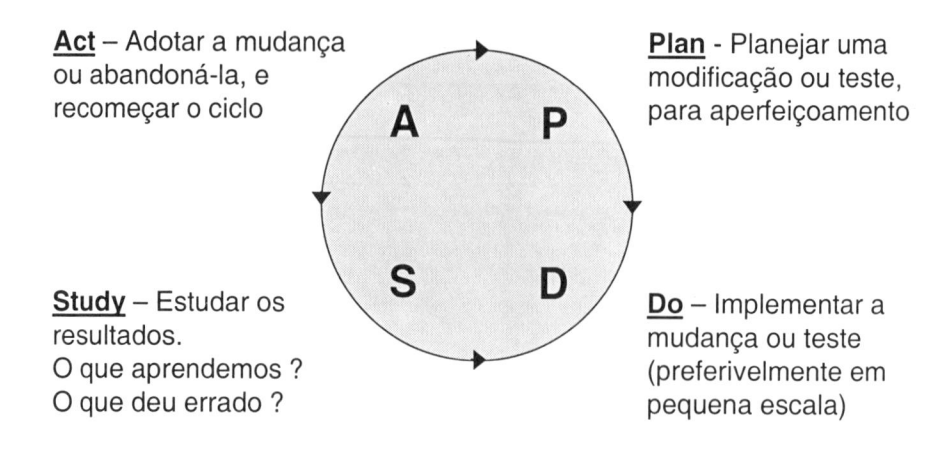

Act – Adotar a mudança ou abandoná-la, e recomeçar o ciclo

Plan - Planejar uma modificação ou teste, para aperfeiçoamento

Study – Estudar os resultados. O que aprendemos? O que deu errado?

Do – Implementar a mudança ou teste (preferivelmente em pequena escala)

O ciclo PDSA de Deming tem pouca semelhança com o chamado ciclo PDCA, formulado e difundido por empresas de consultoria, baseado em uma filosofia completamente diferente. O ciclo PDCA, que é formado pelas iniciais de *Plan-Do-Control-Act* (planejar, fazer, controlar e agir), tem diversas versões e foi adaptado para muitas utilizações. No entanto, em sua estrutura básica, ele começa, na fase *Plan*, com a elaboração de um procedimento detalhado de como executar uma tarefa. Na fase *Do*, a tarefa é executada, supostamente como foi planejada. Na fase *Control* fazemos verificações para descobrir se a execução se desviou do planejamento. Uma das principais ferramentas para isto é a chamada auditoria de qualidade, que busca evidências na documentação gerada para descobrir qualquer "não conformidade". Finalmente, na fase *Act*, tomamos providências para que os procedimentos voltem a ser adotados. O ciclo PDCA tem suas aplicações, tanto que guarda certa relação com a estrutura dos grupos de processos do PMBOK, mas a descrição deve ter deixado claro que ele não está relacionado com o pensamento de Deming, ao contrário do que alguns autores, inclusive o próprio PMBOK, afirmam.

Deming não foi o único americano a contribuir para o "milagre japonês". A influência de **Joseph Juran** foi quase tão grande. Sua participação foi importante por duas noções que criou e que foram fundamentais para os japoneses.

A primeira é a do "custo da qualidade". Juran percebeu que a alta gerência jamais daria atenção a aspectos como "taxas de defeitos" ou "limites de controle". Ele decidiu traduzir a qualidade para a linguagem que eles conseguiam entender: "dinheiro". Ele ensinava que os custos da qualidade podiam ser classificados em quatro tipos:

- **Custos de falhas internas** – São decorrentes de defeitos descobertos antes do produto ser enviado para o cliente. O retrabalho e o expurgo de peças são exemplos.

- **Custos de falhas externas** – São decorrentes de defeitos descobertos após o embarque para o cliente. O reenvio de mercadorias e a perda de mercado são exemplos desse tipo de custo.

- **Custos de avaliação** – São associados ao teste e ao controle de matérias-primas e produtos. Os gastos com laboratórios de qualidade, por exemplo, poderiam evitar que falhas internas se transformassem em falhas externas.

- **Custos de prevenção** – São associados com a prevenção de falhas. A compra de matérias-primas de fornecedores mais confiáveis ou os gastos com consultores formados pelo Juran Institute estão nessa categoria.

Colocar dinheiro em prevenção e avaliação não era, de maneira alguma, jogar dinheiro fora. Eram investimentos que seriam compensados por reduções nos custos de falhas.

Juran argumentava que deveria existir um objetivo claro para a qualidade. Investimentos em avaliação e prevenção seriam financeiramente benéficos enquanto a taxa de defeitos fosse relativamente grande. Os custos da qualidade (CDQ) atingiriam um mínimo quando os investimentos em qualidade igualassem os custos com falhas. A empresa deveria lutar para atingir este Eldorado chamado "custo mínimo de qualidade" e então só precisaria se manter nesta posição.

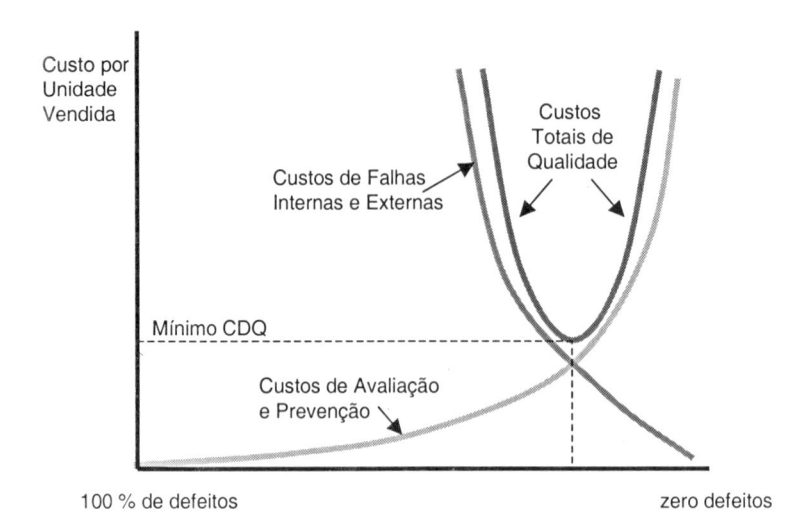

```
                    Custos
Custo por           Totais de
Unidade             Qualidade
Vendida
         Custos de Falhas
         Internas e Externas

Mínimo CDQ ─────────────────
         Custos de Avaliação
         e Prevenção

100 % de defeitos           zero defeitos
```

    Esse tipo de raciocínio soou como música para os investidores e o Japão colheu os frutos deste entusiasmo. Juran, porém, estava baseado em premissas não muito sólidas. O equilíbrio é muito mais instável do que seus gráficos demonstram e boa parte das variáveis envolvidas é intangível e de difícil quantificação, como por exemplo a imagem da empresa para o consumidor.

    O custo da qualidade é uma ferramenta muito útil para a venda de programas de qualidade, mas não deve ser encarado como um modelo absolutamente correto. Pelo menos no sentido de que os custos de qualidade são quantificáveis precisamente e "plotáveis" em um gráfico.

    O outro conceito importante divulgado por Juran foi o "Princípio de Pareto". Ele recomendava que, pelo menos nos estágios iniciais de um programa de qualidade, a empresa se concentrasse em projetos que ele chamava de *the vital few*, ou seja, aqueles que poderiam gerar mais impacto na qualidade usando o menor esforço possível.

    Vilfredo Pareto foi um economista italiano que percebeu que 80% de toda riqueza da Itália estava concentrada em 20% da população. Juran percebeu esta imagem como uma analogia ao problema da qualidade. Ele argumentava que 80% dos defeitos pareciam ser causados por apenas 20% dos elementos envolvidos no sistema. Tratava-se assim de encontrar as poucas ações vitais entre todas as ações potencialmente úteis.

O sucesso do "Príncipio de Pareto" foi tão grande que Juran se arrependeu de não tê-lo chamado "Príncipio de Juran". De fato, qualquer ação administrativa, e não somente os programas de qualidade, pode ser aprimorada, se os responsáveis focarem nas restrições do sistema, isto é, naquilo que realmente impede a performance de melhorar, em vez de tentar mover o sistema inteiro de uma só vez.

Juran e Deming, principalmente este último, estabeleceram a direção geral que os esforços de qualidade deveriam seguir. Isso não significa que todos seguiram nesta direção. Uma enorme quantidade de iniciativas ignoraram ou foram frontalmente contrárias aos princípios destes mestres.

14.4 ISO-9000

Para compreender as idéias que suportam a ISO-9000, temos que retornar ao século XIX e compreender a teoria da burocracia de **Max Weber**, impregnada pelo racionalismo positivista da época. Esperava-se utilizar os métodos científicos para obter a solução perfeita e a previsibilidade absoluta dos fenômenos.

O processo de racionalização é a aplicação prática de conhecimento, de modo a atingir um determinado fim. O planejador deve levar em conta todos os fatores e utilizar seu conhecimento superior para projetar a maneira ótima de execução. O planejador e o executor não são necessariamente a mesma pessoa e, para Weber, eles não deveriam sê-lo. Mesmo que se trate de um mesmo indivíduo ou grupo, os dois processos são separados. Enquanto se planeja não se executa, e só se executa após o planejamento.

Weber descreveu o sistema em que a racionalização poderia ocorrer e chamou-o de burocracia. Suas idéias sobre a burocracia incluíam:

- **Regras escritas de conduta** – A burocracia previa regras exaustivas capazes de cobrir todas as áreas da organização, prever todas as ocorrências e enquadrá-las dentro de um esquema racional pré-definido. As regras criadas têm um poder legal porque são mandatórias, e freqüentemente prevêem mecanismos de coação para os rebeldes.

- **Caráter formal da comunicação** – Visando evitar erros nas comunicações, elas deveriam ser escritas e padronizadas pelo tipo de informação. As comunicações deveriam ser armazenadas de maneira a proporcionar a comprovação, ou evidência, de que o processo formal foi seguido.

- **Divisão especializada de trabalho** – Em toda burocracia os trabalhadores deveriam ter funções bem definidas. Cada membro da organização passaria a ter funções específicas em sua esfera de competência restrita. Tudo bem definido pelos procedimentos racionais.

- **Promoção baseada na eficiência** – Os critérios de promoção de um funcionário deveriam ser objetivos e ligados às tarefas específicas de seu cargo. Uma vez que o sistema se encarregava de garantir que os objetivos da organização fossem atingidos, bastaria mensurar e controlar o quão bem cada membro executa as funções sob sua responsabilidade.

A variabilidade introduzida pelo elemento humano é sempre vista pela burocracia como danosa. A burocracia deveria promover um nível de previsibilidade equivalente aos aparelhos mecânicos. Como conseqüência, ela deveria ser um modelo perfeito de eficiência, porque a execução era feita rigorosamente dentro dos princípios racionais superiores que moldaram as normas e procedimentos.

O sucesso que os princípios burocráticos atingiram foi impressionante, principalmente dentro da administração estatal. No entanto, logo as falhas das premissas racionalistas se tornaram evidentes. Vários autores, já no meio do século XX, identificaram disfunções que ocorriam com freqüência alarmante nas organizações burocráticas. Algumas destas disfunções:

- **Internalização das regras e apego exagerado aos regulamentos** – Os objetivos que levaram à criação das normas começaram a ser esquecidos no dia-a-dia, até que o cumprimento das normas deixou de ser apenas um meio para se tornar o próprio objetivo dos funcionários. O funcionário deixa de ser um especialista nas tarefas e passa a ser um especialista nas normas e regulamentos, processo que já foi chamado de "incapacidade treinada".

- **Excesso de formalismo** – Os registros escritos se tornaram cada vez mais numerosos e detalhados. Como os processos devem resolver qualquer eventualidade, mesmo as informações com pouca possibilidade de serem necessárias tinham que ser registradas e confirmadas por um documento. Nenhum funcionário ousa executar uma tarefa se o pedido adequado não foi propriamente enviado por meio do canal definido, não importando o tamanho ou urgência da tarefa.

- **Resistência a mudanças** – O funcionário eventualmente se acostuma com a completa estabilidade e repetição de suas tarefas. Qualquer possibilidade de mudança no procedimento tende a ser interpretada como um elemento desconhecido que ameaça a segurança e a tranqüilidade. Na medida do possível, o funcionário passa a resistir à mudança de maneira mais ou menos ativa.

- **Categorização como base de decisão** – Como existe um número limitado de processos formalizados e um número ilimitado de situações, o burocrata tende a classificá-las de maneira estereotipada para ser capaz de lidar com elas, encaixando-as em um dos tipos previstos pela documentação. Quanto mais freqüente se torna esta categorização, menor será a procura de alternativas para a solução de problemas. Isto lembra um velho ditado: "quando a vida só lhe deu um martelo, todos os seus problemas passam a se parecer com pregos."

- **Dificuldade de atender a clientes e conflitos com o público** – A mais famosa das disfunções da burocracia é, na verdade, derivada de todas as outras. A burocracia visa à estabilidade e não à adaptabilidade. Uma vez que os funcionários estão voltados para suas normas, e são avaliados pelo seu cumprimento, todos os clientes são atendidos de forma padronizada, segundo categorias fixas. Se algum cliente tem um problema que exige uma solução personalizada, o burocrata entra em pânico. O argumento mais comum é o de que, se ele tivesse que lidar com toda exceção que aparecesse, seria impedido de realizar seu trabalho.

Acrescentamos uma disfunção, que é uma das mais prejudiciais, e que só pode ser entendida à luz da teoria dos sistemas. As burocracias geram uma mentalidade de otimização local. Cada funcionário passa a se ver como um operário de uma linha de montagem, com responsabilidades limitadas. A otimização das performances individuais de cada departamento, que está embutida na própria estrutura da burocracia, praticamente garante que o sistema como um todo será sub otimizado. Isso é particularmente verdadeiro para projetos, em que o trabalho em equipe é fundamental para a resolução de problemas.

Todas estas disfunções da burocracia se tornaram famosas a ponto de ela, de maneira não totalmente justa, virar sinônimo de ineficiência. É irônico que este estigma tenha se imposto a um nome que deveria representar a própria eficiência racionalista na administração. A palavra burocracia jamais poderá ser usada novamente de maneira positiva, mas sempre existe uma maneira de requentar velhas idéias com novos rótulos. E assim chegamos finalmente ao assunto original, o modelo de gestão ISO-9000.

Os governos sempre foram entusiastas dos princípios burocratas. Na ausência das forças competitivas do mercado, o Estado tem sempre a preocupação de agir de maneira racional, maximizando a utilização de seus recursos. Durante os anos 70, as atividades do British Standards Institute (BSI) espelhavam a preocupação do governo britânico em garantir a confiabilidade de seus fornecedores. Em 1979 o BSI publicou um padrão chamado de BS 5750 e conseguiu que diversas empresas da Inglaterra o adotassem.

As idéias básicas do BS 5770 eram retiradas do ideário burocrata. A ênfase era em produzir de forma previsível, e com pouca variação, os produtos que eram fornecidos para o governo. Não havia nenhuma referência à melhoria de performance, mas esta norma já tinha a maioria das características importantes da ISO-9000, inclusive as auditorias internas.

O poder de fogo da BS 5770 era pequeno e o governo inglês buscou a respeitabilidade que a ISO podia oferecer. Em 1987, as idéias da BS 5770 foram transferidas para a comunidade internacional na forma da ISO-9000, apesar da sintomática falta de suporte dos japoneses.

Os padrões ISO-9000 são burocráticos por natureza. Da mesma forma que uma rosa com outro nome continua sendo uma rosa, eles sofrem de todas as disfunções associadas. No entanto, a ISO-9000 é uma forma um tanto evoluída de burocracia. Em relação à burocracia original de Weber, podemos destacar alguns pontos interessantes:

- Os padrões e normas não deveriam ser impostos de cima para baixo, mas construídos pelas próprias pessoas que os utilizariam. Isso evitaria que normas boas no papel, mas inexeqüíveis na prática, fossem impostas de cima para baixo.

- Durante a elaboração dos processos, o cliente deveria ser sempre o foco. Em tese, o objetivo da eficiência da burocracia ISO-9000 deixa de ser a utilização dos recursos do produtor e passa a ser o atendimento confiável ao cliente. Embora este foco freqüentemente seja perdido, as necessidades do cliente não são totalmente esquecidas como na burocracia original.

- É implícito nas normas que elas devem evoluir com o tempo. Pelo menos teoricamente as normas deveriam ser alvo de um ciclo evolutivo nos moldes do PDCA. Isto deveria diminuir a tendência à cristalização dos procedimentos em leis eternas.

No entanto, estes novos aspectos não são capazes de impedir que as disfunções apareçam. Durante a elaboração das normas, as pessoas têm a tendência de levantar velhos problemas e ressentimentos e criar regras que acabam dificultando seu próprio trabalho. A mentalidade determinista e racionalista está muito arraigada em nossa sociedade, de modo que nos sentimos culpados quando nossos procedimentos não são capazes de cobrir a diversidade do mundo real. Como conseqüência, processos idealizados acabam por serem auto-impostos.

O foco no cliente logo é esquecido pelo próprio processo de certificação. Qualquer um que já tenha participado de um processo desses já presenciou casos em que solicitações dos clientes foram simplesmente negadas porque a auditoria estava próxima. Preparar-se para ela tem sempre a prioridade absoluta.

Uma vez elaboradas, as normas têm vida própria. Os próprios criadores terão receio em modificá-las. Lembrarão das discussões intermináveis que precederam a aprovação de um frágil consenso. O hábito de seguir o padrão e a inércia em efetivar mudanças fará com que somente aquelas normas que se tornarem insuportáveis sejam modificadas.

As disfunções inerentes a qualquer burocracia inevitavelmente ocorrerão, mas não devemos nos juntar ao clamor das massas na condenação de qualquer tipo de burocracia.

Em primeiro lugar, devemos entender que determinadas organizações, ou pelo menos, determinadas partes de organizações, podem se beneficiar muito do racionalismo burocrata. Existem muitas atividades que são simples, no sentido de darem margem a poucas alternativas, e são pouco influenciadas por mudanças no ambiente externo. Plantas em indústrias de *commodities* são um bom exemplo disto. Não se espera um grande dinamismo gerencial na produção de enxofre, mas os clientes esperarão uma absoluta confiabilidade e previsibilidade de seus fornecedores. A implantação da ISO-9000 pode oferecer esta estabilidade.

Por outro lado, atividades que exigem alto nível de dinamismo e adaptabilidade, em que as mudanças e variações são inevitáveis e nem sempre maléficas, como é o caso da esmagadora maioria dos projetos, serão quase certamente prejudicadas pela existência de uma burocracia forte.

Em segundo lugar, ao contrário do que muitos auditores ISO podem dar a entender, existe todo um contínuo de padronização burocrática. Não é preciso escolher entre o completo caos informal e o "escreva exatamente como você faz, faça rigorosamente como descreveu e mantenha registros para prová-lo". A utilização focada de procedimentos para atividades repetitivas de baixa tolerância à variação é certamente uma grande arma administrativa. Programas de qualidade, a exemplo do modelo "seis sigma", fazem uso deste tipo de burocratização focada.

Além disso, atividades podem ter guias que induzam boas práticas sem que se tornem procedimentos fixos. O próprio PMBOK é um exemplo disso. O PMI promove uma certificação para garantir que os gerentes de projetos conheçam as práticas recomendadas. No entanto, é deixada para o gerente de projetos a decisão da aplicabilidade de cada técnica a um projeto individual. Este é um bom sistema que poderia ser mais comum nas organizações.

A ISO-9000 é um modelo de gestão. Nisto ela difere de outras normas e procedimentos da ISO, que visam principalmente o âmbito operacional. Ela é um modelo burocrático de gestão, cabendo a cada administrador decidir se este modelo é adequado para sua organização. No entanto, esta decisão foi retirada dos administradores. Os governos passaram a exigir a certificação ISO-9000 como pré-requisito para a seleção de fornecedores. Estes, por sua vez, passaram a exigir que seus próprios fornecedores a adotassem. A coerção é responsável pela esmagadora maioria das iniciativas de adoção da norma, o que é deplorável.

Além disso, a maioria das empresas que não foram diretamente coagidas pela certificação adotou a norma imaginando que se tratava de um programa de melhoria contínua. Mas isso não é verdade. A mera adição de recomendações sobre ciclos PDCA a uma filosofia que mira a estabilidade e não a mudança, não a transforma em um programa de melhoria de qualidade.

Muitos argumentarão que, se um processo não está sob controle, não pode ser aprimorado. Isto é verdade, mas este argumento teria como pressuposto que sistemas não burocratizados estariam sempre fora de controle. Esse pressuposto é simplesmente inválido. Todo trabalho de Deming focou em sistemas sob controle sem que a estrita formalização de procedimentos fosse utilizada.

A experiência demonstra que sistemas levemente normatizados são muito mais férteis para projetos do que o informalismo total ou a burocracia absoluta.

14.5 Lições de Guerra

Carl von Clausewitz foi o maior de todos os pensadores da arte da guerra. Ele foi contemporâneo e opositor de Napoleão, mas seus ensinamentos são, até hoje, venerados e considerados válidos na execução do mais arriscado dos projetos: o combate. A leitura de sua obra "Da Guerra" é um exercício fascinante e questionador, cheio de lições aplicáveis a vários aspectos da vida dentro das empresas modernas. Talvez pareça estranho abordá-lo em um capítulo sobre qualidade; no entanto, suas análises sobre princípios, regulamentos e métodos lançam uma luz interessante sobre a formalização de ações em ambientes de alta incerteza.

Clausewitz enfrentou o problema que é característico da guerra, mas que também ocorre em nossos projetos: o acaso. Ele observou que "a grande incerteza acerca de todos os dados constituem uma dificuldade na guerra (...) A falta de visibilidade que esta fraca iluminação traz consigo tem de ser compensada pelo talento da adivinhação, ou tem que se deixar abandonar à sorte. Na ausência de uma sabedoria objetiva, é necessário aqui, ainda, confiar no talento e até mesmo na benevolência do acaso". Em um ambiente como este, uma doutrina positiva é impossível. Nenhuma teoria poderia criar regras, aplicáveis universalmente, que pudessem governar o comportamento dos generais diante dos acasos da guerra.

Para ele, existiam duas alternativas que poderiam nos fazer sair dessa dificuldade:

"Em primeiro lugar, o que dissemos a respeito da natureza da atividade guerreira em geral não se aplica do mesmo modo a todos os escalões da atividade. Nos graus inferiores, (...) os fenômenos aparecem muito mais circunscritos, os fins e os meios são menos numerosos, os dados mais precisos e freqüentemente representados por objetos reais. Mas, à medida que se sobe na hierarquia, as dificuldades aumentam..." Se não poderíamos criar modelos precisos para o comportamento de generais, a mesma dificuldade não se apresentava para os soldados rasos."

"A segunda alternativa que justifica uma teoria é a idéia segundo a qual nada a obriga ser uma doutrina positiva, isto é, um método de ação (...) Toda atividade que, na maior parte das vezes, se aplica sempre as mesmas coisas e utiliza sempre os mesmos meios para os mesmos fins, deve poder ser objeto de um exame racional (...) Quando a teoria estuda os objetivos que constituem a guerra e dissocia de um modo mais claro aquilo que à primeira vista parece confundir-se, quando determina de um modo mais completo as características dos meios da guerra ao mesmo tempo que os seus prováveis efeitos; então é que se cumpre o objetivo principal de sua tarefa. É aí que essa teoria poderá servir de guia a quem queira familiarizar-se com a guerra através de leituras; ela ilumina o seu caminho, facilita as suas diligências e impede o interessado de se desviar do caminho."

A função de uma teoria era criar ordem e esclarecimento, de modo que as pessoas não precisassem traçar sempre seus próprios caminhos analisando pequenos detalhes. Ela deveria ser destinada ao futuro líder, para orientar sua auto-educação, assim como um pedagogo prudente orienta e facilita o desenvolvimento espiritual do jovem sem que, no entanto, o traga amarrado a si toda a vida. Essa teoria se basearia no ensinamento de princípios, algumas vezes conflitantes, e deixaria ao general o julgamento de quando aplicá-los e quando ignorá-los, seguindo sua própria intuição. Ela não deveria ser uma teoria prescritiva, mas um conjunto de princípios que facilitassem a compreensão da realidade, sempre preservando a liberdade criativa do líder.

Tal teoria serve para formar e não para dirigir. Serve para acelerar o aprendizado e evitar que o inexperiente cometa erros tolos. A filosofia geral deste curso, e em especial o capítulo 7, que fala de modelos aplicados em projetos, segue essas linhas definidas por Clausewitz. Quando falamos de curvas de aprendizado não esperamos que algum esforço seja gasto na medição e criação das curvas de casos reais. Isso é deixado para os acadêmicos. Basta que o gerente de projetos compreenda o efeito que o fenômeno do aprendizado pode ter no ambiente de projetos. Ele pode, inclusive, optar por ignorar o modelo, se o risco lhe parecer aceitável ou inevitável.

Regulamentos e instruções estariam na outra extremidade do espectro. Um soldado, fora da atividade de combate propriamente dita, executa tarefas simples e "procedimentais" em que a criatividade não é necessária e nem bem-vinda. Os regulamentos de Clausewitz são a versão militar dos procedimentos ISO-9000. Tarefas repetitivas e procedurais devem ter procedimentos detalhados de forma a diminuir o atrito com que líder tem que lidar na execução dos seus planos. Não importa se estamos erguendo uma parede em um projeto de construção civil ou uma paliçada contra a cavalaria inimiga, tarefas procedurais que são freqüentes em nossas atividades devem ser padronizadas em detalhes.

Clausewitz foi mais longe e enfrentou um problema mais delicado: o caso dos oficiais intermediários. Ele ponderou que "como o número de oficiais aumenta à medida que se desce para os graus inferiores, cada vez menos podemos confiar na exatidão da perspicácia e na correção do julgamento das esferas inferiores (...) É preciso recorrer à rotina do metodismo. Este servirá de suporte ao julgamento e de barreira a essas idéias extravagantes e totalmente erradas de que é preciso desconfiar acima de tudo".

"O método, a maneira de proceder, é um comportamento constante escolhido entre vários outros igualmente possíveis; e o metodismo aplica-se à ação, que em lugar de ser determinada por princípios gerais ou por regulamentos individuais, obedece a métodos. O metodismo não está fundamentado em premissas definidas e particulares, mas na probabilidade média de casos análogos."

O metodismo se utiliza de duas ferramentas principais: regras e princípios. Regras, neste sentido, são meios de identificar uma situação, graças a um sinal específico. Não existe regra sem exceção, mas quando utilizamos a regra temos mais probabilidade de julgar corretamente a situação. Regras são estruturadas na forma "Se... então". Princípios são conselhos aplicáveis na maior parte dos casos.

Regras e princípios definem o elenco de opções possíveis para o oficial. Os oficiais devem ser condicionados a utilizar as regras e princípios, mas não há obrigatoriedade no cumprimento de nenhuma regra ou princípio específico. Ele tem a liberdade de escolher, dentre o elenco de princípios disponíveis, quais os adequados a sua situação particular.

Para obter o equilíbrio entre a liberdade de julgamento e o método, os oficiais intermediários devem ser treinados nas regras e princípios e enfaticamente orientados a utilizá-los. Eles devem saber que é seguro seguir o método e que, quando se afastam dele, estão assumindo riscos. A maioria seguirá o caminho seguro. Aqueles que tiverem capacidade de avaliar as situações de maneira mais profunda e assumirem riscos serão, desde que demonstrem a sabedoria de suas escolhas, os que acabarão alçados à posição de generais, ou gerentes de projetos.

14.6 Plano de Gerenciamento de Qualidade

Depois desta longa introdução, estamos de volta ao mundo dos processos de gerenciamento de projetos. De uma forma genérica, o gerenciamento de qualidade em projetos inclui todos os processos necessários para garantir que o projeto satisfaça as necessidades que motivaram a sua criação. Cabe ao gerente de projetos definir, em consenso com a organização, a filosofia de qualidade a ser aplicada.

Como sempre, existe uma parte do plano de projeto que cuida da qualidade. O plano de gerenciamento da qualidade descreve tanto a política de qualidade quanto a maneira como ela será implementada no projeto.

Ele pode descrever aspectos como responsabilidades, procedimentos, processos e recursos necessários ao gerenciamento da qualidade. O plano pode ter diferentes níveis de detalhe ou formalidade, dependendo das necessidades do projeto.

O plano de qualidade precisa abordar tanto os produtos do projeto quanto o próprio projeto. Isso significa que precisamos nos preocupar em entregar um produto de qualidade, mas também melhorar o próprio processo de gerenciamento de projetos.

O PMBOK versão 3 reconhecidamente apóia a visão ISO9000 sobre qualidade. Isto quer dizer que todos os esforços, não só de controle dos resultados do projeto como também de compreensão do sistema e melhoria, tanto dos produtos do projeto quanto do processo de gerenciamento do projeto, são agrupados como "controle de qualidade". A especificação de procedimentos formais para a criação dos produtos e para o gerenciamento do projeto, bem como as auditorias para assegurar que estes procedimentos serão seguidos, são chamados de "garantia de qualidade". A experiência demonstra, no entanto, que o excesso no uso de procedimentos escritos ajuda bem pouco a garantir a qualidade. Na verdade, com freqüência atrapalha.

Em nossa visão, no caso do gerenciamento de qualidade do processo do projeto, o controle de qualidade é feito pelo próprio seguimento dos processos do PMBOK. A garantia de qualidade é feita a partir da análise e compreensão do processo durante processos de encerramento. Esta compreensão permite a ação preventiva em relação a erros, bem como descobrir oportunidades de incremento da performance em termos de menores prazos e custos e maior satisfação do cliente.

No caso do gerenciamento da qualidade dos produtos do projeto, todas as técnicas de controle e garantia de qualidade analisadas neste capítulo estão à disposição do gerente de projetos.

Devemos ter em mente que, devido à natureza temporária dos projetos, os esforços de melhoria de qualidade são freqüentemente colhidos, não pelo próprio projeto, mas pela organização executora e seus futuros projetos. O importante é garantir que os clientes serão atendidos de maneira adequada. E, para isso, as práticas de qualidade podem ser ferramentas poderosas, quando bem aplicadas.

14.7 Critérios de Qualidade de Produtos

O planejamento da qualidade deve identificar os padrões de qualidade que se aplicam aos produtos do projeto e determinar como satisfazê-los.

Na determinação dos padrões de qualidade de produtos, existem duas possibilidades. É possível que padrões ou regulações pré-existentes afetem alguma atividade ou produto do projeto. Neste caso, a documentação do projeto deve referenciar os padrões competentes.

No entanto, a característica singular dos projetos praticamente garante que nem todas as necessidades de qualidade serão cobertas pelos padrões existentes. O gerente do projeto deve estabelecer, junto aos *stakeholders*, os padrões de qualidade para cada item do escopo do projeto. De fato, o estabelecimento dos padrões de qualidade se confunde com a própria definição do escopo, pois o cliente pode se recusar a aceitar um produto com base no fato dele não atender a um determinado critério. A melhor proteção do projeto contra este fato é definir os critérios antecipadamente e de maneira clara.

Alguns critérios de qualidade podem ser definidos para um subconjunto dos produtos gerados; outros podem ser amarrados a itens específicos da WBS. De qualquer forma, os critérios de qualidade podem ser colocados como parte da declaração de escopo do projeto. Isto reforça o fato de que não basta entregar um produto qualquer. É necessário que este produto atenda aos requisitos dos *stakeholders*.

Uma ferramenta útil para a definição de critérios de qualidade são as *checklists*, ou seja, listas de perguntas para garantir que um determinado critério de qualidade tenha sido preenchido.

14.8 Controle de Qualidade em Projetos

O controle de qualidade de produtos envolve a monitoração de resultados específicos do projeto para determinar se os padrões de qualidade definidos estão sendo cumpridos. O controle de qualidade deve ser executado durante o projeto e não somente em seu final.

A inspeção de qualidade é a atividade que inclui as tarefas de medir, examinar e testar os produtos e *deliverables* do projeto, para determinar sua conformidade com os requisitos. Vários tipos de inspeção de qualidade podem ser feitos. Uma boa prática é a de que o responsável pelo produto seja o primeiro responsável a inspecioná-lo. Isto o torna ciente dos padrões aplicáveis e evita que ele cometa os mesmos erros em outros produtos.

É importante que os produtos intermediários sejam aferidos antes que uma nova fase do projeto comece. A detecção dos erros evita que eles se propaguem para os produtos seguintes e diminui os custos de correção.

A inspeção pode ser feita em todos os produtos ou, quando isso não é prático ou possível, em uma parte deles. Nesses casos, uma amostra deve ser tomada dentro dos critérios estatísticos. Ela deve, por exemplo, ser representativa em relação ao universo total de produtos. Os principais produtos de uma inspeção de qualidade são:

- **Decisões de aceite** – Se um produto estiver dentro do padrão ele poderá ser aceito pelos *stakeholders*; caso contrário o projeto poderá ter necessidade de retrabalho.

- **Ajustes necessários** – A inspeção apontará quais características do produto devem ser aprimoradas.

- **Informações sobre os problemas** – A quantidade e qualidade dos problemas pode ser registrada para acompanhamento. Sucessivas inspeções podem mostrar um padrão útil para a tomada de decisões.

14.9 Garantia da Qualidade em Projetos

O controle de qualidade atua sobre os produtos do projeto, tanto finais quanto intermediários, de modo a detectar problemas de qualidade. A garantia de qualidade (*quality assurance*) atua sobre o processo do projeto, evitando os problemas de qualidade.

Existem duas principais filosofias de garantia de qualidade:

- **Controle formal do processo** – Esta é a filosofia preconizada pela norma ISO-9000. Tem como requisito que um processo formal seja estabelecido antes do início do projeto. Seguindo o processo criado racionalmente, espera-se que os produtos do projeto sejam automaticamente adaptados às especificações.

- **Conhecimento do processo** – Esta é a filosofia de Deming. Pressupõe o conhecimento da teoria de sistemas e da variação. A medição de característicos da qualidade e o controle e ajuste do processo pelos próprios trabalhadores, orientados por uma liderança forte, devem gerar um impulso de melhoria contínua.

A maioria dos projetos não se presta à implantação total da filosofia ISO-9000. Isto não quer dizer que nenhuma formalização ou racionalização de procedimentos seja aplicável. Já vimos que existem atividades "procedimentais" que se beneficiam com a formalização. Além disso, processos mais genéricos e flexíveis, que permitem opções e liberdade de ação podem e devem ser utilizados. O respeito a esse tipo de processo torna-se mais efetivo para a equipe do projeto, uma vez que a necessidade de contorná-lo, extra oficialmente, é minimizada, devido a exceções.

No ambiente ISO-9000, um instrumento comum de garantia de qualidade é a auditoria de qualidade. Essa auditoria é um procedimento estruturado de revisão e verificação da aplicação dos procedimentos de qualidade. As auditorias podem ser previamente marcadas ou ter um caráter surpresa. Em qualquer caso, o componente policial de uma auditoria tem o efeito colateral de retirar a responsabilidade da verificação de qualidade do gerador do produto. É ele quem deve conhecer os procedimentos adequados e avaliar sua própria produção. A mentalidade de "comando e controle" das auditorias de procedimentos está ligada aos princípios burocráticos e é extremamente "desmotivadora". Em muitos casos, a monitoração informal e contínua do trabalho das equipes e a orientação pessoal daqueles que não estão seguindo os procedimentos é mais adequada para o ambiente dos projetos.

O caminho de Deming é mais difícil e complexo, mas também mais frutífero. O gerente e a equipe do projeto devem monitorar o que é importante para os *stakeholders*, particularmente os clientes. No lugar do cumprimento cego dos procedimentos, a execução consciente das tarefas é a chave para o sucesso.

Se entendermos um projeto como um serviço prestado ao cliente, teremos algumas dimensões de qualidade de serviço que devem ser monitoradas:

- **Dimensão concreta e evidente para o cliente** – Esta é, basicamente, a qualidade do produto do projeto, tal como vista no momento da aceitação.

- **Dimensão intangível e não evidente para o cliente** – Esta compõe aspectos do produto como facilidade de manutenção, custo de propriedade, expectativa de vida útil, capacidade de evolução etc. Esses aspectos devem estar de acordo com as necessidades do cliente. Se o cliente deseja um produto barato e relativamente descartável, a equipe do projeto não deve gastar recursos para aumentar a expectativa de vida útil do produto.

- **Dimensão psicológica** – Qualidades como cortesia, simpatia e comprometimento são importantes para gerar uma avaliação positiva dos *stakeholders* sobre o projeto. Elas se relacionam ao modo como a equipe executa suas tarefas quando em contato com os clientes e outros "*stakeholders*".

- **Dimensão tempo** – O tempo é citado freqüentemente como a dimensão cardinal em qualidade de serviços. Isso é especialmente verdadeiro em projetos.

De todas estas dimensões de qualidade, a dimensão tempo é a que mais facilmente se presta à monitoração. É também a que tem mais probabilidade de retorno com relação a esforços de melhoria. Existem algumas subdivisões desta dimensão que devem ser conhecidas:

- **Tempo de acesso** – O tempo decorrido entre a organização (ou o cliente) identificar a necessidade de um projeto e o momento do seu início. Um baixo tempo de acesso é importante, particularmente quando a organização executora do projeto não é a mesma que a do cliente. Projetos, freqüentemente, devem ser executados dentro de uma janela de oportunidade. No caso de demora para o início do projeto pode acontecer que seu final perca esta janela.

- **Tempo de execução** – Pelos mesmos motivos relacionados no tempo de acesso, o tempo necessário para a execução do projeto deve ser o menor possível. Aumentos de produtividade, que permitam a entrega de projetos em prazos menores são sempre bem-vindos.

- **Confiabilidade na execução** – O cumprimento dos prazos estabelecidos é, talvez, o aspecto mais importante da dimensão tempo da qualidade.

Todos estes aspectos do tempo são facilmente mensuráveis. Se uma organização executa vários projetos do mesmo tipo, ela pode criar gráficos de controle e medir como se comporta a variação do seu processo de execução de projetos. Tudo que dissemos sobre causas comuns e especiais de variação pode ser aplicado aqui. O conhecimento gerado pode ser usado para, seguindo o "Princípio de Pareto", melhorar o sistema, produzindo um impacto maior nos *stakeholders*.

15 Integração

15.1 Visão Geral da Integração

Pode-se dizer que tudo que não é específico de uma área de conhecimento, ou que diz respeito a mais de uma área do conhecimento, entra na área de integração. Mais formalmente, integração contém os processos para articular, combinar, consolidar, unificar e coordenar os diversos processos e atividades de gerenciamento de projetos. É nos processos de integração que a maior parte das duras escolhas do gerente de projetos são feitas. Trata-se de responder a quentões como: "até que ponto podemos absorver um aumento de escopo sem que o impacto no esforço se torne excessivo? Quanto tempo devemos usar para atividades de controle do projeto?"

Fica evidente que estamos tratando de integração quando processos interagem, quando analisamos o impacto de custo e prazo de uma alteração de escopo, ou quando calculamos os custo de uma continência a riscos.

Existe necessidade de integração deste a iniciação, quando os diversos aspectos do projeto ou da fase devem ser amarrados aos interesses da organização executora, até o encerramento, quando o projeto retorna à organização executora para validação.

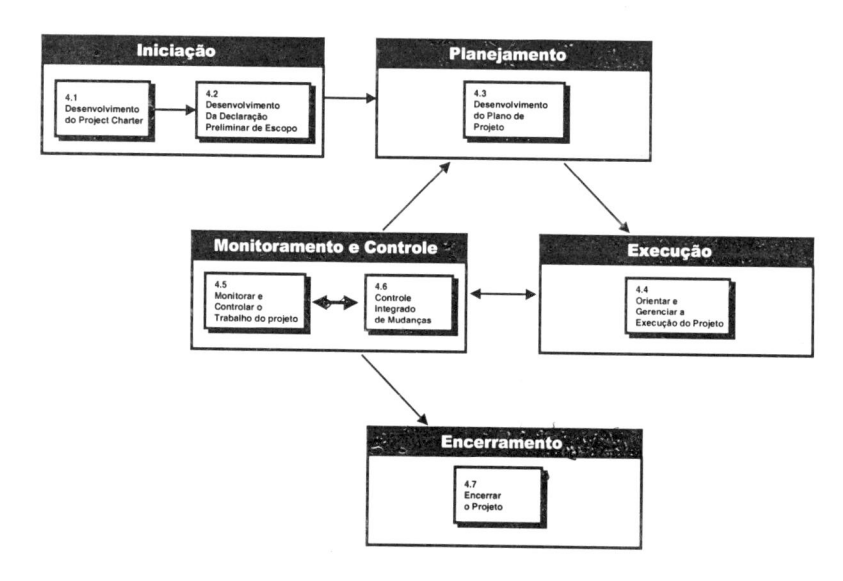

15.2 O *Project Charter* e a Declaração Preliminar de Escopo

O primeiro dos processos de iniciação tem uma característica peculiar, pois podemos considerar que a criação do *project charter* está fora dos limites do projeto propriamente dito. O *project charter* autoriza que o projeto comece, e escolhe e concede a autoridade necessária ao gerente de projetos. Sempre que possível, porém, é boa prática que o futuro gerente de projetos seja envolvido na criação do *project charter*.

O PMBOK em português chama o *project charter* de o termo de abertura do projeto, que talvez seja uma boa tradução. O *charter* abre o projeto e registra, entre outras coisas, os objetivos de negócio que devem ser alcançados, assim como premissas e restrições já definidas. Lembre-se: uma restrição é um limite à liberdade do gerente de projetos na tomada de decisão. Normalmente é algo imposto pelo cliente e que o projeto deve cumprir, com uma conotação levemente negativa. Já um pressuposto pode ser encarado positivamente como uma salvaguarda do gerente de projetos. Um pressuposto é um fato tomado como certo para fins de planejamento. Se, no meio do projeto, um pressuposto se mostra falso, o gerente de projetos pode usá-lo, por exemplo, para justificar pedidos de mais tempo ou recursos. Isto desde que ele esteja bem documentado. Mais tarde, novos pressupostos e restrições podem aparecer dentro do plano de projeto.

Algumas informações encontradas com freqüência em um *project charter*:

- Desejos e expectativas do cliente, do *sponsor* e de outros *stakeholders*.
- Necessidades de negócios.
- Descrição de alto nível do produto do projeto.
- Objetivo ou justificativa do projeto.
- Gerente de projetos designado e nível de autoridade atribuída.

- Cronograma de *milestones* sumarizado.
- Organizações funcionais e sua participação.
- Premissas.
- Restrições.
- Métricas.
- Orçamento sumarizado.

O *project charter* deve vincular o projeto à organização permanente. No entanto, como ele não é uma criação da equipe do projeto, pode sofrer um processo de detalhamento e tradução para a linguagem do projeto. Isto pode ser feito pela declaração preliminar de escopo. Este documento é uma espécie de *feedback* do gerente de projetos para a organização. É como se ele dissesse: "foi isto que eu entendi que vocês me pediram para fazer, está correto?"

No entanto, em muitos projetos este passo é desnecessário. Muitas das informações da declaração preliminar de escopo são meras cópias do *project charter*. Outras já incluem um primeiro nível de planejamento, como é o caso de uma lista de riscos preliminar. Se a elaboração do plano de projeto não for um processo excessivamente trabalhoso e demorado, e se o *project charter* foi bem feito, a declaração de escopo do próprio plano de projeto servirá bem a este propósito. Em alguns casos, informações que o PMBOK coloca na declaração preliminar podem ser movidas para o *charter*. Este é o caso do *charter* vir de um contrato de um fornecedor com seu cliente. É prudente que os critérios de aceitação do produto já estejam no documento inicial.

Algumas informações que podem estar na declaração preliminar de escopo:

- Características e requisitos do produto ou serviço.
- Critérios de aceitação do produto.
- Limites do projeto.
- *Deliverables* e requisitos do projeto.
- Restrições do projeto.

- Premissas do projeto.
- Organização inicial do projeto.
- Riscos iniciais definidos.
- Marcos do cronograma.
- EAP inicial.
- Estimativa aproximada de custos.

15.3 Orientar e Gerenciar a Execução do Projeto

Dentro do processo "orientar e gerenciar a execução do projeto" está o trabalho de executar todas aquelas atividades planejadas no cronograma, que são o verdadeiro trabalho do projeto. Infelizmente o planejamento não se realiza sozinho, e o Gerente de projetos deve orquestrar toda esta ação. É principalmente neste processo que os diversos tipos de projetos se diferenciam. Afinal, construir um prédio é completamente diferente de desenvolver um *software*, mesmo que os processos de gerenciamento dos projetos sejam semelhantes.

É aqui que o plano do projeto deixa de ser letra morta e mostra suas qualidades e defeitos na organização dos processos de gerenciamento e dos processos voltados para o produto. É neste processo que, dentre outras coisas:

- Usamos o dinheiro alocado para realizar os esforços do projeto.
- Gerenciamos e tentamos desenvolver os membros da equipe do projeto.
- Obtemos cotações e escolhemos os melhores fornecedores.
- Nos relacionamos com estes mesmos fornecedores.
- Administramos os materiais, ferramentas, equipamentos e instalações que nos foram confiados.
- Geramos e validamos os *deliverables* do projeto.

- Nos adaptamos a mudanças aprovadas.
- Mantemos os canais de comunicação do projeto.
- Coletamos dados sobre o andamento do projeto.
- Descobrimos e preservamos as lições aprendidas.

15.4 Monitorar e Controlar o Projeto

O processo de "monitorar e controlar o projeto" inclui a coleta, medição e disseminação das informações sobre o desempenho do projeto. Também é nesse processo que o gerente do projeto deve analisar as tendências deste desempenho e tomar as ações preventivas ou corretivas que forem necessárias.

O monitoramento permite que os *stakeholders* tenham uma visão clara da saúde do projeto e indica os pontos que exigem atenção especial.

Algumas das atividades neste processo são:

- Comparar o desempenho real do projeto com o planejamento.
- Determinar se são necessárias ações preventivas ou corretivas.
- Acompanhar e monitorar os riscos do projeto, para garantir a resposta adequada se houver uma mudança de *status* de probabilidade ou impacto.
- Identificação de novos riscos.
- Manutenção de uma base de informações sobre o projeto e seus produtos.
- Fornecimento de informações para relatórios de acompanhamento.
- Atualização das previsões de custo e prazo.
- Monitoramento da implementação de mudanças aprovadas.

15.5 Controle Integrado da Mudança

Mudança é uma certeza em gerenciamento de projetos. Não é possível, nem desejável, evitar que elas ocorram. Mas se o gerente de projetos não conseguir ter algum controle sobre estas mudanças, elas certamente passarão a ter o controle sobre ele.

O controle de mudança se preocupa com integrar e coordenar as mudanças ocorridas durante todo o projeto. Como sempre, a complexidade e a formalidade desta tarefa deve ser adequada ao tamanho do projeto e à cultura da organização. No entanto, é altamente desaconselhável um processo totalmente informal de controle de mudança. Por mais que a burocracia seja um mal a ser evitado, ela tem seu uso. Processos informais freqüentemente levam à má compreensão sobre o que significa a mudança solicitada e, conseqüentemente, a erros nas ações tomadas em resposta. Não é incomum que um gerente de projetos tenha que fazer e refazer planos e ordenar retrabalhos sucessivos, enquanto o prazo final permanece o mesmo, devido ao excesso de informalidade do processo de mudança.

Existem dois tipos de mudanças: aquelas que são geradas por uma solicitação e aquelas que ocorrem devido ao desenvolvimento do projeto. Mudanças não requeridas se referem ao não cumprimento do planejamento e dizem respeito, principalmente, a prazos e custos. Já as solicitações de mudanças se referem principalmente a mudanças de escopo. O controle de mudanças decorrentes de solicitações é um processo que segue as seguintes linhas gerais:

- Analisa todas as mudanças solicitadas para o projeto.
- Identifica as tarefas e produtos impactados pela mudança.
- Traduz os impactos em termos de custo, tempo e recursos necessários.
- Avalia o custo/benefício das mudanças solicitadas.
- Identifica e sugere mudanças alternativas que possam atingir fins semelhantes com um custo menor.
- Aceita ou rejeita as solicitações de mudança.

- Informa sobre as mudanças a todas as partes afetadas.
- Garante que as mudanças sejam apropriadamente implementadas.
- Registra as mudanças em um histórico.

Como sempre, recomenda-se a existência de um "plano de controle de mudança" (também chamado de "sistema de controle de mudança") que define como as atividades acima serão executadas no projeto específico.

Nesse plano também deve ser especificado como as mudanças não requeridas serão identificadas e respondidas. Ele define como a execução real do projeto deve ser comparada ao planejamento, e como o gerente de projetos deve responder a variações. Neste último ponto, deve-se tomar o cuidado de criar apenas procedimentos gerais; caso contrário, corre-se o risco de retirar toda a capacidade de iniciativa do gerente de projetos.

A cada mudança, os documentos mais importantes do planejamento devem ser armazenados de maneira consistente para futura consulta. Essa medida é obtida com o uso de técnicas de gerência de configuração.

16 Execução e Controle de Projetos

16.1 Sistema de Autorização de Trabalho

O sistema de autorização de trabalho (*work authorization system*) é um procedimento formal para liberar o trabalho de projeto, de maneira a assegurar que as atividades sejam executadas no tempo e na seqüência apropriada. A autorização de trabalho pode ser um documento formal, um *e-mail* ou apenas verbal. Tudo depende do tamanho e tipo de equipe envolvida.

É importante que, ao receber a autorização de trabalho, a equipe seja informada sobre:

- Informações pertinentes ao planejamento do projeto. A nova equipe precisa se integrar a um projeto em andamento.

- *Deliverables* e produtos que são esperados para aquela atividade, bem como os critérios de aceitação e qualquer padrão aplicável. É preciso ter certeza de que o trabalho foi bem entendido para que ele seja bem executado.

- Necessidades de reporte sobre o andamento do trabalho. Muitas pessoas não reportam informações adequadamente ao gerente do projetos, simplesmente porque não foram solicitadas.

16.2 Reuniões de *Status*

O gerente de projetos deve planejar gastar algum tempo com todas as equipes do projeto, de forma regular. Em projetos pequenos, estes encontros devem ser feitos com cada indivíduo alocado ao projeto.

A função do gerente de projetos é garantir que o projeto será entregue com sucesso. Para isso, ele deve garantir que cada equipe seja produtiva e contribua de forma efetiva. Ele não pode fazer este trabalho se não compreender o que cada equipe está fazendo e quais são os problemas que está enfrentando. A experiência demonstra que os problemas só serão espontaneamente levados ao gerente do projeto quando for tarde demais.

Reuniões de *status* são reuniões formais de revisão, marcadas de forma planejada no cronograma ou no plano do projeto. Assim, não importa o quanto o gerente de projetos e sua equipe estejam ocupados com o trabalho; os contatos serão feitos com um mínimo de periodicidade.

As reuniões podem ser feitas com periodicidades diferentes para níveis diferentes. Por exemplo: as reuniões com a equipe podem ser semanais, enquanto as reuniões que incluem clientes ou a alta gerência podem ser mensais.

16.3 Renegociação do Projeto

Sabendo que as mudanças são inevitáveis e que devemos registrar mudanças, principalmente no escopo, devemos nos questionar sobre como nossos planos devem reagir a elas.

A sabedoria convencional nos diz que baseamos nossos planos na definição original de escopo e, conseqüentemente, variações no escopo estão destinadas a ter impacto nos prazos e custos acordados. Se, por exemplo, uma estimativa parametrizada foi utilizada na elaboração do plano, e a métrica utilizada nos diga que o projeto aumentou em 20%, então, em tese, devemos ajustar o esforço em 20%. Seguir este raciocínio, porém, é uma excelente maneira de gerar clientes insatisfeitos.

Novamente, devemos lembrar que nossas estimativas são um espelho muito pobre da realidade. O aumento em 20% em uma métrica de tamanho não significa realmente que o esforço deve aumentar em 20%. Gostaríamos que nossas métricas fossem precisas, mas elas não são. Além disso, nós nos utilizamos delas no início do projeto, quando nosso conhecimento está menos desenvolvido. Naturalmente, costumamos embutir toda uma série de temores e margens de tolerância nestas estimativas. Se alguns de nossos temores não se materializaram, então o esforço já alocado pode ser suficiente para absorver um certo nível de variação no escopo.

Muitos clientes têm, ainda que intuitivamente, essa visão. Verão o aumento automático dos prazos e custos como uma falta de cooperação e preocupação por seus interesses. Em muitos casos eles terão razão.

Os registros de mudança e as métricas de tamanho do projeto são um argumento de força para um processo de negociação, mas eles são apenas o ponto de partida deste processo. Se a mudança não for controlada, a probabilidade de renegociação é basicamente zero. Se ela for controlada, as chances de se obter um acordo melhor são relativamente maiores.

Em muitos casos, os clientes estarão dispostos a ceder se o gerente de projetos demonstrar que também pode fazer concessões. Aqui, todas as técnicas de negociação que citamos anteriormente serão aplicadas em toda sua extensão.

16.4 Verificação de Escopo

Verificação de escopo envolve o processo de obtenção da aceitação formal dos produtos finais e intermediários do projeto pelos *stakeholders*. A verificação de escopo difere do controle de qualidade. Nele nós desejamos correção, conformidade com o planejado. Na verificação de escopo, buscamos apenas aceitação. É evidente que, nos principais produtos do projeto, uma coisa depende da outra e os dois processos acabam sendo simultâneos.

No entanto, nem sempre há padrões de qualidade a seguir, embora sempre se requeira que os produtos sejam aceitos. A única maneira de obter esta aceitação é fazer com que o cliente, ou outro *stakeholder* autorizado, inspecione o produto e conceda sua aprovação.

Muitas técnicas podem ser usadas nesta inspeção. A técnica escolhida irá depender do tipo de produto, das circunstâncias do projeto, do perfil do aprovador etc. Testes são um meio comum de inspeção, sendo que os melhores são planejados em detalhes, com antecedência. Apresentações são outra ferramenta comum de inspeção.

Em certos casos, um documento formal assinado, afirmando que o produto atende às necessidades do cliente é absolutamente necessário. Isso ocorre principalmente quando existem obrigações legais envolvidas. Outras vezes, basta que o cliente dê uma aprovação verbal e pague uma fatura. O nível de formalidade deve ser compatível com as circunstâncias.

Um problema comum acontece quando o suposto aprovador foge de sua responsabilidade. Isso acontece muito quando o produto a ser inspecionado é uma especificação ou decisão de projeto. Muitas pessoas têm resistência em se comprometer com uma aprovação, mesmo quando isto foi colocado como uma obrigação delas. Forçar alguém a assinar algo que não quer raramente é uma boa política. Se a aprovação formal não for legalmente requerida, o gerente de projetos pode lançar mão de recursos alternativos.

Um recurso útil nestes casos é a chamada aprovação passiva. O gerente de projetos envia o documento para o aprovador com um prazo razoável. Na mensagem do envio, ele documenta que o aprovador tem até a data determinada para se manifestar com relação a algum problema. Periodicamente o gerente de projetos lembra ao aprovador que o prazo final está chegando. No dia marcado, o aprovador é avisado que, no dia seguinte, o documento será considerado aprovado caso ele não tenha nenhuma objeção. No dia seguinte, o documento é divulgado para todos os envolvidos, incluindo o aprovador, informando seu *status* de aprovado. Se após esta mensagem final o aprovador não se manifestar, ele ficará em uma situação difícil se tentar contestar o documento posteriormente. Feita de forma transparente, com educação e respeito, a aprovação passiva é bem aceita, inclusive pelo aprovador.

Outro instrumento para lidar com esta situação é convocar uma reunião sobre o produto. A aprovação pode ser obtida verbalmente durante a reunião. Depois, o gerente de projetos pode emitir uma ata que registra que o produto foi aprovado e distribuí-la para os participantes. Uma ata é um documento relativamente formal, mas não é absolutamente requerido que ela seja assinada. Caso ela não seja repudiada em um prazo razoável, a aprovação é considerada como dada.

16.5 *Earned Value*

A análise de *earned value* (EV) ou valor agregado (VA) é a ferramenta mais comum de acompanhamento de performance de projetos, pelo menos nas publicações. Ela integra dados de escopo, custo, esforço e cronograma em uma forma numérica relativamente simples de se compreender e analisar.

Para compreender EV devemos lembrar que, para cada atividade no cronograma, nós associamos uma determinada quantidade de tempo de um certo número de recursos. Se, para cada recurso nós calcularmos ou arbitrarmos um custo, podemos calcular o custo da tarefa como um todo.

Este procedimento nos leva a um resultado surpreendente. À medida que registramos os dados de esforço real executado, podemos gerar medidas que permitam o acompanhamento da evolução do escopo, do custo e do prazo, de forma absolutamente integrada e transformada na linguagem financeira. Nesses cálculos, o escopo é representado na forma da tarefa em si, e a dimensão tempo associada é convertida em custo. Em EV, tempo é literalmente dinheiro.

Por exemplo: digamos que uma determinada tarefa tenha a duração estimada de 2 dias e exija 1 filósofo e 1 político trabalhando 8 horas por dia. O filósofo trabalha a $100,00 por hora (verdadeiros filósofos são raros e, por conseqüência, são caros), mas o político custa apenas $10,00 por hora (um político é extremamente fácil de se comprar e assim o valor de mercado é baixo).

O custo orçado para a tarefa é de $1.760,00. Isto é fácil de calcular: são 16 horas do filósofo a $100,00 por hora mais 16 horas do político a $10,00 por hora.

Podemos fazer mais do que calcular o custo da tarefa como um todo. Podemos calcular o custo para cada dia que a tarefa dura. Neste caso, esperamos que a tarefa custe $880,00 no primeiro dia e mais $880,00 no segundo.

EV envolve o cálculo e acompanhamento deste tipo de valor em três dimensões do projeto:

- **O que estava planejado para acontecer no cronograma original**
  – Os valores calculados a partir do cronograma original. Estes são os valores que acabamos de calcular. À medida que o projeto avança

podemos calcular valores acumulados. Este valor acumulado até a data de *status* do projeto é chamado de **BCWS** (*Budgeted Cost of Work Scheduled*) ou COTA (Custo Orçado do Trabalho Agendado) ou ainda PV (*Planned Value*) ou VP (Valor Planejado).

- **O esforço executado pelo projeto** – Essas são as horas realmente trabalhadas, convertidas em dinheiro da mesma forma que o anterior. É chamado de **ACWP** (*Actual Cost of Work Performed*) ou CRTR (Custo Real do Trabalho Realizado) até a data de *status* do projeto. Também é conhecido por AC (*Actual Cost*) ou CR (Custo Real).

- **O que foi efetivamente realizado pelo projeto** – Estas são as horas produzidas, o que não é necessariamente igual às horas trabalhadas. É indicado pelo valor chamado de **BCWP** (*Budgeted Cost of Work Performed*) ou COTR (Custo Orçado do Trabalho Realizado) até a data de *status* do projeto ou ainda EV (*Earned Value*) ou VA (Valor Acumulado).

Em termos simples, se uma tarefa está orçada em 80 horas a $10,00 a hora, seu valor orçado (BCWS) é de $800,00. Se o recurso já trabalhou 60 horas, mas só completou metade da tarefa, o valor do esforço (ACWP) é de $600,00, mas o valor produzido (BCWP) é apenas metade do orçado, ou seja, $400,00.

Retornemos ao nosso exemplo original. Ao final de úm dia de trabalho, o filósofo seguiu à risca o que estava combinado, mas nosso político não apareceu. O nosso planejado para o primeiro dia era: BCWS = 8 * 100 + 8 * 10 = $880,00. Qual foi o esforço realizado? Somente a parte do filósofo. Nosso ACWP é igual a 8 * 100 = $800,00.

Quando se produziu, efetivamente, nesse esforço? Se seguirmos a maneira que o MS Project faz a conta, veremos que esse último cálculo adota um procedimento ligeiramente diferente. Foram produzidas 8 horas de esforço. Se o custo total da tarefa é de $1.760,00 utilizando 32 homens-hora, então cada hora vale, em média, $55,00. Este é o valor que utilizamos para calcular o BCWP. Como produzimos 8 horas, o esforço na forma do BCWP = 8 * 55 = $440,00.

Ao final do dia seguinte, nosso político continuou sem aparecer, mas nosso filósofo descobriu que conseguiria terminar o trabalho sem ele. O BCWS = $1760,00 é o custo orçado da tarefa inteira. O esforço (ACWP) foi de $1600,00, correspondente aos 2 dias de trabalho do filósofo. E o que foi produzido (BCWP) é igual ao que foi orçado. Talvez seja um tanto estranho dizer que foram produzidas 32 horas de trabalho em apenas 16 horas de esforço, mas com o tempo esta idéia fica mais natural.

Para que a análise destes valores fique mais clara, usa-se alguns indicadores derivados. Os mais comuns são:

- **SV** (*Schedule Variance*) ou **VA** (Variação na Agenda) do valor acumulado até a data de *status* do projeto representa a diferença entre o trabalho realmente produzido e o que estava orçado até a data. É o BCWP menos o BCWS.

- **CV** (*Cost Variance*) ou **VC** (Variação de Custo) do valor acumulado até a data de *status* do projeto representa a diferença entre o trabalho produzido e o esforço realizado. É o BCWP menos o ACWP.

Em nosso exemplo, ao final do primeiro dia, SV era negativo em $440,00 ($440,00 – $880,00), com um CV, igualmente negativo, de $360,00 ($440,00 – $800,00).

O SV negativo significa que o projeto está atrasado. O CV negativo indica um gasto maior do que o orçado. Em nosso caso, isto não é verdadeiro, mas apenas uma distorção temporária decorrente do fato do filósofo ser muito mais caro que o político, e de estarmos utilizando custos médios para o cálculo do realizado.

Se não fosse por este detalhe, o CV seria positivo e indicaria o que realmente ocorreu: o projeto está atrasado porque houve menos esforço do que o previsto. O que é decorrente da falta do político.

Normalmente, quando o SV e o CV são ambos negativos, os indicadores querem dizer que, apesar de termos nos esforçado mais do que o previsto, o projeto está atrasado. Esta é uma situação muito desconfortável, pois indica problemas na execução da tarefa. Provavelmente um risco se materializou.

Ao final da tarefa, o SV é zero ($1760,00 – $1760,00) e o CV é positivo em $360,00 ($1760,00 – $1600,00).

O SV zerado indica que o projeto está rigorosamente em dia, nem atrasado nem adiantado. Nestas circunstâncias, o CV positivo nos diz que fomos econômicos, não precisamos de todo o esforço orçado para realizar a tarefa. Mesmo sem o político, o filosofo realizou a tarefa no prazo.

Na tabela a seguir, temos um resumo das possíveis situações destes indicadores.

	SV >= 0	SV < 0
CV >= 0	Dentro do orçamento e dentro do prazo. O esforço necessário foi menor ou igual do que o previsto. Tudo está bem!	Dentro do orçamento, mas com o prazo estourado. O esforço necessário foi menor do que o previsto, mas isto não significa produtividade. Trabalhou-se menos, logo, produziu-se menos. Normalmente, isto ocorre quando os recursos prometidos não estavam disponíveis na data planejada.
CV < 0	Orçamento estourado, mas dentro do prazo. O esforço necessário foi maior do que o previsto. Provavelmente, o gerente de projetos, notando a possibilidade de atraso, alocou mais pessoas ou autorizou horas extras.	Com o prazo e orçamento estourados. Apesar de todos estarem trabalhando excessivamente, o projeto está atrasado. Esta é a situação pesadelo. Se o problema que gerou perda de produtividade já ficou para trás, a situação está sob controle. Mas se as tarefas com problemas continuam, tudo deve ficar pior do que está.

Ao analisar os indicadores, devemos ficar alertas para o fato de que valores positivos ou negativos em CV e SV são normais, se em pequena escala, e que não significam necessariamente que o projeto está fugindo do planejado. Lembre-se que o planejamento é feito com estimativas, o trabalho realizado dificilmente seguirá a estimativa à risca. De fato, uma forma de ter segurança de que o cronograma está sendo manipulado e a equipe está lhe escondendo algo é o fato dos indicadores estarem sempre zerados. A variação é normal durante os projetos. A ausência dela indica problemas. Por sua vez, se o gerente de projetos hiper-reagir a uma variação natural, ele provavelmente estará criando problemas para o projeto.

Outra análise útil que podemos fazer com os indicadores é o da previsão do futuro. É a chamada análise de tendência. Quando calculamos a soma dos valores orçados de todas as tarefas, temos o orçamento total do projeto. Este é o **BAC** (*Budgeted cost At Completion*) ou OAT (Orçamento ao Término), ou seja, o custo de linha de base do projeto.

Podemos comparar o BAC com o **EAC** (*Estimated Cost at Completion*) ou EAT (Estimativa ao Término) do custo do projeto. Esta estimativa tenta prever o custo final do projeto com base nas informações que já temos.

A **VAC** (*Variance at Completion*") ou Variação na Conclusão, entre o custo da linha de base e o custo estimado, compara este dois valores. Analisa-se este indicador de maneira semelhante ao SV. Mas como calcular o EAC? Existem várias fórmulas. Cada uma parte de uma premissa diferente e só o gerente do projeto pode decidir qual é a mais próxima de sua realidade.

- **EAC = ACWP + BCWS$_{futuro}$** – Esta é a fórmula mais comum. Ela soma o trabalho realizado ao que sobra do trabalho planejado (BAC – BCWS). Nessa estimativa, presume-se que qualquer variação do passado não existirá no futuro e, daqui para frente, tudo ocorrerá como previsto. Como dissemos, esta é a mais usada, o que não quer dizer que é a mais correta.

- **EAC = ACWP + ETC** – Esta fórmula soma o trabalho realizado com uma estimativa do esforço para terminar o projeto (ETC). Cabe ao gerente do projeto replanejar o futuro com base no seu conhecimento atual. Esta estimativa é provavelmente a mais precisa, mas ela exige que o gerente de projetos realize uma grande quantidade de trabalho. Só faz sentido utilizar esta fórmula quando houver uma mudança grande de cenário. Ela não serve para relatórios periódicos de rotina.

- **EAC = ACWP + BCWS$_{futuro}$ / CPI** – CPI é um índice de performance calculado dividindo-se o BCWP pelo ACWP e mede a produtividade do projeto. Esta fórmula tenta corrigir o trabalho futuro pela produtividade passada, e assim toma o caminho inverso da primeira fórmula ao acreditar que tudo de bom e ruim no projeto vai continuar influenciando o futuro. Esta não é uma premissa inerentemente mais razoável que a da primeira fórmula. Apenas o gerente de projetos pode avaliar qual é a mais conveniente.

- **EAC = BAC / CPI** – Esta é uma estimativa grosseira e de pouca utilidade, a não ser que não haja dados detalhados disponíveis.

Podemos traçar a evolução dos indicadores básicos ao longo do tempo e ter uma indicação visual do que está ocorrendo. O gráfico abaixo é um exemplo do que podemos produzir.

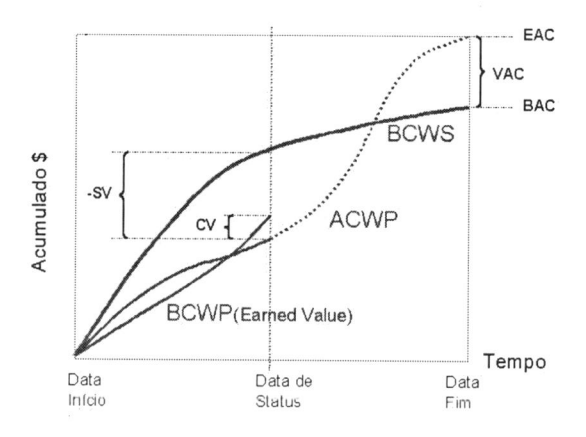

16.6 Análise Crítica a *Earned Value*

Apesar de ser altamente recomendada por, virtualmente, toda literatura ortodoxa a respeito de projetos, a adoção de *earned value* para acompanhamento de projetos tem tido uma recepção relativamente fria na prática do mercado.

Os autores normalmente fazem críticas fumegantes à ignorância e ao preconceito do mercado em relação a uma ferramenta que eles avaliam como fundamental. A realidade, como sempre, é mais complexa.

Os defensores da metodologia sugerem que seu maior poder é a junção de várias dimensões do projeto em um único grupo de indicadores. Eles argumentam que não é suficiente saber que os valores gastos foram menores do que os orçados até o presente. É necessário ligar esta informação a um escopo e a um prazo. Se, em um projeto de um ano, orçamos gastar $500.000 no primeiro semestre e recebemos uma conta de $400.000, podemos ter uma percepção inicial de que o projeto está sendo econômico em seus gastos. Mas, se recebemos a informação de que apenas metade do trabalho previsto está pronta, o cenário é bem diferente. Os indicadores *earned value* mostrariam isto facilmente.

A objeção dos gerentes de projetos normalmente toma a forma de reclamações com relação ao acréscimo de trabalho no planejamento e registro de informações de acompanhamento. Embora isto não seja inteiramente verdadeiro, os consultores que ajudam na implementação de EVA normalmente sugerem que não basta que as equipes reportem, de maneira macro, o *status* da tarefa. Elas têm que reportar com precisão, por exemplo, o número de horas/dias trabalhados de cada um dos envolvidos. Os recursos e custos de cada atividade devem ser cuidadosamente planejados e registrados. Muitos acreditam que o esforço adicional não vale a pena se eles podem ter uma intuição razoável sobre o *status* do projeto, comparando as dimensões isoladas. Revendo nosso exemplo: se já usamos 80% do orçamento planejado para seis meses e o projeto está três meses atrasado, parece óbvio que temos um problema mesmo que não olhemos os indicadores. Dependendo da complexidade do projeto e da flexibilidade dos controles orçamentários, o gerente de projetos pode ou não avaliar que o trabalho adicional para o cálculo dos indicadores vale a pena.

Parece haver outras razões para a resistência à utilização da metodologia. Estas razões estão ligadas a sua própria essência. Como dissemos, seu ponto forte é a junção de várias dimensões em um único grupo de variáveis. E se essas dimensões não variarem de forma homogênea? Digamos que uma parte do projeto seja terceirizada a custo fixo. Neste caso, o esforço real não poderá ser convertido automaticamente em custo. Existem, é claro, maneiras para contornar esta dificuldade, mas elas escondem que um pressuposto fundamental da técnica, a conversibilidade entre prazo e custo, simplesmente não é aplicável. Os benefícios adicionais sobre analisar as dimensões em separado não aparecem neste caso.

Outro aspecto interessante é o caráter contábil da metodologia. Ela reconhece os custos por competência; quando o trabalho for executado, no entanto, os executivos podem estar mais interessados no regime de caixa. Eles querem saber quando deverão novamente desembolsar dinheiro para o projeto. *Earned value* não oferece esta dimensão de avaliação baseada em caixa e o gerente de projetos deve ter um cronograma de desembolso controlado em separado dos relatórios contábeis da metodologia.

Ainda ligada à contabilidade de custos, *earned value* demonstra outra fraqueza. Os custos contábeis são equiparados a despesas reais. Digamos, por exemplo, que estamos analisando um projeto de implantação de um sistema integrado. Haverá funcionários dedicados ao projeto e consultores contratados especificamente. Existirão também funcionários e terceiros que darão apoio ao projeto enquanto continuam a se dedicar às suas atividades normais. Na maioria dos casos, o aumento de despesa em mão-de-obra se deve exclusivamente aos consultores dedicados. Os funcionários e os terceiros não dedicados ao projeto são simplesmente reorganizados mudando suas prioridades e redistribuindo trabalho. No entanto, todos os custos serão igualmente alocados ao projeto. Se o gerente de projetos tiver que tomar uma decisão que substitua horas de um consultor pelo trabalho de dois funcionários dedicados, os indicadores provavelmente reportarão um impacto negativo nos custos. No entanto, a quantidade de dinheiro que realmente sai da empresa diminui porque os consultores são pagos por hora e os funcionários são despesas fixas.

Um ponto fundamental diz respeito à utilização da informação. Imaginemos que os indicadores serão utilizados pelo próprio gerente de projetos. Nesses casos, vimos que muitos gerentes de projetos comumente avaliam que o trabalho adicional não vale a pena, uma vez que podem acompanhar cada dimensão separadamente e, como estão envolvidos no projeto, têm acesso a uma quantidade muito maior de informação, vinda de fontes não formais, mais do que um mero indicador agregado pode oferecer. Eles precisam tomar decisões e, freqüentemente, a opinião de um membro da equipe pode ser uma indicação mais confiável e rica do que qualquer métrica. Na prática, não conheço um único caso de um gerente de projetos que tenha tomado uma decisão importante após a análise dos indicadores.

Se o alvo dos indicadores é um executivo ou um cliente, temos uma questão diferente. Estas pessoas têm um conhecimento muito menor em relação ao que realmente ocorre no projeto do que o gerente de projetos. No entanto, elas também precisam tomar decisões. Aqui o uso de indicadores agregados mostra todo seu brilho e todo seu abismo. Em tese, um executivo que acompanhasse um projeto via indicadores poderia ter uma informação concentrada, sem ter que se preocupar com os detalhes da realidade. É como se uma luz vermelha piscasse em sua mesa e ele só tivesse que procurar saber com quem deve "gritar". Esse tipo de comportamento está enraizado na mentalidade de comando e controle de muitas organizações. A verdadeira questão é saber se os executivos realmente devem tomar decisões e atitudes baseadas em "luzes vermelhas se acendendo". Por outro lado, se um executivo tem um portfólio de dezenas ou centenas de projetos, EVA pode ajudá-lo a identificar quais deles merecem um contato mais imediato com o gerente de projetos.

Em qualquer caso, apesar de todos os pontos apresentados, *earned Value* é uma técnica interessante. Se usada corretamente em um ambiente adequado e sem uma preocupação excessiva por precisão, ela pode ser útil. Não é, definitivamente, a panacéia final ou a única maneira de controlar projetos de sucesso.

16.7 Relatórios de Acompanhamento

Uma atividade essencial de controle do projeto é a de criar e enviar informações de acompanhamento. Os relatórios fornecem ao *stakeholders* as informações que eles precisam saber sobre o projeto. Os relatórios podem ter várias ênfases e periodicidades, e diferentes relatórios podem ser enviados a diferentes *stakeholders*. No entanto, deve-se evitar burocracia desnecessária. Se for possível, deve-se optar pela a padronização de um único relatório periódico para todos.

Algumas informações importantes:

- **Status e progresso** – Descreve o que o projeto já realizou e como está em relação aos prazos e orçamentos combinados. *Earned value* é um exemplo de como isso pode ser reportado.

- **Previsões** – Descreve o comportamento do projeto em relação ao progresso e *status* futuro. Pode-se utilizar a análise de tendências para isso.

- **Cronograma** – O cronograma atualizado deve sempre acompanhar o relatório.

- **Risco** – Modificações na situação dos riscos identificados devem ser reportadas. Novos riscos devem ter destaque no relatório.

- **Questões** – Assuntos pendentes de decisão devem ser informados. Adicionalmente, a pessoa responsável e uma data limite podem ser registradas.

- **Decisões** – Decisões importantes podem ser sumarizadas no relatório, principalmente aquelas que afetem o escopo do projeto.

Uma ferramenta particularmente interessante para a publicação de relatórios de acompanhamento é a criação de um *web site* para o projeto. Os diversos *stakeholders* podem ter visões diferentes, customizadas para suas necessidades, sem que o gerente de projetos tenha que criar vários relatórios. A tecnologia se encarrega de selecionar as informações necessárias e criar o relatório *on-line*.

16.8 Reporte de *Status*

Para atualizar os registros de *status* e progresso do projeto, o gerente de projetos deve receber informações dos responsáveis pela execução das tarefas. Existem algumas maneiras genéricas de executar este reporte de informações. Cada uma com suas vantagens e desvantagens.

A primeira é o reporte da data de início da atividade, do tempo efetivamente trabalhado desde o último relatório e uma estimativa da quantidade de esforço pendente. Vejamos, como exemplo, uma tarefa que estava prevista para durar uma semana, sendo executada por um único recurso: em um determinado relatório este recurso pode reportar que começou na data prevista, já trabalhou um total de 32 horas e acredita que necessita de outras 32 horas para terminar o trabalho. Com base nas informações dadas, teríamos um retrato bastante rico da situação. Percebemos imediatamente que o profissional parece estar com problemas e talvez necessite de algum apoio.

O problema com esta técnica é que ela exige reporte em um nível excessivo de detalhe. Normalmente, é exigido que cada um dos recursos informe a quantidade diária de horas gastas em cada tarefa de que participa. A maioria dos profissionais, especialmente aqueles que não estão 100% dedicados ao projeto, irá fornecer informações incorretas. Alguns porque não guardam apontamentos das horas gastas. Outros, simplesmente, por diversos motivos, mentem a respeito.

Quando temos recursos a custo fixo, a informação detalhada de horas trabalhadas não é relevante. Precisamos acompanhar apenas o *status* da tarefa. Por outro lado, se o profissional é pago por hora, há uma grande chance dele distorcer as informações, o que pode levar à perda de controle do projeto.

Além disso, a quantidade de horas a trabalhar é uma mera estimativa que pode, dependendo dos recursos envolvidos, ser altamente imprecisa. Esta técnica exige que cada recurso se responsabilize por esta estimativa e seja capaz de calculá-la. Se a tarefa envolver vários recursos, este trabalho pode não ser trivial.

A segunda técnica usada requer apenas que a equipe reporte dentro de percentagens fixas de execução da tarefa. Existem algumas fórmulas clássicas como as regras 50/50, 20/80 e 0/100. Na regra 50/50, as tarefas estão inicialmente 0% completas. Quando a equipe reporta a data em que a tarefa foi iniciada, o gerente de projetos marca esta tarefa como 50% completa. Os outros 50% só serão creditados quando a equipe reportar que a tarefa está terminada.

Essa regra simplifica o reporte por parte da equipe, mas algumas informações são perdidas no caminho. O esforço real não é registrado e não há maneira alternativa de saber, somente pelo relatório, se uma equipe está com problemas.

Este problema é minimizado quando o tamanho das tarefas é menor do que o período de reporte. Se o reporte é semanal e uma atividade de 4 dias foi reportada como iniciada, necessariamente ela deve ser informada como completa na semana seguinte, ou estará atrasada. Se uma atividade permanecer como 50% completa por dois períodos consecutivos, o gerente de projetos saberá que algo está ocorrendo e poderá buscar mais informações.

A terceira técnica, um meio termo entre as outras duas, exige que o responsável pela tarefa reporte a data de início da tarefa e uma estimativa da data de fim. Esse cálculo é mais simples do que o da primeira opção, porque apenas o responsável pela tarefa deve realizar a estimativa, e apenas da data de fim e não de esforços individuais. Como na segunda técnica, os detalhes de esforço real são perdidos. No entanto, ela é mais rica em informações do que o método das percentagens. O gerente de projetos pode detectar problemas potenciais pela simples variação da data prevista de fim.

À medida que problemas ocorrem e são resolvidos pela própria equipe, o gerente de projetos deve estar preparado para variações significativas na data prevista de fim, tanto para mais tarde quanto para mais cedo. Isso é absolutamente normal e, em boa parte dos casos, nenhuma ação corretiva deve ser tomada.

A escolha do estilo de reporte é do gerente de projetos. Ele pode usar um ou outro estilo dependendo do projeto ou da equipe envolvida. Ele pode até mesmo utilizar técnicas diferentes para equipes diferentes dentro do mesmo projeto.

Uma ressalva ocorre na adoção de *critical chain*. Quando esta filosofia de gerenciamento é utilizada, as equipes não podem registrar informações no estilo de percentagens fixas. Isso porque é necessária uma estimativa do término da tarefa, de modo que os *buffers* possam ser administrados. *Critical chain* não usa datas definidas para o término de atividades. Do ponto de vista de acompanhamento, também não necessita saber o esforço exato que foi despendido. Assim, a técnica de reporte mais adequada a esta filosofia é a terceira. Apenas a data de início e uma previsão da data de fim oferecem a informação de acompanhamento necessária.

17 Encerramento

17.2 Quando puxar a tomada?

Não importa qual seja a situação, a decisão de terminar um projeto prematuramente é sempre difícil. Ninguém gosta de admitir fracassos nem de estar associado a eles. Não foram poucos os projetos que foram mantidos vivos artificialmente mesmo quando todo o bom senso apontava para o contrário.

Sabemos que as pessoas tendem a exibir comportamentos que são recompensados e evitar aqueles que são punidos. Muitas vezes é esquecido o fato de que não só os comportamentos, mas nossas percepções são influenciadas por nossas expectativas. As pessoas envolvidas no projeto falharão em enxergar o que pode parecer óbvio para um observador sem conexões emocionais.

O cenário emocional em torno de uma decisão como esta é sempre pesado. Apesar disto, alguns projetos devem ser cancelados antes de atingirem seus objetivos.

Projetos existem no tempo. A decisão de iniciá-los, bem como a definição de seus objetivos se encontram no passado. Normalmente, associamos o encerramento prematuro a uma falha interna do projeto, mas isto não é necessariamente verdadeiro. Imagine que você esteja gerenciando um projeto de desenvolvimento de um novo produto e sua empresa compra a patente de um produto superior. Seu projeto está dentro do prazo e do custo programados e você tem certeza de obter o produto especificado. Mas o próprio objetivo do projeto se tornou obsoleto.

Uma situação similar ocorre quando há uma mudança administrativa que substitui o antigo *sponsor* do projeto. Um diretor centralizador pode ser substituído por um que é simpático à delegação. Por isso, o projeto mais precioso da antiga gestão "vai para a lata de lixo de manhã bem cedo". Mas é claro que nem sempre este é o caso, e muitos projetos fracassam por suas próprias falhas. Os objetivos ainda são desejáveis, mas as premissas de custo e prazo já não podem mais ser alcançadas.

Em algum ponto, o gerente de projetos deve decidir se a pergunta fatídica "devemos continuar?" pode ser feita. Esta é uma decisão de sensibilidade. Se feita prematuramente, pode dar a impressão de derrotismo e fazer até com que ele seja removido do projeto. Feita tarde demais levará a perdas desnecessárias. Nenhum procedimento formal pode ajudar o gerente de projetos nesta decisão. Mas se a pergunta for feita, ou ele decidir levantá-la, existem algumas orientações que podem ajudá-lo. Lembre-se de que, dificilmente, o gerente de projetos poderá tomar esta decisão. É responsabilidade dele, porém, fornecer um parecer adequado àqueles que têm autoridade para isto.

O princípio básico deste tipo de questão é a **análise de cenário**. Temos duas alternativas básicas: parar ou continuar. Cada uma tem suas vantagens e conseqüências. Alguns exemplos de questões que devemos responder, para cada opção, de modo a montar os cenários:

- *Qual o nível de suporte que os principais stakeholders oferecem ao projeto?*
  Qual seria sua reação se o projeto fosse interrompido?

- *Qual a probabilidade de sucesso do projeto?*
  Quais as possíveis alternativas ao abandoná-lo?

- *O projeto ainda gera um benefício positivo mesmo com o novo custo e prazo?*
  Qual a perda acumulada se ele for abandonado?

- *O projeto ainda é compatível com a capacidade financeira da organização?*
  Quais as conseqüências de curto e longo prazo em assumir os prejuízos e encerrá-lo?

- *O escopo já produzido pode ser aproveitado com um investimento adicional menor e redução dos objetivos do projeto?*
  Há alternativas melhores para este investimento?

A análise de cenários deve envolver conseqüências positivas e negativas de cada alternativa. Fornecer esta análise pode evitar que a organização cometa erros por reações emocionais. Ainda assim, mandar o currículo para os amigos pode ser uma contingência prudente.

17.2 Encerramento Formal

O encerramento formal do projeto ou de uma fase faz parte da estratégia de comunicação. Existem coisas que são possíveis durante o projeto, mas que não devem continuar após seu encerramento. Por exemplo: os clientes podem solicitar pequenos ajustes no produto durante suas fases finais. Muitos projetos prevêem este fato. Mas uma vez que o projeto esteja terminado, a manutenção do produto se regula por uma dinâmica diferente. Os recursos, antes disponíveis para o cliente, podem já estar alocados a outro projeto ou terem retornado a suas funções normais.

Encerrar formalmente o projeto significa informar a todos os *stakeholders* de seu término. Significa também obter a aprovação final dos produtos do projeto, confirmando que eles atingiram os requisitos dos clientes. Por vezes, durante o projeto, são feitas negociações prevendo atividades e compromissos após seu encerramento. Esta é a hora de informar aos *stakeholders* quem ficará responsável por estes compromissos e como eles serão atendidos. Lembre-se, se o cliente ainda deve uma última fatura e não concorda que o projeto terminou, ele tem a última palavra.

Cabe ao gerente de projetos garantir que as informações geradas pelo projeto sejam devidamente organizadas, indexadas e armazenadas.

17.3 *Análise* Post-Mortem

O encerramento é, certamente, a mais negligenciada de todas as atividades ligadas ao gerenciamento de projetos. Afinal, uma vez que o projeto está encerrado, com ou sem sucesso, ele se torna passado e todos os envolvidos passam a olhar para o futuro.

No entanto, os projetos encerrados podem prover informações valiosas para futuros projetos. Em alguns casos, projetos semelhantes podem ser raros, e portanto o esforço pode não ser compensatório. No entanto, quando a organização atua de forma recorrente no mesmo tipo de projeto, é importante descobrir o que houve de certo e de errado no projeto de modo a aperfeiçoar os procedimentos da organização.

A análise *post-mortem* não é uma busca por culpados. Ela não se dirige a pessoas, mas a políticas e procedimentos. Ela estuda o planejado em comparação com o realizado, de modo a descobrir causas comuns e especiais de variação e agir de acordo com elas.

Apêndice A
PMI e PMBOK

Histórico

O PMI (Project Management Institute) nasceu em 1969 em Philadelphia, Pennsylvania, nos Estados Unidos, com cinco voluntários. Seus primeiros seminários atraíram menos de 100 pessoas. Na década de 70, começou a publicar o Project Management Journal® (PMJ), que ajudou a atrair mais membros e divulgar o PMI pelo mundo. Já contava então com 2.000 membros.

Na década de 80, as atividades, serviços e quantidade de membros continuaram a crescer. Um código de ética foi adotado para a profissão e o primeiro exame de certificação Project Management Professional (PMP®) foi administrado. Começava a caracterização do gerente de projetos como uma profissão que necessitava de formação específica. Os primeiros padrões foram publicados. Uma publicação mensal, o PM Network®, foi iniciada e a área editorial cresceu, começando a publicar livros.

Em torno de 1990, os membros totalizavam mais de 8.500 e, após 1993, as taxas anuais de crescimento superaram 20% ao ano. Também foi estabelecida a presença na *World Wide Web* e a publicação do mais importante padrão de gerenciamento de projetos, A Guide to the Project Management Body of Knowledge (PMBOK® Guide).

No início do século 21, o PMI tinha mais de 50,000 membros, mais de 10.000 *Project Management Professionals* certificados e mais de 270.000 cópias do PMBOK® Guide em circulação.

Atualmente, o PMI é a maior associação não lucrativa de profissionais de gerenciamento de projetos em todo o mundo, possuindo mais de 86.000 membros espalhados pelo planeta em 125 países. As áreas de atuação de seus membros incluem indústrias automotivas, aeroespaciais, gerenciamento de negócios, construção civil, engenharia, serviços financeiros, tecnologia de informação, farmacêutica, telecomunicações, dentre outras. O PMBOK® Guide passou a ser quase universalmente reconhecido como a referência básica de boas práticas para projetos de sucesso.

No Brasil, desde o início deste século, passou a ser cada vez mais comum a exigência de conhecimento do PMBOK® ou até mesmo certificação PMP® em licitações e processos de seleção de profissionais.

Os diagramas a seguir refletem o PMBOK® versão 3 de 2004, mas foram feitos utilizando o estilo do PMBOK® 2000, mais claro e simples.

Processos de Iniciação

Processos de Iniciação

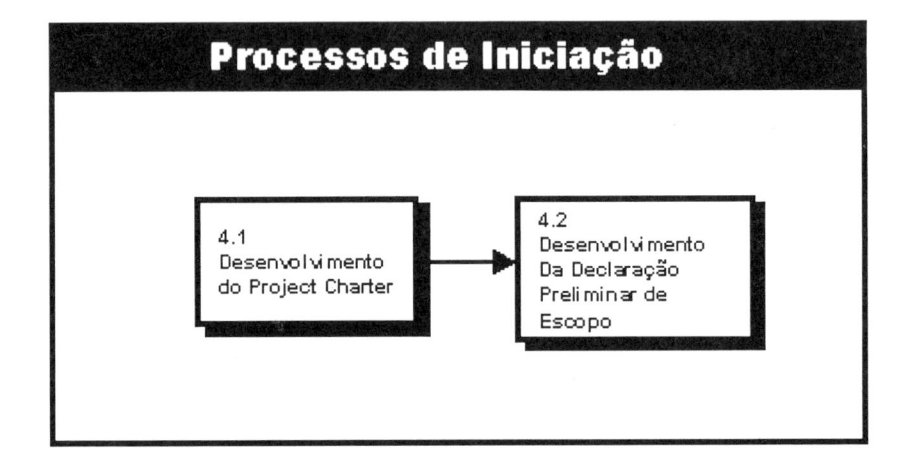

4.1 Desenvolvimento do Project Charter → 4.2 Desenvolvimento Da Declaração Preliminar de Escopo

Apêndice A – PMI e PMBOK | 293

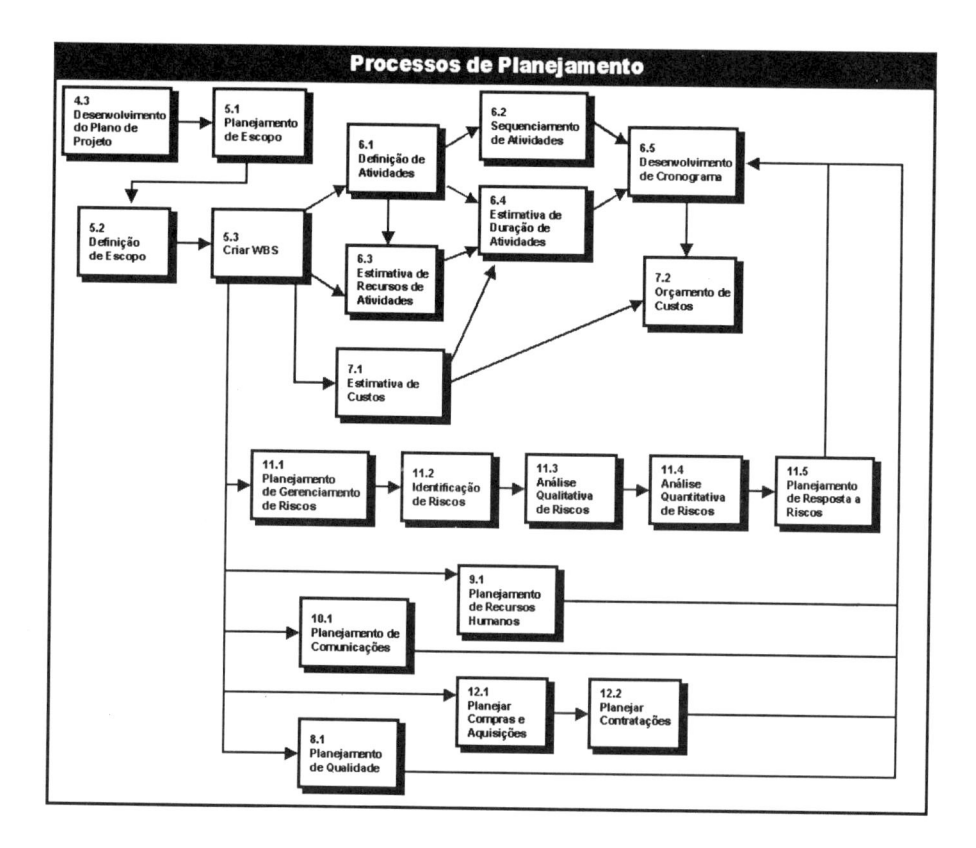

Processos de Planejamento

Processos de Planejamento

- **4.3** Desenvolvimento do Plano de Projeto
- **5.1** Planejamento de Escopo
- **5.2** Definição de Escopo
- **5.3** Criar WBS
- **6.1** Definição de Atividades
- **6.2** Sequenciamento de Atividades
- **6.3** Estimativa de Recursos de Atividades
- **6.4** Estimativa de Duração de Atividades
- **6.5** Desenvolvimento de Cronograma
- **7.1** Estimativa de Custos
- **7.2** Orçamento de Custos
- **11.1** Planejamento de Gerenciamento de Riscos
- **11.2** Identificação de Riscos
- **11.3** Análise Qualitativa de Riscos
- **11.4** Análise Quantitativa de Riscos
- **11.5** Planejamento de Resposta a Riscos
- **10.1** Planejamento de Comunicações
- **9.1** Planejamento de Recursos Humanos
- **12.1** Planejar Compras e Aquisições
- **12.2** Planejar Contratações
- **8.1** Planejamento de Qualidade

Processos de Execução

Processos de Execução

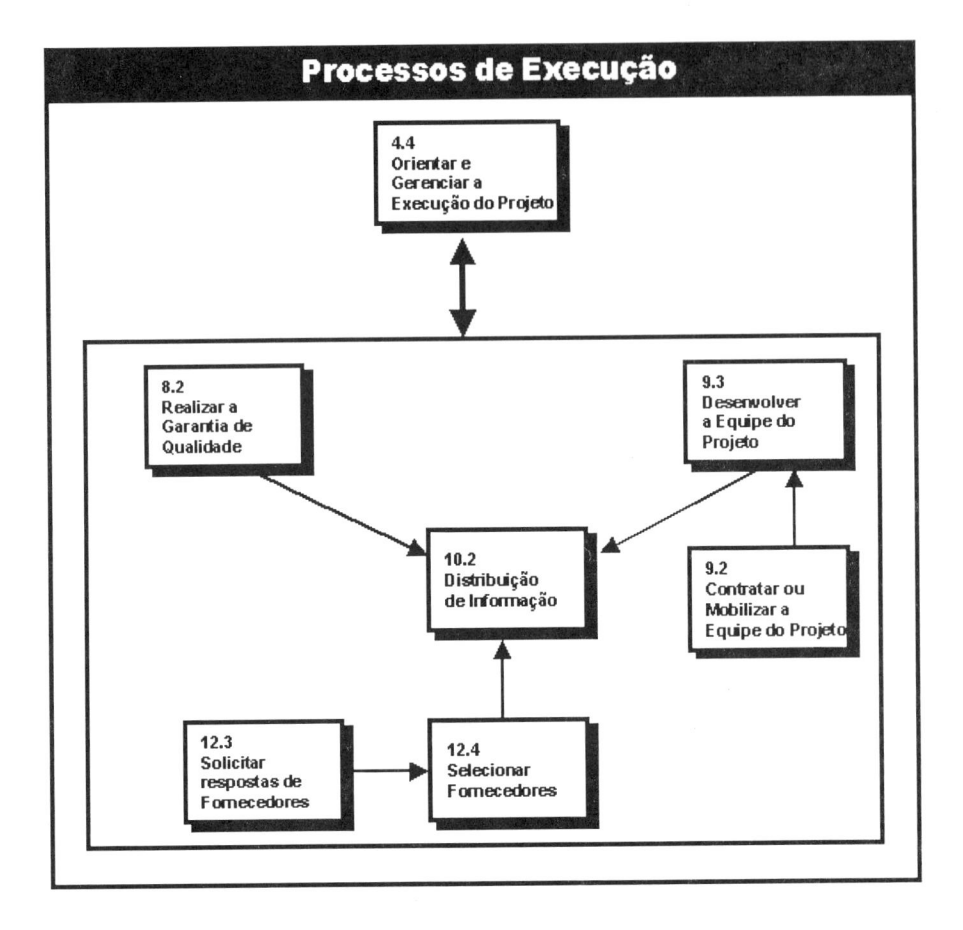

- **4.4** Orientar e Gerenciar a Execução do Projeto
- **8.2** Realizar a Garantia de Qualidade
- **9.3** Desenvolver a Equipe do Projeto
- **10.2** Distribuição de Informação
- **9.2** Contratar ou Mobilizar a Equipe do Projeto
- **12.3** Solicitar respostas de Fornecedores
- **12.4** Selecionar Fornecedores

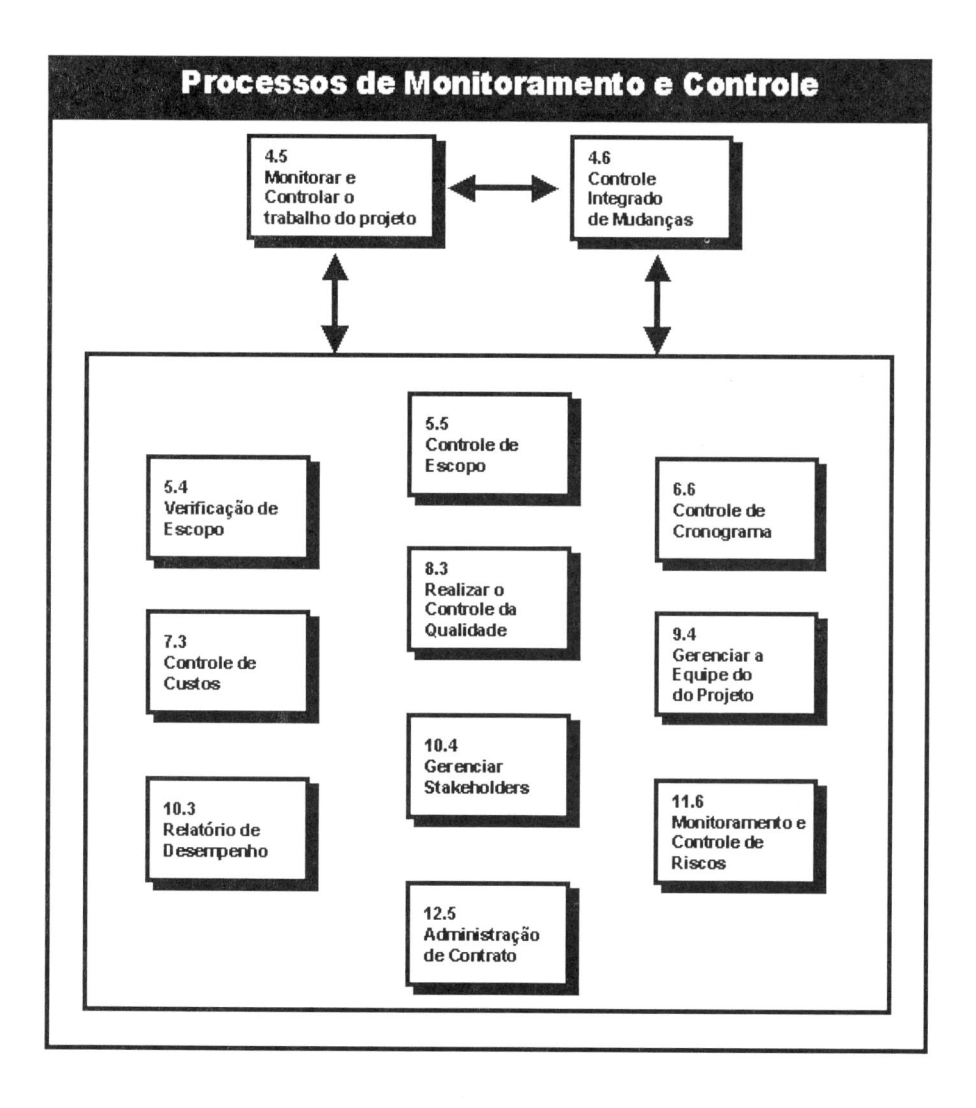

Processos de Monitoramento e Controle

Processos de Monitoramento e Controle

4.5 Monitorar e Controlar o trabalho do projeto ⇔ **4.6** Controle Integrado de Mudanças

- **5.4** Verificação de Escopo
- **5.5** Controle de Escopo
- **6.6** Controle de Cronograma
- **7.3** Controle de Custos
- **8.3** Realizar o Controle da Qualidade
- **9.4** Gerenciar a Equipe do do Projeto
- **10.3** Relatório de Desempenho
- **10.4** Gerenciar Stakeholders
- **11.6** Monitoramento e Controle de Riscos
- **12.5** Administração de Contrato

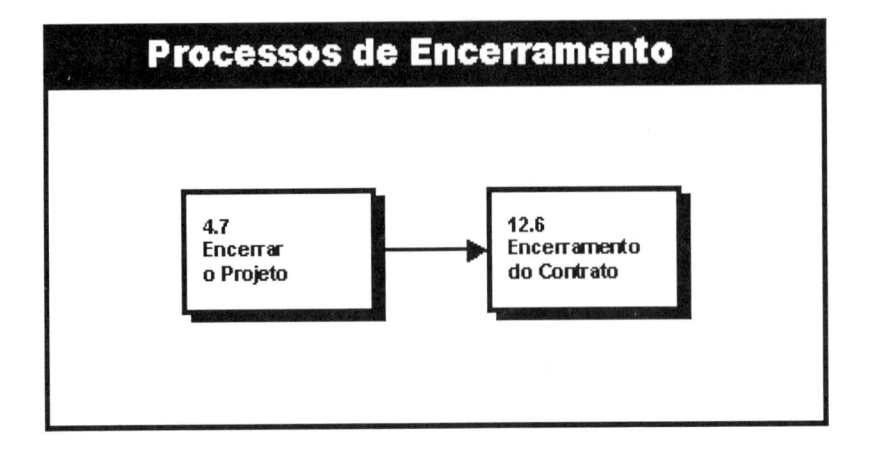

Processos de Encerramento

Processos de Encerramento

4.7 Encerrar o Projeto → **12.6** Encerramento do Contrato

Apêndice B
Probabilidade e Estatística

Introdução

Incerteza foi, talvez, o principal assunto abordado neste trabalho. Este apêndice foi idealizado para ajudar o estudante na compreensão de alguns princípios da matemática da incerteza. Esta introdução à probabilidade e à estatística é, com certeza, insuficiente para um estudo mais sério, mas fornecerá a base necessária para o entendimento correto dos conceitos que foram apresentados neste trabalho.

Probabilidade

De uma maneira simples, probabilidade é uma medida da incerteza. Trata-se de um número que pode variar apenas entre 0 e 1. A probabilidade zero (0) é associada a eventos que não podem ocorrer, que não têm chance alguma de acontecer. A probabilidade 1 ou 100% é associada a eventos absolutamente certos de sua ocorrência.

A definição do número exato de probabilidade, associado a um evento, é uma operação freqüentemente complexa. Em alguns casos, a estimativa é baseada apenas nas crenças subjetivas da pessoa que gerou a estimativa de probabilidade. No caso oposto, temos a probabilidade que é definida de maneira lógica pela própria estrutura do fenômeno. Esse é o caso da chance associada à face de um dado. Sabemos que o dado tem seis lados iguais e que qualquer um deles tem a mesma chance de ser sorteado. Assim podemos calcular que a probabilidade de que um lado específico seja sorteado é exatamente 1/6.

Entre esses dois extremos, a determinação totalmente subjetiva e a lógica/objetiva, fica a probabilidade experimental, uma extrapolação do futuro pela análise do passado, que também é considerada objetiva. Se realizarmos um experimento não determinístico um certo número de vezes, e observarmos uma determinada quantidade de ocorrências de um fenômeno, podemos estimar a probabilidade do fenômeno pela fórmula:

$$\text{Probabilidade} = \frac{\text{Número de Ocorrências do Evento}}{\text{Número de Execuções do Experimento}}$$

Chamamos de espaço amostral o conjunto de todos os resultados possíveis do experimento. No caso de um dado, o espaço amostral é {1, 2, 3, 4, 5, 6}. Um evento é definido como um subconjunto do espaço amostral. Um exemplo de evento possível no caso de um dado é que o número sorteado seja maior ou igual a 4. A probabilidade associada a um evento pode ser encontrada. Neste caso ela seria 0,5. A probabilidade associada com o espaço amostral é 1.

Dois eventos são ditos como independentes se a ocorrência de um não afeta a probabilidade da ocorrência do outro.

Regra da Multiplicação

Suponha dois procedimentos consecutivos. Imagine que o primeiro tenha n_1 tipos diferentes de resultados e que o segundo tenha n_1 tipos diferentes de resultados. Se tomarmos os dois em conjunto, teremos $n_1 \times n_1$ de tipos diferentes de resultados. A figura ilustra isso.

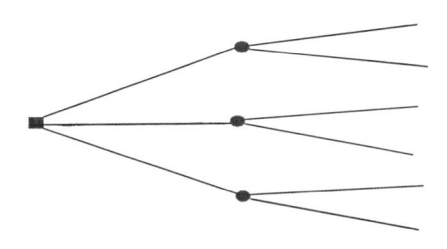

Se temos associada uma probabilidade para cada opção, a probabilidade de que dois eventos de cada procedimento ocorram juntos é expressa por:

$$P(A \text{ e } B) = P(A) \times P(B|A)$$

Isso significa que a probabilidade de que os dois ocorram é simplesmente a probabilidade que o primeiro ocorra multiplicada pela probabilidade de que o segundo ocorra, uma vez que o primeiro ocorreu.

Quando tomamos dois eventos independentes e desejamos calcular a probabilidade de que ambos ocorram, podemos utilizar a regra da multiplicação. Ela se baseia no fato de que, se os eventos são independentes $P(B|A) = P(B)$:

$$P(A \text{ e } B) = P(A) \times P(B)$$

Por exemplo, qual a probabilidade de que tenhamos um lançamento de um dado maior ou igual a 4, seguido de um número 6? $P(d>=4)$ é igual a 0,5. $P(d=6)$ é igual a 0,17. A probabilidade de que os dois ocorram juntos é de 0,083.

Regra da Adição

Suponha que dois procedimentos são mutuamente exclusivos, ou seja, são alternativas que não podem ser executadas em conjunto. Imagine que o primeiro tenha n_1 tipos diferentes de resultados e o segundo também. Se tomarmos os dois em conjunto, teremos $n_1 + n_1$ tipos diferentes de resultados. A figura abaixo ilustra isso.

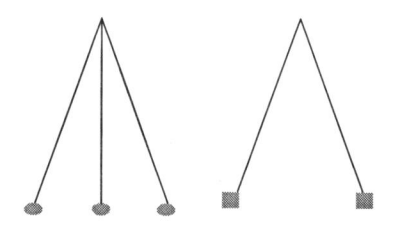

Se temos associada uma probabilidade para cada opção, a probabilidade de que dois eventos quaisquer de cada procedimento ocorram é expressa por:

$$P(A \text{ ou } B) = P(A) + P(B)$$

Imagine, porém, que os eventos não sejam mutuamente exclusivos e que haja uma faixa de intercessão entre eles.

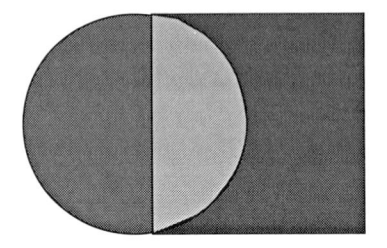

Nesse caso teremos o seguinte resultado:

$$P(A \text{ ou } B) = P(A) + P(B) - P(A \text{ e } B)$$

Qual a probabilidade de termos um lançamento de dado maior ou igual a 4 ou um lançamento com um número par ?

$$P(A \text{ ou } B) = 0,5 + 0,5 - 0,33 = 0,67$$

Distribuições de Probabilidade

Se traçarmos um gráfico de barras em que no eixo x estão os eventos possíveis no lançamento de dois dados e no eixo y estão as probabilidades associadas a cada evento, obteremos o gráfico abaixo. Este tipo de gráfico mostra o que chamamos de distribuição discreta, ou seja, os eventos avançam por passos. Neste caso, números inteiros.

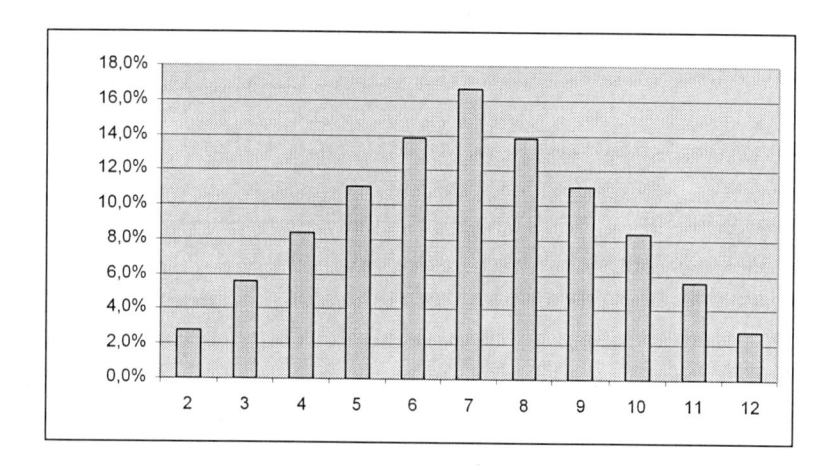

No mundo real, freqüentemente lidamos com as chamadas distribuições contínuas de probabilidade. Nessas distribuições, os eventos são associados a números reais e não a inteiros. Nesses casos, no lugar de gráficos de barras, utilizamos gráficos de funções de distribuição. Quando estamos lidando com números reais, a probabilidade associada a um número exato é zero. Nesse caso, só faz sentido falar de faixas de valores, e a probabilidade será dada pela integral da curva de distribuição de probabilidade.

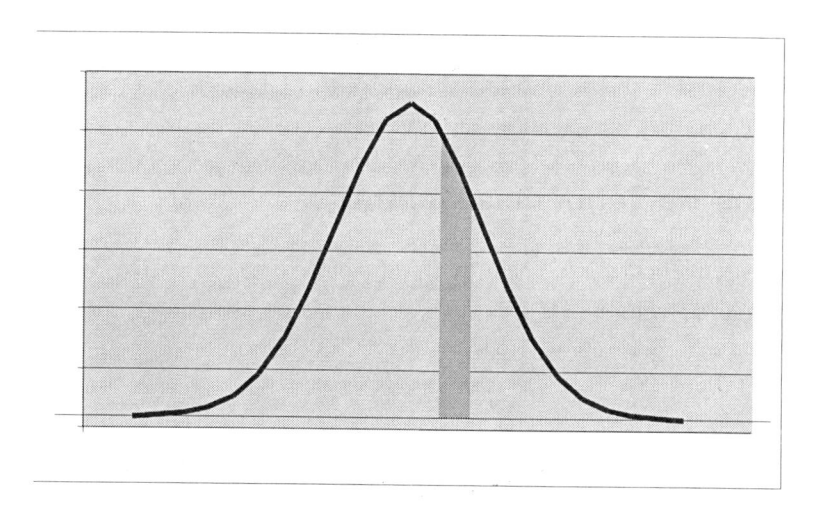

Estatística

Estatística Descritiva X Estatística Inferencial

A estatística descritiva usa determinadas medidas, como médias e desvios padrões para caracterizar o comportamento de toda uma população. Quando dizemos que a média da nota da turma foi 7,3 estamos descrevendo a turma como um todo. Nesses casos, as medidas estatísticas são conhecidas como parâmetros da população. Se inspecionarmos cada item produzido por uma fábrica, podemos estabelecer parâmetros estatísticos, como o comprimento médio de uma peça da produção da fábrica.

A estatística inferencial usa as mesmas medidas da estatística descritiva, mas as calculam utilizando apenas uma parte da população. A idéia é inferir a média ou o desvio padrão da população por meio da média e desvio padrão de amostras da população. Quando afirmamos que a altura média dos habitantes de um país é de 1,71m, não medimos cada um dos habitantes, mas apenas uma pequena porção desse conjunto. Se a amostragem for bem planejada, podemos inferir o comportamento da população com muito menos esforço. Nesse caso, chamamos as medidas de estatísticas sobre a população e não de parâmetros da população. Se inspecionarmos apenas uma parte de cada lote produzido por uma fábrica, poderemos ter uma estatística do comprimento médio de uma peça.

Medidas de Tendência Central

A tendência central de uma distribuição é uma estimativa do centro da distribuição de valores. Há três tipos principais de estimativas da tendência central:

Média

A média é o método mais usado para descrever a tendência central. Ela é simplesmente a soma de todos os valores dividida pelo número de valores.

$$\overline{x} = \frac{\sum x}{n}$$

Por exemplo, considere a lista de valores a seguir como sendo comprimentos em centímetros, medidos em 10 amostras:

202, 203, 204, 204, 204, 205, 206, 206, 206, 206

A soma desses 10 valores é 2046. Assim, a média é 2046/10 = 204,6cm.

Mediana

A mediana é o valor encontrado no meio do conjunto dos valores. Um método para encontrar a mediana é listar todos os valores em ordem numérica e selecionar o número no centro da lista. Por exemplo, se houvessem 7 valores, o número que aparecesse em 4º lugar na lista ordenada seria a mediana. Existiriam exatamente 3 valores antes da mediana e 3 valores após ela. Nesse caso, temos um número ímpar de valores. Tomando nosso exemplo anterior com 10 valores temos:

202, 203, 204, 204, <u>204</u>, <u>205</u>, 206, 206, 206, 206

Os valores na 5º e na 6º posição estão no meio da lista. Para calcular a mediana no caso de listas com um número par de valores, computamos a média desses dois valores centrais. Em nosso exemplo, esse valor seria (204+205)/2 = 204,5 cm.

Moda

A moda é o valor mais freqüente que ocorre na lista. Para determinar a moda, você pode contar quantas vezes o mesmo número aparece na lista. Em nosso exemplo, o comprimento 206 cm ocorre quatro vezes e sendo assim ele é a nossa moda. Em algumas distribuições, há mais de um valor modal. Por exemplo, em uma distribuição bimodal há dois valores que ocorrem mais freqüentemente.

Medidas de Dispersão

As medidas de dispersão indicam o grau de espalhamento dos valores em torno da tendência central. Há três medidas mais comuns de dispersão:

Amplitude

A amplitude é a medida de tendência central mais facilmente calculada, mas é a que tem propriedades estatísticas mais fracas. A amplitude é simplesmente a diferença entre o maior valor e o menor valor. Em nossa distribuição do exemplo, o maior valor é 206 e o menor valor é 202, de modo que a amplitude é de 206 - 202 = 4 cm.

Variância

Uma maneira de calcularmos a dispersão seria medirmos a distância média entre cada valor e a média da distribuição. No entanto, teríamos algumas distâncias em valores positivos (as maiores que a média) e outras em valores negativos (as menores que a média). A média das distâncias seria sempre zero. Podemos contornar esse problema se calcularmos a média do quadrado das distâncias. No entanto, pode ser provado que se dividirmos o somatório por uma quantidade uma unidade menor que o número de valores (n-1), essa medida terá propriedades estatísticas mais interessantes. Assim, a variância é obtida pela fórmula:

$$s^2 = \frac{\sum (x - \bar{x})^2}{n - 1}$$

A variância em nosso exemplo é de, aproximadamente, 2,04 cm².

Desvio Padrão

O desvio padrão é normalmente considerado a melhor estimativa de dispersão, caracterizando-se simplesmente pela raiz quadrada da variância. O problema da variância é ser expressa no quadrado da unidade original. Como estamos medindo valores em centímetros, a variância é expressa em centímetros quadrados. O desvio padrão corrige isso.

Além disso, o desvio padrão tem propriedades estatísticas interessantes. Algumas delas podem ser vistas no apêndice sobre Seis Sigma.

O desvio padrão em nosso exemplo é de, aproximadamente, 1,43 cm.

Distribuição Normal

A função normal é a mais conhecida e importante das funções de distribuição de probabilidade, e é dada pela fórmula:

$$f(x) = \frac{1}{\sigma\sqrt{2\pi}} \exp\left(-\frac{1}{2}\left[\frac{x-\mu}{\sigma}\right]^2\right)$$

Se X tiver uma distribuição normal, teremos:

Média = m e Variância= s^2

Na distribuição normal, a média, a mediana e a moda têm o mesmo valor. A distribuição normal que possui média 0 e desvio padrão 1 é chamada de distribuição normal reduzida. Ela tem propriedades tão interessantes que seus valores foram tabelados. Essa tabela pode ser encontrada em qualquer livro de estatística. O seu uso mais importante vem do fato de que é possível transformar qualquer distribuição normal na distribuição normal reduzida, aplicando-se a fórmula:

$$Z = \frac{(X - \mu)}{\sigma}$$

Por exemplo, digamos que temos uma distribuição com média igual a 2 e desvio padrão igual a 0,05 e queremos saber qual a probabilidade de termos um resultado entre 2 e 2,1. Temos:

Z = (2,1-2)/0,05 = 0,1/0,05 = 2

Se verificarmos na tabela da distribuição normal reduzida, descobriremos que a probabilidade de um valor ocorrer entre 0 e 2 é de 0,4772. Como a distribuição acima é equivalente, a probabilidade nessa distribuição de um valor ocorrer entre 2 e 2,1 é a mesma, ou seja, de 0,4772.

Distribuição Gama

A função gama é uma generalização da função fatorial. Se r for um número inteiro, G(r)= (r-1)!. Mas gama está definida para números fracionários. Assim, por exemplo: G(1/2) = "p.

A função de distribuição de probabilidade gama é dada pela fórmula:

$$f(x) = \frac{\alpha}{\Gamma(r)} (\alpha x)^{r-1} e^{-\alpha x}$$

Se X tiver uma distribuição gama, teremos:

Média = r/a   e   Variância= r/a²

Distribuição Qui Quadrado

A distribuição de Qui Quadrado é um caso particular da distribuição gama, quando a = 1/2 e r =n/2, onde n é um inteiro positivo. Desta maneira obtemos a fórmula geral:

$$f(z) = \frac{1}{2^{n/2} \Gamma(n/2)} z^{\frac{n}{2}-1} e^{-z/2}$$

Se Z tiver uma distribuição Qui Quadrado, teremos:

Média = n   e   Variância= 2n

Teorema do Limite Central

O teorema do limite central descreve um fenômeno surpreendente e tremendamente importante no estudo de problemas estatísticos. Ele afirma que, quando lidamos com somas de variáveis aleatórias, não importando que tipo de distribuição as variáveis possuam, a soma tenderá a apresentar uma distribuição normal se o número de termos tender ao infinito.

Sejam $X_1, X_2, \ldots X_n$ variáveis aleatórias independentes com a mesma distribuição, e possuindo média m e uma variância s^2.

Se $S_n = X_1 + X_2 + \ldots X_n$, então:

$$\lim_{x \to \infty} P\left(\frac{S_n - n\mu}{\sigma \sqrt{n}} \leq x \right) = \Phi(x)$$

onde $\Phi(X)$ é a probabilidade normal reduzida de que a soma seja menor que X.

A ilustração para este teorema é simples. Os resultados dos lançamentos de um único dado são uniformemente distribuídos entre as faces. A probabilidade de um 6 é idêntica a probabilidade de um 3. Mas se lançarmos dois dados e calcularmos a soma, veremos que a probabilidade da soma ser 2 ou 12 é menor que a do valor médio 7. Se utilizarmos um número maior de dados e um grande número de lançamentos, veremos que o histograma da soma do resultado tomará cada vez mais a forma de uma distribuição normal.

Quando analisamos as propriedades de tendência central e dispersão da distribuição normal criada em decorrência do teorema do limite central, obtemos dois resultados muito importantes na prática. A média da distribuição normal da soma é igual a soma das médias de cada distribuição. Assim, a média resultante cresce com o número de termos. Mas o desvio padrão será a raiz quadrada da soma dos quadrados dos desvios individuais. Desta maneira, ele será cada vez menor em relação à média.

$$\mu_s = \mu_1 + \mu_2 + \cdots + \mu_n$$

$$\sigma_s^2 = \sigma_1^2 + \sigma_2^2 + \cdots + \sigma_n^2$$

$$\sigma_s = \sqrt{\sigma_1^2 + \sigma_2^2 + \cdots + \sigma_n^2}$$

Apêndice C
Teoria das Filas

Todos conhecemos bem o que é uma fila. O que não é tão conhecido é o modelo matemático que permite prever o comportamento de uma fila. Para entender esse modelo, primeiro temos que conhecer seus elementos.

O fenômeno que estamos estudando requer apenas que surjam clientes, de uma população específica, que formem uma ou mais filas, enquanto aguardam por algum tipo de atendimento ou serviço.

O processo de chegada é caracterizado pelo ritmo médio de chegada (l) de novos clientes e o processo de atendimento pelo ritmo médio de atendimento (m). Alternativamente, podemos falar em intervalo médio de chegadas (IC) e tempo médio de atendimento (TA). É trivial demonstrar que:

$$IC = \frac{1}{\lambda} \quad e \quad TA = \frac{1}{\mu}$$

Quando a população é suficientemente grande, o número de clientes na fila não afeta a taxa de chegada de novos clientes. Nesse caso, em termos práticos, a população é considerada infinita. Por outro lado, quando a população é pequena, a influência pode ser considerável. Se, por exemplo, a população total é de 10 clientes, cada cliente que entra na fila reduz a probabilidade de que um novo cliente apareça. Se existem 9 clientes na fila e 1 sendo atendido, a probabilidade de que um novo cliente apareça é zero.

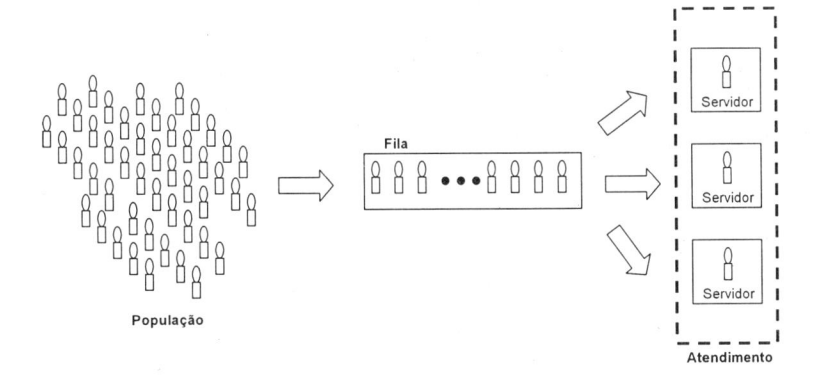

Uma métrica muito importante é a taxa média de utilização do atendimento (r). Para qualquer fila, ela pode ser calculada pela expressão abaixo, onde M é o número de atendentes:

$$\rho = \frac{\lambda}{M\mu}$$

Para que uma fila seja estável, isto é, para que o número de clientes do sistema convirja para valores em torno de um número médio, é necessário que a taxa média de utilização do atendimento (r) seja menor do que 100%. Se r for maior do que 1, a fila crescerá para sempre, ou até que sua capacidade de abrigar os clientes seja esgotada.

A análise do sistema como um todo sempre pode ser dividida em duas partes. A primeira diz respeito à fila e a segunda ao atendimento. O tempo médio do cliente no sistema (TS) é dividido em tempo médio de espera na fila (TF) e tempo médio de atendimento (TA). O número médio de clientes no sistema (NS) é dividido entre o número médio de clientes na fila (NF) e o número médio de clientes em atendimento (NA). Assim:

$$TS = TF + TA \quad e \quad NS = NF + NA$$

J. D. Little demonstrou que, para um sistema estável de filas, as fórmulas abaixo são válidas:

$$NF = \lambda \cdot TF \quad e \quad NS = \lambda \cdot TS$$

Todas essas fórmulas são aplicáveis para qualquer modelo de filas. Elas, no entanto, falam apenas de valores médios. Para fazermos previsões sobre o comportamento de uma fila, precisamos mais do que valores médios. Precisamos saber as distribuições de probabilidade associadas a esses valores. Se examinarmos dois sistemas com parâmetros médios de chegada e atendimento idênticos, mas com funções de probabilidade diferentes, eles podem ter tamanhos médios de fila completamente distintos.

Vejamos, por exemplo, dois sistemas, ambos com ritmos médios de chegada de 20 clientes por hora e taxa de atendimento de 25 clientes por hora. Admitamos que o primeiro tenha um comportamento determinístico, ou seja, chega exatamente 1 cliente a cada 3 minutos e ele é atendido em exatamente 2 minutos e 24 segundos. Nunca será formada uma fila. Os clientes entrarão, serão atendidos e irão embora. A taxa de ocupação deste sistema é de 80% e os 20% de folga estarão espaçados uniformemente no tempo.

No segundo sistema, por outro lado, os clientes chegam segundo um padrão aleatório. Assim, é possível que, por exemplo, 10 clientes cheguem simultaneamente e façam uma fila. Digamos que eles sejam atendidos em 24 minutos e o próximo cliente só apareça 6 minutos depois do último atendimento. Esse sistema continua tendo ritmo médio de chegada de 20 clientes por hora, uma taxa de atendimento de 25 clientes por hora e uma taxa de ocupação de 80%, mas possui um comportamento completamente diferente do primeiro. Nesse segundo sistema, o tamanho médio da fila é considerável.

A distribuição de probabilidade mais usada na simulação do comportamento de filas reais é chamada distribuição Markovia ou distribuição de Poisson:

$$f(x) = \frac{\lambda^x e^{-\lambda}}{x!}$$

A distribuição Markoviana é um caso especial de outra distribuição, conhecida como Erlang de grau m. Na verdade, a distribuição de Poisson é uma distribuição de Erlang de grau 1.

Uma notação muito usada na descrição do comportamento de filas é a de Kendall:

$$A/B/c/K/m/Z$$

A = função de distribuição dos intervalos entre as chegadas de clientes.
B = função de distribuição do tempo de atendimento.
c = o número de atendentes.
K = capacidade máxima do sistema. Se um cliente chegar quando já existem K clientes no sistema, ele terá que ir embora e tentar novamente em outra hora.
m = tamanho da população que fornece clientes ao sistema.
Z = disciplina de atendimento da fila. As disciplinas mais comuns são FIFO (indica que os clientes são atendidos pela ordem de chegada),

LIFO (os últimos a chegar são atendidos primeiro, como em uma pilha), por ordem de prioridade e aleatoriamente.

Assim, por exemplo, uma fila designada $E2/M/3/\infty/\infty/FIFO$ tem uma distribuição de chegada Erlang de grau 2, distribuição de atendimento Markoviana, 3 atendentes, capacidade e população infinita e disciplina de atendimento por ordem de chegada. A notação reduzida é muito utilizada para filas sem limite de capacidade, população infinita e regime FIFO.

A família de filas $M/M/1$ é muito importante, porque seu comportamento pode ser completamente descrito por um grupo de fórmulas simples:

Variável	Fórmula
Número médio de clientes na fila	$NF = \dfrac{\lambda^2}{\mu(\mu-\lambda)}$
Número médio de clientes no sistema	$NS = \dfrac{\lambda}{\mu-\lambda}$
Tempo médio de permanência dos clientes na fila	$TF = \dfrac{\lambda}{\mu(\mu-\lambda)}$
Tempo médio de permanência dos clientes no sistema	$TS = \dfrac{1}{\mu-\lambda}$

Apêndice D

Seis Sigma

Seis Sigma é um programa de qualidade criado dentro da Motorola e que depois foi adotado em muitas outras empresas, particularmente a GE, onde Jack Welch a transformou em uma das suas obsessões. Não só as idéias do programa podem ser utilizadas na melhoria da qualidade em atividades dos projetos, mas também o programa é composto por sucessivos projetos de qualidade, fatos que garantem a relevância do assunto neste apêndice.

Por que Seis Sigma é Diferente?

De maneira diferente de outros programas de qualidade ocidentais, Seis Sigma tem conseguido demonstrar sua capacidade de gerar retornos de investimento consideráveis para os acionistas. Em nossa opinião, o que torna a estratégia Seis Sigma diferente das demais é sua abordagem eficiente em 4 frentes:

- O estabelecimento de um forte comprometimento da alta gerência tanto com o programa como um todo quanto com projetos individuais de melhoria, garantindo que os recursos necessários sejam disponibilizados e que a inércia seja vencida. Cada projeto tem um Campeão escolhido entre os gerentes de alto nível.

- A divulgação dos princípios gerais da metodologia por toda a organização, criando uma base para a cultura.

- A educação intensiva de profissionais chaves antes que os projetos comecem. Estatística e visão sistêmica são ensinadas, além das técnicas específicas do método. Estes profissionais são conhecidos como *Green Belts* ou *Black Belts* e são os líderes de projetos e consultores internos.

- O uso de consultores especialistas, os *Master Black Belt* orientando o processo para garantir sua aplicação correta.

A maioria dos programas de qualidade carece de uma ou mais dessas dimensões. Além disso, temos outras vantagens características do método Seis Sigma que proporcionam resultados:

- O foco em processo em vez de operações individuais ajuda a obter uma visão sistêmica. Por outro lado, programas como TQM, como os ocidentais o aplicam, procuram aprimorar o funcionamento interno de cada departamento, o que normalmente piora o processo. Se cada componente de um sistema for otimizado, o sistema como um todo estará sub otimizado.

- O foco em um número limitado de processos de cada vez no lugar de tentar aprimorar a empresa inteira induz que o princípio de Pareto seja seguido, obtendo resultados rapidamente.

- A utilização de técnicas estatísticas de controle de processo cria uma linguagem comum na empresa e um alvo claro a ser perseguido.

A aplicação de Seis Sigma não carece de problemas e a sua filosofia não é sem falhas; no entanto, ele se mostra tão superior a outras iniciativas de qualidade que suas imperfeições podem ser consideradas menores.

Um dos pontos mais fracos, porém, é a sua abordagem inicial aos problemas. A coleta e classificação de dados são instrumentos fracos para localização de problemas raiz. Kepler coletou toneladas de dados astronômicos e, ao longo de um lento processo, os correlacionou em leis empíricas. Seu método de trabalho foi semelhante ao utilizado em Seis Sigma. Já Newton tomou uma via completamente diferente. Ele procurou entender o fenômeno e postular alguns princípios. Este método acabou por gerar leis muito mais precisas e abrangentes que as de Kepler, com quantidades de dados absurdamente menores. O método *thinking process*, criado por Goldratt, é a aplicação do método científico aos negócios, e tem grande potencial na geração de soluções.

No entanto, se a organização estiver em falta de Newtons, pode ter resultados bastante razoáveis treinando Keplers.

Outro problema diz respeito às medições em si. O alvo do método é melhorar o processo, ou pelo menos melhorar o desempenho de um ou mais indicadores característicos do processo. Quanto mais preciso for um indicador com relação à qualidade real, mais adequado será o método. Se temos um parâmetro absoluto de qualidade, como uma peça deve ter entre 104,5 cm e 105,5 cm, a técnica é quase perfeita. Se, por outro lado, estamos medindo o grau de satisfação dos clientes com base em notas de 1 a 5 em questionários, sabemos que o método será bastante prejudicado, embora ainda seja utilizável.

Assim, se pudermos, pelo menos inicialmente, selecionar projetos que lidem com critérios objetivos, teremos mais chances de obter resultados mais expressivos.

Se isso não for possível, podemos tentar com componentes objetivos do problema. Em vez de perguntarmos a satisfação dos clientes, por exemplo, podemos buscá-la indiretamente por componentes que, acreditamos, afetam esta satisfação. Se soubermos que o tempo de espera é um componente importante, podemos medi-lo e estabelecer um tempo máximo para considerarmos que o cliente foi bem atendido.

O Método DMAIC

O principal método em Seis Sigma é o de melhoria de processos, conhecido como DMAIC. A sigla usa a primeira letra dos nomes de cada fase do processo:

- *Define* – Estabelece um novo projeto e monta a equipe. Identifica o cliente do projeto, suas necessidades e suas expectativas. Monta um mapa de alto nível do processo que será aprimorado.

- *Measure* – Cria um plano de coleta de dados que meçam os interesses dos clientes na eficiência e na eficácia do processo. Executa a coleta de acordo com o plano.

- *Analise* – Estuda os dados coletados se o alvo de melhoria for a eficácia. Desta maneira podem ser identificados os principais problemas que afetam o cliente. Estuda os processos se o alvo de melhoria for a eficiência, descobrindo operações que geram desperdício de tempo e recursos. Busca dos problemas raiz e validação das causas supostas.

- *Improve* – Escolha de soluções para os problemas encontrados. Planejamento de influência, de modo a lidar com resistências às mudanças. Aplicações de pilotos para as soluções.

- *Control* – Define controles estatísticos e não estatísticos para garantia da continuidade dos resultados obtidos. Documenta o projeto para futura referência.

Além desse método, existe um outro, equivalente, usado quando o projeto deve criar um processo e não melhorar um já existente.

Seis Sigma e Capacidade de Processo

Característicos da qualidade são variáveis ligadas ao produto ou serviço que indicam se ele é adequado ao cliente. A avaliação de um característico de qualidade pode ser feita por uma classificação (uma lâmpada acende ou não acende, por exemplo) ou por uma medição (uma lâmpada está consumindo 103 watts). Um característico da qualidade é chamado de variável se ele resulta em uma medição, e de atributo se resulta de uma classificação.

Quando estamos lidando com processos, estamos lidando com variações. Os característicos de qualidade dos produtos de um processo exibirão variações que, em boa parte dos casos, estarão dentro dos limites aceitáveis pelos clientes mas que, ocasionalmente, gerarão produtos ou serviços insatisfatórios. Normalmente, os clientes, o mercado ou o governo especificam os limites aceitáveis por meio de uma faixa de tolerância (uma lâmpada de 100 watts deve consumir de 98 watts a 102 watts para ser considerada aceitável).

Quando fazemos sucessivos testes com produtos de um processo, podemos calcular dados estatísticos sobre a média ou o desvio padrão dos valores dos característicos de qualidade. Quando analisamos um processo estável, nós interpretamos estas estatísticas como pertencendo a uma distribuição normal de probabilidade, que tem algumas características bem conhecidas. Quando estamos analisando uma faixa de valores, podemos saber qual o percentual de probabilidade acumulada nela. Em especial, na curva normal, esses valores foram tabelados em relação à média. Se tomarmos uma faixa de valores equivalente a um desvio padrão acima e abaixo da média, teremos uma probabilidade de 68,27% de acertarmos o valor real do fenômeno. Se aumentarmos esta faixa para 6 desvios padrão de largura, 3 para cada lado, teremos 99,73% de chance de acerto.

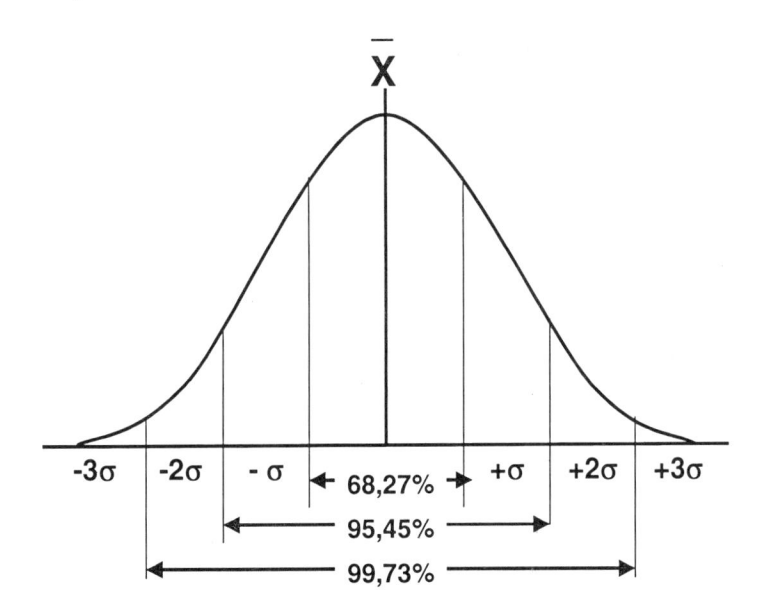

Conhecendo o comportamento da curva normal, e sabendo que os limites de especificação estabelecem uma faixa de valores, podemos descobrir qual é o percentual de probabilidade que temos de que o processo produza peças de qualidade aceitável. De fato, esta relação entre os limites de especificação e a curva normal é tão íntima que se convencionou medir a capacidade do processo em termos da distância, em números de desvios padrão, do limite de especificação até a média do processo. Como o desvio padrão é representado pela letra grega sigma (s), dizemos que o processo está a 1 sigma, 2.7 sigma ou 6 sigma, por exemplo.

Para calcular o sigma, depois de termos a média e o desvio padrão obtidos experimentalmente, devemos primeiro calcular a capacidade do processo em atender os requisitos de qualidade. Essa capacidade é definida pelo chamado índice Cpk. Para calculá-lo, tomamos o limite de especificação que está mais próximo da média e calculamos o módulo da seguinte fórmula:

Cpk = (Limite de Especificação – Média) / (3 * Desvio Padrão)

Em nosso exemplo, suponha que medimos 50 amostras de lâmpadas. Nós registramos que as amostras tinham lâmpadas que variavam de 99,4 watts a 101,9 watts, com uma média de 100,45 watts e um desvio padrão de 0,57 watts. Como os limites de controle são 98 watts e 102 watts, usaremos o limite superior para calcular o Cpk.

Cpk = (102 – 100,45) / (3 * 0,57) = 0,906

Esse número não nos diz muito. Mas os matemáticos criaram tabelas que permitem transformá-lo em um número sigma ou uma porcentagem de probabilidade. Veja a tabela resumida abaixo:

Cpk	Sigma	Probabilidade de Acerto	Defeitos por 1.000.000
2,00	6	99,99966%	3
1,67	5	99,98%	233
1,33	4	99,4%	6.210
1,00	3	93,3%	66.807
0,97	2,9	91,9%	80.757
0,90	2,7	88,5%	115.070
0,83	2,5	84,1%	158.655
0,67	2	69,1%	308.538
0,33	1	30,9%	691.462

O processo de nosso exemplo estaria a aproximadamente 2,7 sigma, ou 88,5%, de rendimento. Digamos que a empresa fabrique 10.000 lâmpadas por dia. Podemos esperar que ela tenha que jogar fora ou reprocessar cerca de 1.150 lâmpadas. Poucas empresas poderiam arcar com um custo desse tamanho. Notem que a estatística prevê esse nível de perda, mesmo que nenhuma lâmpada tenha sido realmente reprovada entre as testadas. Na prática, temos que planejar a amostragem e determinar seu tamanho, de modo que os dados sejam estatisticamente representativos. Mas são as características estatísticas do processo, ou seja, a média e o desvio padrão, que nos darão a capacidade do processo e não o percentual de reprovação da amostra.

Ao contrário do que se pensa, o objetivo da metodologia Seis Sigma não é fazer com que todos os projetos atinjam seis sigma. Esta seria uma meta próxima da perfeição, mas bastante irreal. O objetivo real do método é fazer com que os processo atinjam desempenhos sigmas que estejam de acordo com as necessidades do negócio. É possível que um desempenho 4 sigma seja considerado muito bom para um caso específico. Por outro lado, em alguns casos, atingir 6 sigma pode não ser suficiente. Imagine que 3 cheques sejam descontados na conta errada, pelo seu banco, a cada 1.000.000 de transações. Você avalia isso como um serviço satisfatório considerando os volumes de transações diárias, envolvendo cheques, em um grande banco? Que tal três acidentes a cada 1.000.000 de aterrizagens de avião? Isso é bom o bastante? Em certos casos procuraremos sempre ir além de 6 sigma e buscar a perfeição.

Referências Bibliográficas

1. ABNT. *NBR ISO 9000 Sistemas de Gestão da Qualidade: Fundamentos e Vocabulário.* Rio de Janeiro: ABNT, 2000.

2. ABNT. *NBR ISO 9001 Sistemas de Gestão da Qualidade – Requisitos.* Rio de Janeiro: ABNT, 2000.

3. ABNT. *NBR ISO 9004-4 Gestão da Qualidade e Elementos do Sistema da Qualidade, parte 4, Diretrizes para a Melhoria da Qualidade.* Rio de Janeiro: ABNT, 1993.

4. AL-TABTABAI, Hashem. *Conflict resolution Using Cognitive Analysis Approach.* EUA: Project Management Journal, 2001.

5. ANBARI, Frank. *Quantitative Methods for Project Management,* 1ª ed. EUA: International Institute of Learning, 1997.

6. CANTOR, Murray. *Object Oriented Project Management with UML,* 1ª ed. EUA: John Wiley & Sons, 1998.

7. CHIAVENATO, Idalberto. *Introdução à Teoria geral da Administração,* 3ª ed. São Paulo: McGraw-Hill, 1983.

8. CLAUSEWITZ, Carl Von. *Da Guerra,* 2ª ed. São Paulo: Martins Fontes, 1996.

9. COENS, Tom e JENKINS, Mary. *Abolishing Performance Appraisals,* 1ª ed. EUA: Berrett-Koehler Publishers, 2000.

10. CORBETT, Thomas. *Throughput Accounting,* 1ª ed. EUA: North River Press, 1998.

11. DAMODARAN, Aswath. *Avaliação de Investimentos,* 2ª reimpressão. Rio de Janeiro: Qualitymark, 1999.

12. DEMING, W. Edwards. *A Nova Economia,* 1ª ed. Rio de Janeiro: Qualitymark, 1997.

13. ECKES, George. *A Revolução Seis Sigma,* 1ª ed. Rio de Janeiro: Campus, 2001.

14. FINNEY, Robert. *Essential of Business Budgeting,* 1ª ed. EUA: AMACOM, 1995.

15. FISHER, Roger e URY, Willian. *Como Chegar ao Sim,* 1ª ed. Rio de Janeiro: Imago, 1995.

16. GARRITY, Peter. *MBA Compacto – Matemática Aplicada aos Negócios,* 1ª ed. Rio de Janeiro: Campus, 2000.

17. GOFFEE, Robert e JONES, Gareth. *Why Should Anyone Be Led by You?* EUA: Harvard Business Review, 2000.

18. GOLDRATT, Eliahu. *A Meta,* ed. ampliada. São Paulo: Educator, 1993.

19. _____. *Critical Chain,* 1ª ed. EUA: North River Press, 1997.

20. _____. *It´s Not Luck,* 1ª ed. EUA: North River Press, 1994.

21. _____. The *Haystack Syndrome,* 1ª ed. EUA: North River Press, 1990.

22. GOLEMAN, Daniel. *Leadership That Gets Results.* EUA: Harvard Business Review, 2000.

23. ISHIKAWA, Kaoru. *Controle de Qualidade Total,* 3ª ed. Rio de Janeiro: Campus, 1993.

24. JURAN, J.M. *Quality Control in Service Industries.* EUA: TPOK/ Juran Institute, 1973.

25. KERZNER, Harold. *Project Management: A Systems Approach to Planning, Scheduling and Controlling,* 7ª ed. EUA: John Wiley & Sons, 2000.

26. LAX, David e SEBENIUS, James. *The Manager As Negotiator: Bargaining for Cooperation and Competitive Gain*, 1ª ed. EUA: Free Press, 1986.

27. LEACH, Larry. *Schedule and Cost Contingency Reserve (Buffer) Sizing*, EUA: API, 2002.

28. LEACH, Lawrence. *Critical Chain Project Management*, 1ª ed. EUA: Artech House, 2000.

29. McCRAY, Gordon; PURVIS, Russell e McCRAY, Coleen. *Project Management Under Uncertainty: The Impact of Heuristics and Biases*. EUA: Project Management Journal, 2002.

30. McGREGOR, Douglas. *The Human Side of Enterprise*, 25th Anniversary Printing. EUA: McGraw-Hill, 1985.

31. MEREDITH, Jack. *Project Management: A Managerial Approach*, 3ª ed. EUA: John Wiley & Sons, 1995.

32. MEYER, Paul. *Probabilidade: Aplicações à Estatística*, 2ª ed. Rio de Janeiro: LTC, 1983.

33. MINTZBERG, HENRY. *Crafting Strategy*. EUA: Harvard Business Review, 1987.

34. _____. *Planning on the Left Side and Managing on the Right*. EUA: Harvard Business Review, 1976.

35. _____. *Safári de Estratégia*, 1ª ed. Porto Alegre: Bookman, 2000.

36. _____. *The Manager's Job: Folklore and Fact*. EUA: Harvard Business Review, 1975.

37. MORRIS, Peter. *Updating the Project Management Bodies of Knowledge*. EUA: Project Management Journal, 2001.

38. MORSE, John e LORSCH, Jay. *Beyond Theory Y*. EUA: Harvard Business Review, May-Jun 1970.

39. PRADO, Darci. *Teoria das Filas e da Simulação*, 1ª ed. Belo Horizonte: DG, 1999.

40. PROJECT MANAGEMENT INSTITUTE. *A Guide to the Project Management Body of Knowledge*. EUA: Project Management Institute, 2004.

41. _____. *Practice Standard For Work Breakdown Structures*. EUA: Project Management Institute, 2001.

42. RABIN, Matthew e THALER, Richard. *Anomalies: Risk Aversion*. EUA: Journal of Economic Perspectives, vol. 15, issue 1, 2001.

43. RABIN, Matthew. *Risk Aversion and Expected-Utility Theory: A Calibration Theorem*. EUA: University of California-Berkeley, 1999.

44. RAGSDALE, Cliff. *Spreadsheet Modeling and Decision Analysis*, 3ª ed. EUA: South-Western College Publishing, 2000.

45. SCHEINKOPF, Lisa. *Thinking for A Change: Putting the Toc Thinking Process to Use*, 1ª ed. EUA: St. Lucie Press, 1999.

46. SCHOPENHAUER, Arthur. *Como Vencer um Debate sem Precisar Ter Razão*, 1ª ed. Rio de Janeiro: Topbooks, 1997.

47. SEDDON, John. *The Case Against ISO 9000*. EUA: Oak Tree, 2001.

48. SHIM, Jae e SIEGEL, Joel. *Budget Basics and Beyond*, 1ª ed. EUA: Prentice-Hall, 1994.

49. SLATER, Robert. *Jack Welch: O Executivo do Século*, 3ª ed. São Paulo: Negócio Editora, 1999.

50. SOTIRIOU, Dean e WITTMER, Dennis. *Influence Method of Project Managers: Perceptions of Team Members and Project Managers*. EUA: Project Management Journal, 2001.

51. STAW, Barry e ROSS, Jerry. *Knowing When To Pull The Plug*. EUA: Harvard Business Review, March-April 1987.

52. URY, Willian. *Supere o Não*, 4ª ed. São Paulo: Best Seller, 1990.

53. VERZUH, Eric. *The Fast Forward MBA in Project Management*, 1ª ed. EUA: John Wiley & Sons, 1999.

54. VIEIRA, Sonia. *Estatística para a Qualidade*, 2ª ed. Rio de Janeiro: Campus, 1999.

55. WALDROOP, James e BUTLER, Timothy. HBR On Point: *The Executive as Coach*. EUA: Harvard Business Review, 2000.

56. WELCH, Jack. *Jack Definitivo*, 1ª ed. Rio de Janeiro: Campus, 2001.

Gestões de Estoques

Autor: *Cassia Moura*
424 páginas
ISBN: 85-7393-343-7

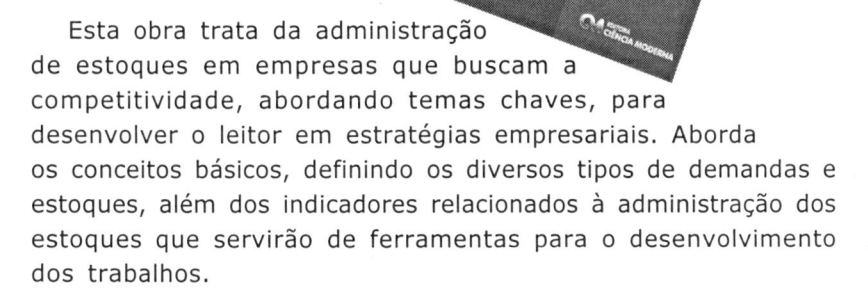

Esta obra trata da administração de estoques em empresas que buscam a competitividade, abordando temas chaves, para desenvolver o leitor em estratégias empresariais. Aborda os conceitos básicos, definindo os diversos tipos de demandas e estoques, além dos indicadores relacionados à administração dos estoques que servirão de ferramentas para o desenvolvimento dos trabalhos.

Traz os modelos de lote econômico de compras, estimulando a criação de conceitos em cima dos já existentes. Trata da nova técnicas de gestão de estoques, o MRP, com conceito e funcionamento do sistema.

Fechando todos os capítulos, exercícios de aplicação para avaliar e testar o aprendizado.

Um glossário completo de termos utilizados no segmento de Logística encerra a obra.

À venda nas melhores livrarias

EDITORA CIÊNCIA MODERNA

Impressão e acabamento
Gráfica da Editora Ciência Moderna Ltda.
Tel: (21) 2201-6662